LESBOEK

HAVO

D1079486

Thema's Maatschappijleer

Bas Schuijt
Eveline Adriaans
Janine Middelkoop
Theo Rijpkema
Theo Schuurman

UITGEVERIJ
ESSENER

Colofon

Met dank aan:
Maayke Bongenaar
Feline Grabijn
Fam. Hof
Fam. Laurijsen
Manon Sinnige
Marian Meijer
Marcus Roggeveen
Asha Schuurman
Kees Schuyt
Dewi Storm
Marrit Sybrandy
Thijs van der Velden
YoungWorks

Speciale dank aan docenten die commentaar of materiaal hebben aangedragen:
Daniel Dessaur, Judith Jacobs, Johan Lok, Koos Romkes, Jouke van Nuil, Hans Sluijter, Hanneke Vodde, Han van de Wildenberg

Ontwerp binnenwerk
Martine Dhondt, Rotterdam

Omslagontwerp en vormgeving
Willem de Melker, Amsterdam

Redactie foto's en bronnen
Janine Middelkoop
Willem de Melker
Rutger Schuurman
Emma van Helden

Statistisch beeldwerk
Marcel Groenen (wereldkaarten op bladzijde 68-69 en 154)
Marjolein Luiken
Annet Pouw

Cartoons
Stefan Verwey (bladzijde 129)

Druk
Drukkerij Ten Brink, Meppel
Oplage juli 2015

Thema's Maatschappijleer voor havo
Lesboek, vierde druk
isbn 978-90-86740-93-2

Foto's
ANP
Hillcreek Pictures
Hollandse Hoogte
iStockphoto
Reporters
Spaarnestad Photo
Pagina 12 (Richelle Laurijsen): Stichting RiLax/Familie Laurijsen
Pagina 40 (Afira Hof): Familie Hof
Pagina 46 (Frank Visser): NCRV/Kippa
Pagina 54 (Inez Weski): Valentijn Brandt
Pagina 70 (Jolande Sap): Adriaan van Dam
Pagina 91 (Nationaal Jeugddebat): Remco Bohle/Nationale Jeugdraad
Pagina 92 (Emile Roemer): Bas Stoffelsen/SP
Pagina 98 (Alberto Stegeman): SBS/Elvin
Pagina 99 (Amnesty International): Daniel Willemsen/Amnesty International
Pagina 100 (Thijs van der Velden): privébezit
Pagina 110 (Feline): privébezit
Pagina 113 (Hipsters): Studio Exactitudes
Pagina 128 (IJmert Muilwijk): Ruben Timman
Pagina 138 (dodenherdenking op De Dam): Nationaal Comité 4 en 5 mei
Pagina 140 (Annie M.G. Schmidt): Chris van Houts
Pagina 170 (Marjolein): Marcel Bakker/HiRez Images

Uitgeverij Essener heeft zijn uiterste best gedaan om bronnen en rechthebbenden van beeldmateriaal dat in deze uitgave te zien is, te achterhalen. Wanneer desondanks beeldmateriaal wordt getoond waarvan u (mede)rechthebbende bent en voor het gebruik waarvan u niet als bron of rechthebbende wordt genoemd, ofwel voor het gebruik waarvan u geen toestemming hebt verleend, kunt u contact opnemen met de uitgeverij.

De foto's getoond in deze uitgave hebben niet noodzakelijkerwijs een rechtstreeks verband met de bijbehorende teksten.

Inhoud

Voorwoord

Het doel van het vak maatschappijleer is dat je actief leert deelnemen aan en denken over vier aspecten van de samenleving, namelijk Nederland als:
- **rechtsstaat;**
- **parlementaire democratie;**
- **pluriforme samenleving;**
- **verzorgingsstaat.**

De methode begint met een eerste thema Wat is maatschappijleer?

Les- en werkboek

Bij elk hoofdstuk van dit lesboek tref je telkens in het werkboek vragen en opdrachten aan. Hier komen verschillende vaardigheden aan bod. Je gaat werken met bronnen, waaronder foto's, grafieken en schema's. Daarnaast leer je in cases en dilemma's kritisch te kijken naar actuele maatschappelijke vraagstukken.
Vaak moet je een standpunt innemen en dat beargumenteren. Je gaat zien dat maatschappelijke problemen met elkaar samenhangen.
De meeste opdrachten kun je met medeleerlingen maken, maar je kunt natuurlijk ook prima zelfstandig werken.
In het thema **Wat is maatschappijleer?** staan vier handige schema's met analysevragen. Deze vragen helpen je bij het analyseren van maatschappelijke problemen en kun je vooral goed gebruiken bij een mondelinge presentatie of een werkstuk. Sommige van deze analysevragen komen in het werkboek terug.

Heldere structuur

Ieder hoofdstuk in het lesboek bestaat uit vier pagina's. Dat maakt dat je er overzichtelijk en prettig mee kunt werken.
Elk hoofdstuk is steeds op dezelfde manier opgebouwd:
- Een kort intro met een situatieschets, vraag of vergelijking.
- De leerstof waarbij we steeds uitgaan van een deelvraag.
- Een laatste kolom met een bijzonder verhaal.

Elk thema wordt afgesloten met een uitgebreide begrippenlijst.

Internet

In het werkboek moet je bij sommige opdrachten internet gebruiken.
Bijvoorbeeld om dingen op te zoeken, zoals de meest recente immigratiecijfers of veiligheidsstatistieken. Of hoe de politieke peilingen er nu uitzien.
Bij Thema's Maatschappijleer hoort ook een speciale website: www.themashavo.nl.
Deze website bevat talloze opdrachten en testen die per thema en per hoofdstuk gerangschikt zijn. Bij de meeste opdrachten kun je meteen zien of je antwoord goed of fout is. Ook kun je per thema een proeftoets maken als voorbereiding op een toets.

Veel plezier en succes toegewenst!
De schrijvers

Wat is maatschappijleer?

Het doel van de lessen maatschappijleer is dat je actief leert deelnemen aan de Nederlandse samenleving.

Je gaat kritisch kijken naar maatschappelijke vraagstukken. Vaak moet je een standpunt innemen en dat beargumenteren. In dit eerste thema reiken we je gereedschappen aan om dit goed te doen, zoals kernbegrippen en handige analysevragen. In de loop van het jaar zal duidelijk worden dat veel maatschappelijke problemen met elkaar samenhangen.

Waarom maatschappijleer?

1

14 JAAR EN GAMEVERSLAAFD - Jean-Pierre (22) raakte verslaafd aan online gamen toen hij 14 jaar was. Gemiddeld speelde hij zeven uur per dag. "Mijn record is 49 uur nonstop gamen. Soms kwam ik 's ochtends mijn vader op de trap tegen. Ik ging dan naar bed, hij naar zijn werk. Ik maakte veel ruzie met mijn ouders, had weinig vrienden en trok me thuis terug. Op internet ging alles makkelijker, zoals contacten leggen. Chatten was voor mij het meest verslavend. Ik vind dat de overheid campagnes moet opzetten om te waarschuwen. Dat doet ze toch ook bij roken en alcohol?"

Naast Jean-Pierre zijn er nog ongeveer 12.000 Nederlandse tieners die dagelijks met hun gameverslaving worstelen. Deskundigen verwachten dat dit aantal nog zal toenemen. Bij wie ligt de verantwoordelijkheid? Bij de ouders, de game-industrie of bij de jongeren zelf? Of is het een maatschappelijk probleem en moet de overheid met een oplossing komen?

Jij en de samenleving

In je eentje op een eiland kun je doen wat je wilt, 's nachts keihard muziek draaien bijvoorbeeld. Maar in een samenleving moeten we rekening houden met elkaar. Bij het vak maatschappijleer gaat het over de Nederlandse samenleving en dus ook over jou.

Overal waar mensen met elkaar te maken hebben, zijn er **afspraken** en **regels**. Dat zie je al in een gezin. Wordt er gezamenlijk gegeten of pakt iedereen uit de koelkast wanneer hij of zij wil? Moet je 's avonds op een bepaalde tijd thuis zijn of word je hierin vrijgelaten? Op dezelfde manier bestaan er regels in een vriendengroep, op je school of op je werk. En dat geldt ook voor de samenleving als geheel.

De Nederlandse samenleving

Bij maatschappijleer bekijken we onze samenleving vanuit een juridische, een politieke, een culturele en een sociaaleconomische invalshoek. Deze invalshoeken vind je terug in de vorm van vier thema's waarbij we telkens actuele vragen en dilemma's aan de orde stellen. We spreken van een **dilemma** als het gaat om een lastige keuze uit twee of meer alternatieven.

De vier thema's zijn:
- Nederland als **rechtsstaat**. Een rechtsstaat stelt de belangrijkste regels vast voor burgers én voor de overheid. Na een uitleg hierover kijken we hoe de rechtsstaat in de praktijk functioneert. Hoe ver mag de overheid van jou gaan in het handhaven van de rechtsorde, bijvoorbeeld als het recht op privacy dreigt te worden aangetast? Mag iemand als verdachte worden aangehouden alleen omdat hij een website bezoekt waarop staat hoe je een bom maakt?
  Ook gaan we in op de verhouding tussen ons rechtssysteem en ons rechtvaardigheidsgevoel. Daarbij vergelijken we Nederland met de Verenigde Staten en met China.
  De kernvraag in dit thema is: *Wat is volgens jou het beste evenwicht tussen rechtsbescherming en rechtshandhaving?*

- De Nederlandse **parlementaire democratie**. In een parlementaire democratie wordt de bevolking van het land vertegenwoordigd door het parlement. Het thema begint met een uitleg over de werking van het politieke systeem. Vragen als 'Wat doen ministers en wat

doet de Tweede Kamer?' en 'Wat zijn de verschillen tussen politieke partijen?' worden hier beantwoord. In het thema komen enkele vragen aan de orde over de relatie tussen burgers en de politiek. Bijvoorbeeld: luisteren politici wel genoeg naar hun kiezers? En nemen de regering en het parlement de beslissingen die het volk graag wil?
  Daarom is bij dit onderdeel de kernvraag: *Op welke manier kan Nederland volgens jou het beste geregeerd worden?*

- De **pluriforme samenleving**. Net als bijna elk ander land is Nederland pluriform, letterlijk: veelvormig. Dat betekent dat er mensen wonen met heel verschillende leefwijzen, verschillende normen en waarden en soms van verschillende etnische herkomst. In dit thema bekijken we hoe wij in Nederland omgaan met al die cultuurverschillen: van gothics, studenten en voetbalhooligans tot Amerikanen, Marokkanen en Chinezen.
  Het gaat in dit thema om vragen als 'Wat is de Nederlandse identiteit?' en 'Waarom leiden culturele verschillen soms tot tegenstellingen en soms niet?'.

Maatschappijleer en verder leren

Maatschappijleer is een verplicht vak in het voortgezet onderwijs. Het bereidt je voor op deelname aan de samenleving, maar het is ook een goede voorbereiding op een vervolgstudie. Enkele voorbeelden van hbo-studies waar dit voor geldt, zijn:
- Maatschappelijk Werk en Dienstverlening
- Culturele en Maatschappelijke Vorming
- Sociaal Pedagogische Hulpverlening
- Sociaal Juridische Hulpverlening
- Leraar Maatschappijleer, Geschiedenis
- PABO
- Media, Informatie en Communicatie
- Human Resource Management
- Bedrijfskunde MER

Bron 2

DE ZORGEN VAN JONGEREN

10-18 JARIGEN

70 % "Ik krijg steeds minder GELD om te besteden."

65 % "Ik maak me zorgen over de bedreiging van de NATUUR."

53 % "Ik twijfel of ik later wel een BAAN vind die aansluit bij wat ik wil."

Bron: Motivaction

Bron 1

9

Moeten mensen gedwongen worden zich aan te passen aan de heersende Nederlandse cultuur? Of moet iedereen juist zo veel mogelijk vrijheid hebben om zijn eigen cultuur te kunnen handhaven? Daarom is de kernvraag bij dit thema: *Hoe vind jij dat mensen met verschillende leefwijzen het beste met elkaar kunnen omgaan?*

• Tot slot bekijken we de Nederlandse **verzorgingsstaat**. In een verzorgingsstaat zorgt de overheid voor haar burgers. Bijvoorbeeld door goede gezondheidszorg, uitkeringen, onderwijs en volkshuisvesting. Het samenspel tussen overheid, bedrijven en burgers vormt de rode draad, waarbij steeds gekeken wordt wie welke verantwoordelijkheid heeft. Wie moet er bijvoorbeeld betalen als een werknemer ziek is: de werkgever, de overheid of toch de werknemer zelf?
De kernvraag is: *Wanneer moeten mensen volgens jou hun problemen zelf oplossen en wanneer moet de overheid helpen?*

Deze vier thema's staan niet los van elkaar, maar hebben veel met elkaar te maken. Deze samenhang zie je vooral terug bij belangrijke maatschappelijke problemen.

Maatschappelijke problemen

De afspraken die we in Nederland met elkaar maken, zorgen ervoor dat bijna zeventien miljoen mensen redelijk harmonieus samenleven.

Toch gaat niet alles goed en zijn er **maatschappelijke problemen**.
Maatschappelijke problemen verschillen van persoonlijke problemen. Als je last van je rug hebt, dan is dat een persoonlijk probleem. Het is vervelend als je pijn hebt, maar het blijft iets van jou persoonlijk omdat je misschien te enthousiast hebt gesport of iets zwaars hebt getild. Het wordt een maatschappelijk probleem als blijkt dat veel rugklachten veroorzaakt worden door de hoge werkdruk in Nederland. Of als er lange wachtlijsten zijn voor het maken van röntgenfoto's en scans. Dit veroorzaakt onnodig lang ziekteverzuim op scholen en in bedrijven, waardoor werkgevers tijdelijke vervangers moeten zoeken.

Samengevat spreken we van een maatschappelijk probleem als:
1. het probleem gevolgen heeft voor **grote groepen** in de samenleving;
2. het probleem alleen gemeenschappelijk kan worden opgelost, waardoor de **overheid** zich moet bezighouden met de oplossing van het probleem;
3. het probleem te maken heeft met **tegenstellingen**.

Gevolgen voor grote groepen
De drugsproblematiek, het fileprobleem en agressie zijn zaken waar grote groepen mensen bij betrokken zijn. Soms merk je de gevolgen van bepaalde problemen niet meteen, zoals bij het broeikaseffect. Maar we kunnen wel voorzien dat deze kwesties op lange termijn voor problemen zullen zorgen.

De overheid bemoeit zich ermee
Om een maatschappelijk probleem aan te pakken, zijn vaak **nieuwe regels en wetten** nodig of een aanpassing van bestaande regels. Als je het broeikaseffect wilt tegenhouden, zal de overheid bedrijven wettelijk moeten dwingen om minder CO_2-gassen uit te stoten. Daarmee is het meteen een **politiek probleem**, omdat gekozen politici de taak hebben om oplossingen te bedenken.
Door te stemmen tijdens de verkiezingen maken we duidelijk welke regels wijzelf gewenst

en acceptabel vinden. Daarmee hebben we iets te zeggen over de manier waarop problemen worden aangepakt. Als heel veel mensen stemmen op een partij die gratis openbaar vervoer wil, dan is de kans groter dat het wordt ingevoerd.

Tegenstellingen
Bij het zoeken naar oplossingen voor een maatschappelijk probleem moeten er altijd tegengestelde belangen en tegengestelde normen en waarden worden afgewogen.

De grootste tegenstellingen bestaan tussen mensen met verschillende:

- **politieke visies**. Een voorbeeld. Om het fileprobleem op te lossen willen automobilisten graag meer en bredere snelwegen, maar milieuactivisten willen juist goedkoper openbaar vervoer.
- **geloofs- of levensovertuigingen**. Mensen die streng christelijk zijn, willen bijvoorbeeld dat abortus verboden wordt. Iemand die niet gelovig is, heeft waarschijnlijk minder moeite met abortus.
- **maatschappelijke posities**. Een werkgever wil het liefst zo min mogelijk premies betalen, terwijl iemand zonder werk belang heeft bij een goede uitkering.

Politici zoals ministers en Tweede Kamerleden maken in veel gevallen een afweging en kiezen voor een bepaalde oplossing. Vaak is dat een tussenoplossing, ook wel **compromis** genoemd.

Maatschappijleer
Door het vak maatschappijleer te volgen ga je beter zien hoe de Nederlandse samenleving in elkaar zit en wat jij daar persoonlijk mee te maken hebt. Dit gebeurt niet alleen door de lesteksten in dit boek, maar ook door zelf actief aan de slag te gaan. Je leert hoe je een maatschappelijk probleem overzichtelijk kunt beschrijven en analyseren. En je leert beargumenteerd je **mening** geven over allerlei situaties en kwesties.

In het volgende hoofdstuk behandelen we een aantal begrippen dat je hierbij kunt gebruiken.

"Maatschappijleer is een vak dat dicht bij je staat"

"Ik vind maatschappijleer een leuk en zinnig vak. Je leert er veel, zoals over het Nederlandse regeringsstelsel. Daar wist ik weinig over, omdat ik hier pas vanaf mijn twaalfde woon. De situatie in mijn land is vaak in het nieuws en daarom werd er tijdens de les ook veel over gesproken. Dat was moeilijk, omdat je de situatie in Afghanistan niet kan vergelijken met die in Nederland. Zo is Nederland al lang een democratie en Afghanistan nog maar net.

De hoofdstukken over politiek vind ik het moeilijkst, vooral waar partijen voor staan. Verder vind ik dat het vak heel dicht bij je staat. We hadden bijvoorbeeld een goede discussie over orgaandonoren. De vraag was of mensen die donor zijn voorrang moeten krijgen als ze zelf een orgaan nodig hebben. Ik moest één keer voor en één keer tegen zijn. Tijdens zo'n discussie luister je naar anderen en vorm je je eigen mening. Die onderbouw je met feiten of ervaringen. Op die manier verdiep je je veel meer in het onderwerp."

Farah Roshangar (17), Reynaertcollege in Hulst

Bron 3

De kernbegrippen

2

"NOT RIGHT! KAPPEN!" - De zestienjarige Richelle Laurijsen kreeg kanker en overleed een jaar later. Vlak voor haar dood bedacht ze de actie 'Kanker verziekt je taal', gericht op jongeren die kanker als modewoord gebruiken. Eerst hing ze een poster op in haar eigen school, maar al snel hingen er duizenden posters op scholen en in sportkantines door heel Nederland. Richelle: "Ik ben ziek, maar waar ik nog zieker van word, zijn mensen die het woord 'kanker' gebruiken in elk zinnetje. Kanker zus, kanker zo. Alsof dat normaal is. Hallo – not right! Kappen!"

Zoals je in het vorige hoofdstuk hebt gelezen, bekijken we bij maatschappijleer allerlei maatschappelijke problemen. Enkele kernbegrippen die we daarbij regelmatig zullen gebruiken, zijn:

- normen en waarden
- belangen
- macht

Normen en waarden

Ons gedrag wordt sterk door waarden bepaald. Wanneer je een kind en een hond in het water ziet liggen en ze dreigen te verdrinken, loop je waarschijnlijk niet door, maar probeer je eerst het kind te redden en daarna de hond. Hierachter zitten ten minste twee waarden of principes, namelijk dat het belangrijk is om in zo'n situatie te helpen (hulpvaardigheid) en dat het redden van een kind (het menselijk leven) belangrijker is dan het redden van een hond. Deze beide principes, hulpvaardigheid en menselijk leven, zijn voorbeelden van waarden. Voor Richelle uit de intro was respect erg belangrijk.

Een **waarde** is *een uitgangspunt of principe dat mensen belangrijk vinden in hun leven.*

Sommige waarden vinden we bijna allemaal belangrijk, zoals eerlijkheid. Maar andere waarden horen typisch bij bepaalde groepen. Ondernemers vinden de waarde onafhankelijkheid belangrijker dan mensen die in loondienst werken. Voor een kunstenaar geldt creatieve vrijheid in zijn werk sterker dan voor een leraar.

Waarden leiden tot regels over het gedrag van mensen en zo'n regel noemen we een norm. Een norm is dus een gevolg van een waarde. Als je eerlijkheid (waarde) belangrijk vindt, volgt daaruit dat je niet steelt en dat je ook van anderen verwacht dat ze niet stelen (norm). **Normen** zijn *opvattingen over hoe je je op grond van een bepaalde waarde behoort te gedragen.* Denk maar aan de uitdrukking "Doe normaal!", waardoor je laat merken dat je het gedrag van iemand afkeurt.

Scholier geweigerd om televisie thuis

Bron 4

Normen kies je niet altijd zelf. Vaak is een norm een **sociale verplichting**, *een regel die je wordt opgelegd door je omgeving.* Geen geluidsoverlast veroorzaken is daar een voorbeeld van. Mensen controleren bewust of onbewust of anderen zich wel aan de geldende normen houden. Zo niet, dan volgt er een reactie, bijvoorbeeld een kritische opmerking. Als je je wel volgens de normen gedraagt, volgt er meestal een beloning: anderen zijn tevreden over je, je wordt aardig gevonden, enzovoort.

Sommige normen, zoals de regel dat je niet steelt, vinden we zo belangrijk dat ze zijn opgeschreven in wetten. Daarnaast zijn er veel ongeschreven regels. In geen enkele wet staat bijvoorbeeld iets over hard boeren aan tafel. Toch vinden de meeste mensen dat niet prettig. We noemen zulke regels daarom **fatsoensnormen**.

Belangen

Als student of scholier heb je andere belangen dan als caissière in de supermarkt. Als de regering bijvoorbeeld de studiebeurzen verhoogt, heeft een student er voordeel van en de caissière niet. Maar bij belastingverlaging heeft de caissière juist voordeel en de student niet. Een **belang** is *het voor- of nadeel dat iemand ergens bij heeft.* Een belang heeft vaak met financieel voor- of nadeel te maken, maar niet altijd. Scholieren hebben bijvoorbeeld belang bij goed en inspirerend onderwijs, iedereen heeft belang bij schone lucht en gezond voedsel. En godsdienstige groeperingen hebben belang bij de vrijheid van onderwijs omdat ze dan eigen scholen kunnen oprichten waar de normen en waarden van hun geloof centraal staan.

Macht

Een ander kernbegrip waar je in de omgang met anderen al snel mee te maken krijgt, is macht. Zo zijn kinderen financieel afhankelijk van hun ouders en als leerling val je onder het gezag van de school. **Macht** kun je omschrijven als *het vermogen om het gedrag of het denken van anderen sterk te beïnvloeden.* Op school nemen docenten en directie de belangrijkste beslissingen. Zij hebben dus veel macht. Net als een burgemeester die een voetbalwedstrijd verbiedt. In deze gevallen spreek je van formele macht of **gezag**, omdat deze officieel is vastgelegd in regels en wetten.

Informele macht, bijvoorbeeld binnen een vriendengroep en dus niet vastgelegd in regels, wordt ook wel **invloed** genoemd.

Geweld tegen werknemers neemt af

UTRECHT – Tijdens de afgelopen jaarwisseling is het geweld tegen werknemers met een publieke taak volgens de staatssecretaris van Veiligheid en Justitie met bijna de helft gedaald. Toch is de staatssecretaris nog niet tevreden. "Er zijn ook dit jaar agenten in het ziekenhuis beland. Pas als alle agenten, brandweerpersoneel, buschauffeurs en ambulancemedewerkers hun werk zonder gevaar kunnen doen, ben ik tevreden."
De afgelopen jaren ontstond er veel maatschappelijke onrust over de toename van geweldsincidenten tegen onder meer ambulancebroeders. De overheid reageerde hierop met de invoering van een zero-tolerancebeleid.
Bron: Centrum voor Criminaliteitspreventie en Veiligheid (CCV)

Bron 5

Mensen kunnen macht uitoefenen als ze beschikken over machtsmiddelen zoals geld, een bepaald beroep, een bepaalde functie, kennis, overtuigingskracht, aanzien, geweld en aantal (veel mensen bij elkaar).
Een **machtsmiddel** is *een middel waarmee je het gedrag van anderen kunt beïnvloeden.*

Als je ziek bent, heeft een arts macht over je. Hij of zij mag je medicijnen voorschrijven of je opereren om je weer gezond te maken. En een vakbond met veel leden kan macht uitoefenen door een staking uit te roepen. Een internationaal bedrijf kan bij looneisen van het personeel dreigen met het verplaatsen van de productie naar een lagelonenland.

Veranderingen
Samenlevingen veranderen voortdurend. Daarom zijn normen, waarden, belangen en macht niet voor iedereen altijd hetzelfde. Wat voor de een normaal is, vindt een ander abnormaal. Deze verschillen hebben te maken met:
- de **plaats** waar je woont. Zo is gastvrijheid als waarde in sommige andere landen belangrijker dan hier in Nederland. Ook normen kunnen verschillen per land. In Egypte is homoseksualiteit strafbaar, maar in Nederland denken we daar heel anders over.
- de **tijd** waarin je leeft. Mensen in Nederland hebben tegenwoordig geen belang meer bij het krijgen van veel kinderen. Vroeger was dat wel zo; toen kreeg je kinderen zodat ze later voor jou konden zorgen als je oud en hulpbehoevend was.
- de **groep** waar je bij hoort. Rechts-radicale jongeren zetten zich dus af tegen de multietnische samenleving en komen in hun ogen op voor 'het eigen volk'. Meer internationaal georiënteerde jongeren beschouwen culturele uitwisseling juist als een verrijking voor Nederland. Zij zien voordelen in de aanwezigheid van meer cultuurgroepen in de samenleving.

Door naar de verschillen in tijd, plaats en tussen groepen te kijken, word je je meer bewust van je eigen normen, waarden en belangen. Daardoor kun je een open discussie aangaan met mensen die er anders over denken. Als veel mensen rekening houden met wat anderen vinden en de manier waarop ze leven, ontstaat er meer **sociale cohesie**. Met dit begrip bedoelen we *de samenhang tussen mensen in een gemeenschap of samenleving.* De samenleving bestaat dan niet alleen uit losse individuen maar uit groepen mensen die met elkaar iets gemeenschappelijk hebben. Bijvoorbeeld omdat ze naar dezelfde school gaan, bij hetzelfde bedrijf werken, van dezelfde muziek houden en dezelfde sport beoefenen. In het thema Pluriforme samenleving gaan we dieper in op sociale cohesie.

Analysevragen

Om je te helpen bij je analyse van maatschappelijke problemen, staan er op de volgende bladzijden **analysevragen**. Deze vragen zijn verdeeld over vier schema's die gaan over:
- de actoren;
- de politieke besluitvorming;
- de oorzaken en gevolgen;
- de vergelijking met vroeger en met andere landen.

Bij sommige opdrachten in het werkboek moet je gebruikmaken van (een van) deze schema's.
Ook kunnen de schema's en de analysevragen je helpen bij het maken van een werkstuk of presentatie.

"Zo gaan we niet met levende wezens om"

Jort Kelder (42), columnist en televisiepersoonlijkheid, besloot twintig jaar geleden vegetariër te worden nadat hij als jonge verslaggever een bezoek had gebracht aan een slachterij.

Jort: "Ik maakte het hele proces mee: van huppelend varkentje tot in cellofaan verpakt vlees. Dagenlang had ik de geur van dood varkensvlees in mijn neus. Ik verliet de slachterij in shock en dacht: dit kan niet waar zijn. In een beschaafde wereld kunnen we niet zo met dieren, met levende wezens omgaan." Twee dagen later stopte Jort met het eten van vlees en hij is daarna nooit meer op deze beslissing teruggekomen.

"Volgens een rapport van de Verenigde Naties produceert de vleesindustrie meer broeikasgassen dan alle auto's, vrachtwagens, vliegtuigen en schepen ter wereld samen. Vlees eten is dus schadelijker voor de aarde dan rijden in een Hummer. En jij kunt zelf heel makkelijk een bijdrage leveren aan een betere wereld door gewoon af en toe geen vlees te eten."

Bron: www.peta.nl en www.jortkelder.nl

Bron 6

•Analysevragen

ACTOREN

1 ▪ Wat is het probleem?

2 ▪ Wie zijn erbij betrokken / wie zijn de actoren?

3 ▪ Welke normen en waarden spelen een rol bij het probleem?

4 ▪ Welke belangen hebben de actoren?

5 ▪ Welke normen, waarden en / of belangen heb jij bij deze kwestie?

POLITIEKE BESLUITVORMING

1 ▪ Wat is het probleem?

2 ▪ Welk beleid voert de overheid met betrekking tot dit probleem?

3 ▪ Welke wetten gaan over deze kwestie en welke staan ter discussie?

4 ▪ Wat vinden de politieke partijen van deze kwestie?

5 ▪ Wat vind jij van dit probleem?

OORZAKEN EN GEVOLGEN

1 ▪ Wat is het probleem?

2 ▪ Wat zijn de oorzaken van dit probleem?

3 ▪ Welke gevolgen heeft de kwestie voor de samenleving?

4 ▪ Op welke manier(en) kan het probleem worden opgelost?

5 ▪ Welke oplossing heeft jouw voorkeur?

VERGELIJKINGEN

1 ▪ Wat is het probleem?

2 ▪ Heeft dit probleem te maken met normen, waarden, belangen en/of macht? Zo ja, hoe?

3 ▪ Speelt dit probleem ook in andere landen?

4 ▪ Is dit probleem van deze tijd, of speelt het al langer?

5 ▪ Indien van toepassing: hoe is in het verleden/ in het buitenland het probleem opgelost?

Wat is waar, wat is niet waar?

3

VERONTWAARDIGING NA BERICHT OVER GEWELD - In bijna alle kranten stond het: "Overvallers mishandelen gehandicapte vrouw en hangen hondje op aan hek." Twee jongens hadden in Spijkenisse een 49-jarige gehandicapte vrouw mishandeld en in een greppel geduwd. Toen bleek dat ze geen geld bij zich had, hingen de overvallers haar hond aan zijn riem op aan een hek, waardoor het beestje overleed. Veel mensen reageerden verontwaardigd en een Kamerlid vroeg de minister-president een beloning van 10.000 euro uit te loven voor de gouden tip. Totdat bleek dat de vrouw het verhaal geheel verzonnen had.

Als je een maatschappelijk probleem wilt bekijken, moet je beoordelen wat je leest, hoort en ziet, maar hoe weet je welke informatie betrouwbaar is? Lang niet alles wat je leest, is waar. Een van de doelen van het vak maatschappijleer is daarom dat je kritisch leert omgaan met informatie en niet zomaar alles gelooft wat je in een krant, tijdschrift of op internet leest.

Betrouwbaarheid
Als je wilt nagaan of informatie betrouwbaar is, stel je jezelf de volgende vragen:
• Wordt er een bronvermelding gegeven?

• Is er duidelijk onderscheid tussen feiten en meningen?
• Wordt het onderwerp van verschillende kanten bekeken?

Bronvermelding
In betrouwbare informatie zie je vaak de bron terug. Zoals in de zin: "Volgens de brandweer is er sprake van brandstichting." De brandweer is meestal een betrouwbare bron, waardoor je ervan uit kunt gaan dat de mededeling waar is. Dat zou je niet zo snel doen als er had gestaan: "Volgens een buurman is er sprake van brandstichting."

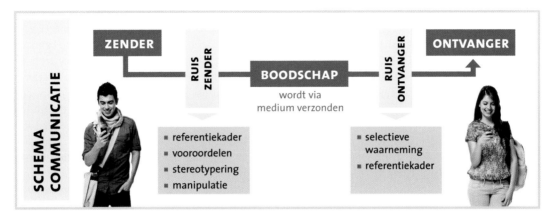

Bron 7

Voor **cijfermateriaal** is het CBS (Centraal Bureau voor de Statistiek) een goede bron. Ook informatie van ministeries, het Sociaal Cultureel Planbureau en andere officiële instanties is meestal betrouwbaar. Deze instanties doen gedegen onderzoek en hun werk wordt op kwaliteit gecontroleerd. Als je bijvoorbeeld wilt weten wat alcoholisme precies is, vraag je dat niet in het café op de hoek, maar ga je naar de website van het Trimbos Instituut.

Feiten en meningen

Feiten zijn voor iedereen controleerbaar, meningen niet. Feiten noemen we **objectief**, omdat ze *iets zeggen over de werkelijkheid*; meningen zijn **subjectief**, omdat ze *alleen laten zien hoe iemand ergens over denkt*.
De grens tussen feiten en meningen is soms lastig te bepalen. Als er boven een nieuwsbericht staat "Israël vermoordt zeven onschuldige Palestijnen", denk je niet gelijk aan een mening. Toch is deze kop minder objectief dan "Het Israëlische leger heeft zeven Palestijnse burgers gedood."

Verschillende kanten

Bij informatiebronnen is het heel belangrijk of er **hoor en wederhoor** is toegepast. Dit betekent dat *de verschillende betrokkenen zijn gehoord.*

Bij nieuwsberichten in kranten en nieuwsuitzendingen op tv kun je de vragen over de betrouwbaarheid op de vorige pagina meestal met 'ja' beantwoorden. Professionele journalis-

ten en redacteuren hebben de taak zorgvuldig om te gaan met informatie.
Bij **internet** is dat veel lastiger, omdat iedereen er informatie kan ontvangen én verzenden. Veel officiële instanties brengen via hun website informatie naar buiten die je kunt vertrouwen. Ook redelijk betrouwbaar zijn krantensites als trouw.nl en rtlnieuws.nl. Maar er zijn ook websites waar feiten en meningen door elkaar worden gehaald, de informatie **eenzijdig** is of zelfs leugens op staan. Zo kun je op internet moeiteloos artikelen vinden waarin de Holocaust wordt ontkend, of pagina's waarop staat dat de aanslagen van '9-11' door de Amerikanen zelf zijn gepleegd. Soms weet je niet eens wie de schrijver is. Je moet dus goed kijken of informatie op internet wel **betrouwbaar** is.

Communicatieruis

Communicatie betekent *het doorgeven van informatie.* Daarbij is altijd sprake van een zender en een of meer ontvangers. Tussen die twee partijen kan er van alles misgaan, zoals:
• de zender zendt de informatie verkeerd uit;
• de ontvanger ontvangt de informatie verkeerd.
We spreken dan van **communicatieruis**, wat betekent dat *de overdracht van informatie niet goed verloopt.*

Manipulatie en indoctrinatie

Aan de kant van de zender kan informatie onbewust maar ook **bewust** worden verdraaid. Zoals een politicus die een fout niet wil toegeven uit angst voor politiek gezichtsverlies. In dit geval worden *feiten opzettelijk weggelaten of verdraaid zonder dat de ontvanger dit merkt*. We spreken dan van **manipulatie**. Ook een krant die met extra sensationele artikelen de verkoop wil laten stijgen, maakt gebruik van manipulatie.

Een ander voorbeeld is de inval van de Verenigde Staten in Irak in 2003. De Amerikaanse overheid gebruikte steeds als argument voor de inval dat Irak op grote schaal massavernietigingswapens had. Later bleek die informatie onjuist te zijn.

Youp in de aanval tegen T-Mobile

De zoon van cabaretier Youp van 't Hek kreeg een stevig conflict met de helpdesk van tele-combedrijf T-Mobile dat wekenlang duurde. Totdat vader Youp erover begon te twitteren. Op dat moment belde de baas van T-Mobile de cabaretier meteen op met de belofte de problemen op te lossen. Dat wekte de woede op bij de cabaretier, omdat hij als BN'er een betere behandeling kreeg dan zijn zoon.

Na een oproep in NRC Handelsblad verzamelde Van 't Hek meer dan 6.000 verhalen "van klanten die zich bedonderd en gekleineerd voelen door de stroperig werkende servicediensten van grote ondernemingen". Van 't Hek bundelde de ervaringsverhalen in een tijdschrift, de Help, en bood het vervolgens aan de oppositieleiders uit de Tweede Kamer aan met het verzoek er iets mee te doen.

Bron 8

Een stapje verder is **propaganda**, wat betekent dat er *bewust eenzijdige informatie wordt gegeven met als doel de mening van mensen te beïnvloeden*. Dit is in feite aan de hand met reclame, alleen weten we daarvan dat het niet objectief is. Ook politieke partijen proberen door propaganda zichzelf aan te prijzen en soms de 'andere partij' zwart te maken. Hiermee hopen zij kiezers voor zich te winnen.

Weer een stap verder is **indoctrinatie**, waarbij *langdurig, systematisch en heel dwingend eenzijdige opvattingen en meningen worden opgedrongen met de bedoeling dat het publiek deze opvattingen kritiekloos accepteert*.

Indoctrinatie komt veel voor in dictaturen als China en Noord-Korea, waar regeringen via de staatsmedia het volk van informatie voorzien. Door het ontbreken van vrije media zijn er geen 'tegengeluiden'. Veel mensen raken geïndoctrineerd en beschouwen de opvattingen van de regering als de enige juiste.

Selectieve waarneming

Als ontvangers nemen we informatie nooit objectief waar. Zo kijkt een bokser anders naar een boksfilm dan een vredesactivist: de een ziet een mooie spannende film, de ander ziet een afschuwelijk gewelddadige film. Ook zal een roker niet ontspannen kijken naar een tv-programma over de risico's van roken: hij wil het liever niet weten.

We spreken hier van **selectieve waarneming**: *elke informatie wordt zodanig vervormd dat deze zo veel mogelijk past in ons referentiekader*. Een nieuwsberichtje over een fietser die door een auto is aangereden, gaat half langs je heen tot het moment dat je ontdekt dat het slachtoffer een bekende van je is. Dan zul je misschien ook veel sneller geneigd zijn de automobilist de schuld te geven. Je **referentiekader** is *alles wat je bezit aan kennis, ervaringen, normen, waarden en gewoonten*. Dit referentiekader is als het ware de 'bril' waardoor je informatie filtert.

Door je bewust te zijn van je referentiekader kun je proberen zo objectief mogelijk te zijn.

Stereotypen en vooroordelen

Tijdens de overdracht van informatie kunnen stereotypen en vooroordelen ontstaan. Hoe

werkt dit? In een krant wordt bijvoorbeeld een paar keer aandacht besteed aan gewapende roofovervallen op snackbars. Daarbij wordt telkens nadrukkelijk gemeld dat de daders uit een bepaalde buurt komen. Krantenlezers concluderen dan al snel dat die buurt onveilig en crimineel is. Zo ontstaat er een **stereotype**, *een vaststaand beeld van een hele groep mensen*. In dit geval gaat het om een groep mensen uit een bepaalde wijk, maar het kan ook gaan om 'dikke Duitsers', 'zuinige Nederlanders' of 'domme blondjes'.

Door stereotypering ontstaan gemakkelijk vooroordelen. Als je over iets of iemand oordeelt zonder dat je die persoon of die zaak hebt leren kennen, spreek je van een **vooroordeel**. Voorbeelden zijn: "Die vrouw weet niets van popmuziek, daar is ze veel te oud voor", "Je kunt beter personeel nemen dat ouder dan dertig is, jongeren denken veel te gemakkelijk over alles." Vooroordelen en stereotypen kunnen makkelijk leiden tot **discriminatie**, waarbij *iemand mensen van een bepaalde groep anders behandelt op grond van kenmerken die in de gegeven situatie niet van belang zijn.*

De lessen maatschappijleer die je dit jaar krijgt, zijn dus ook bedoeld om je bewuster met allerlei informatie om te laten gaan. Wat is goede en bruikbare informatie en wanneer moet je de vraag stellen of het wel klopt? Hierdoor word je kritischer en geloof je niet zomaar alles wat je leest, ziet of hoort.

De macht van De Wereld Draait Door

Miss Montreal, Rigby, Go Back to the Zoo, VanVelzen en talloze andere artiesten maakten hun tv-debuut in het VARA-programma De Wereld Draait Door (DWDD). DWDD is een talkshow met veel ruimte voor jonge, nieuwe bandjes. In 'het minuutje' kunnen artiesten zich presenteren aan een miljoenenpubliek.

Sommigen vragen zich af wat zo'n minuut nu werkelijk voorstelt. **Michiel Veenstra**, dj bij 3FM, noemde 'het minuutje' machtsmisbruik. Hij vindt dat je het werk van muzikanten niet mag beperken als voorwaarde voor mediabelangstelling. Hij twitterde: "F*ck die minuut, stug het hele nummer doorspelen, dan draai ik je een uur lang op 3FM." Tijdschrift Musicmaker sloot zich aan bij de actie en bood de band die het zou doen een interview aan. Veenstra: "Als je doorspeelt bij DWDD, kom je er daarna nooit meer in. Aan de andere kant word je een uur lang gedraaid op 3FM, krijg je een interview en een hoop 'exposure'." Geen band durfde gehoor te geven aan Veenstra's oproep. Veenstra: "De macht van DWDD is blijkbaar te groot."

Bron: vk.nl

Bron 9

• Waar ligt de grens?

Softdrugs en coffeeshops leiden al jaren tot maatschappelijke discussie. Sommigen willen legalisering ervan, anderen wijzen juist op de gevaren van blowen.

Ook alcohol zorgt voor problemen, zoals het grote aantal comazuipers. Ze drinken in korte tijd tien tot vijftien sterke drankjes en zijn urenlang buiten bewustzijn. Kinderarts Van der Lely: "De leeftijdsgrens voor alcohol moet echt omhoog naar 18 jaar."

Denk jij dat dit helpt? En hoe moeten we omgaan met problemen rond softdrugs?

Hasj en wiet

In de **Opiumwet** staan alle regels over:
• softdrugs, zoals hasj en wiet;
• harddrugs, zoals heroïne, cocaïne, xtc en GHB.
Heb je meer dan 30 gram wiet op zak, dan kun je ruim 2.000 euro boete krijgen of een maand gevangenisstraf. Heb je harddrugs in je bezit, dan loop je het risico van een jaar gevangenisstraf of ruim 11.000 euro boete.

Gedoogbeleid

Het kweken van wietplanten en het bezitten of verhandelen van hasj of wiet is strafbaar.
Toch kun je in Nederland, als enige land ter wereld, softdrugs in een coffeeshop kopen. Het gedoogbeleid van de overheid betekent: als er geen overlast is, laat de politie het persoonlijke wietbezit en de kleine handel in softdrugs met rust.
De hoofdregels voor coffeeshops zijn: maximaal 5 gram softdrugs per persoon en geen verkoop onder de achttien jaar. Als een coffeeshop zich hier niet aan houdt, wordt de zaak gesloten.

Softdrugs: de risico's

THC is de werkzame stof in wiet. THC vermindert tijdelijk het concentratievermogen, het reactievermogen en het geheugen. Als je veel blowt kunnen de gevolgen blijvend zijn. Blowen en studeren gaan daarom meestal niet goed samen. Wiet kan ook heftige angstgevoelens, depressies, hallucinaties of een psychose veroorzaken. Het herstel van een psychose kan soms lange tijd duren.

PAS OP SOFTDRUGS
KAN SCHADELIJK ZIJN
VOOR LICHAAM & GEEST

"Blowen niet onschuldig"

UTRECHT – Het aantal probleemgevallen bij blowers is de laatste jaren sterk toegenomen. Vooral jonge softdrugsgebruikers komen steeds vaker in afkickklinieken terecht. Onderzoeker dr. C Jansen zegt: "De hersenen van jongeren zijn gevoeliger voor de negatieve effecten van blowen, omdat die nog in ontwikkeling zijn. Blowen is niet onschuldig."
Bron: de Volkskrant

Claude (19): "Van mij mogen ze softdrugs legaliseren zodat je ze in een gewone winkel kunt kopen. Dan voorkom je problemen met illegale wietplantages en criminele tussenhandel."

Alcohol: de risico's?

Met mate drinken (een of twee glazen per keer) is niet echt schadelijk. Het maakt mensen soms losser en ze durven iets meer. Maar te veel of te vaak alcohol drinken kan tot problemen leiden, bijvoorbeeld schade aan het kortetermijngeheugen of zelfs blijvend geheugenverlies. Dit laatste heet het korsakovsyndroom.

Ongeveer een half miljoen mensen is verslaafd aan alcohol en heeft schade aan de maag, lever en hersenen.

Jaarlijks sterven meer dan 1.700 mensen door alcoholmisbruik. Alcohol kan ook voor sociale problemen zorgen, zoals ruzies en echtscheidingen of verlies van werk. Verder neemt de kans op ongelukken toe, als je gedronken hebt. En van alle misdrijven wordt 35 procent onder invloed van alcohol gepleegd.

Alcohol en de wet

In verschillende wetten staan regels over alcohol. De belangrijkste is de **Drank- en Horecawet**. Hierin staat dat je vanaf je zestiende zwakalcoholhoudende drankjes mag kopen en vanaf je achttiende jaar sterke drank. Onder de 16 jaar kun je een boete krijgen als je alcohol bij je hebt, bijvoorbeeld op straat of in een café.

Je mag geen voertuig besturen onder invloed van alcohol, dat wil zeggen meer dan 0,5 promille alcohol in je bloed, ongeveer twee alcoholconsumpties. Heb je je rijbewijs korter dan vijf jaar, dan ligt de grens bij 0,2 promille, dus één drankje. Dit geldt ook voor bromfietsrijden.

Abby (17): "Ik was een keer zo dronken dat ik bewusteloos raakte. In het ziekenhuis hebben ze mijn maag leeggepompt. Nu heb ik nog steeds een slechte naam. Ik ben 'het meisje dat zo veel drinkt', terwijl het maar één keer is gebeurd."

DIT DRINKT EEN SCHOLIER GEMIDDELD PER WEEK

J % JONGENS
M % MEISJES

	0 GLAZEN		1-4 GLAZEN		5-10 GLAZEN		11-20 GLAZEN		21 GLAZEN OF MEER	
	J	M	J	M	J	M	J	M	J	M
12 JAAR	86.9	91.1	11.7	6.8	1.2	1.5	0.2	0.2	0	0.4
13 JAAR	77.8	77.0	15.9	18.1	3.6	2.9	2.1	1.7	0.6	0.3
14 JAAR	59.9	55.3	24.6	27.6	9.2	11.0	4.2	3.9	2.1	2.2
15 JAAR	34.0	34.1	26.1	32.4	17.8	20.0	12.1	8.2	10.0	5.3
16 JAAR	22.5	24.1	22.0	34.1	19.0	24.2	17.0	13.1	19.5	4.5
17 JAAR	17.3	16.4	12.4	31.9	22.0	27.7	24.0	17.3	24.3	6.7

Bron: Nationale Drug Monitor

· Begrippenlijst

In dit thema zijn de volgende belangrijke begrippen aan de orde gekomen:

1 Waarom maatschappijleer?
- rechtsstaat
- parlementaire democratie
- pluriforme samenleving
- verzorgingsstaat
- maatschappelijk probleem
- politiek probleem

2 De kernbegrippen
- waarde
- norm
- sociale verplichting
- fatsoensnorm
- belang
- macht
- gezag
- invloed
- machtsbron
- machtsmiddel
- sociale cohesie
- mening
- analysevragen

3 Wat is waar,
wat is niet waar?
- bron
- CBS (Centraal Bureau voor de Statistiek)
- subjectief
- objectief
- hoor en wederhoor
- communicatie
- communicatieruis
- manipulatie
- propaganda
- indoctrinatie
- selectieve waarneming
- referentiekader
- stereotype
- vooroordeel
- discriminatie

Rechtsstaat

In de Nederlandse samenleving kunnen we niet alle conflicten zelf oplossen. Daarvoor is een rechtsstaat nodig die regels stelt voor de overheid en voor burgers. Deze regels zijn voor iedereen gelijk en zorgen ervoor dat je rechtsbescherming hebt en dat je je veilig kunt voelen. De overheid en de rechterlijke macht spelen daarin een grote rol. Hoe we met elkaar moeten omgaan is in de grondwet en in andere wetten vastgelegd. Toch gebeuren er soms dingen die we niet rechtvaardig vinden. Soms lijken zelfs de grondrechten met elkaar te botsen. Moeten de regels dan veranderen of zijn ze juist wel goed? De kernvraag voor dit thema is dan ook: **Wat is volgens jou het beste evenwicht tussen rechtsbescherming en rechtshandhaving?**

Recht en rechtvaardigheid

1

DOOD NA EEN FLINKE DUW - De mening van sommige politici is duidelijk: bij een overval of beroving mag het slachtoffer zichzelf verdedigen. "Iemand die een overvaller overmeestert, verdient eerder een pluim dan een politiecel", aldus de staatssecretaris. Maar zijn hier grenzen aan? Twee mannen bedreigden het personeel van een supermarkt in Moerkapelle met een vuurwapen. Tijdens een worsteling duwde een van de medewerkers een overvaller van zich af. Die viel van de trap, brak zijn nek en overleed. De winkelmedewerker was even verdachte, maar werd uiteindelijk niet vervolgd.

Ons gedrag en onze vrijheid van handelen worden bepaald en afgebakend door het recht. Zo mag je jezelf verdedigen als je wordt aangevallen. Maar een overvaller mishandelen mag weer niet als hij geen directe bedreiging voor je vormt. Zo bestaan er talloze wettelijk vastgelegde regels.

In dit eerste hoofdstuk stellen we de deelvraag: *Wat hebben rechtsnormen, rechtvaardigheid en de rechtsstaat met elkaar te maken?*

Regels en wetten

Bijna iedereen erkent de noodzaak van regels. Daarom geef je sommige mensen bij een ont-moeting een hand en ga je niet in korte broek naar een begrafenis. Sommige regels zijn opgeschreven, zoals de tien geboden in de Bijbel. Al deze **maatschappelijke normen of gedragsregels** komen voort uit geloof, tradities en gewoonten.

Rechtsnormen zijn *gedragsregels die door de overheid wettelijk zijn vastgelegd*. Ze ontstaan enerzijds uit het oogpunt van doelmatigheid om het maatschappelijke leven geordend te laten verlopen. Daarom fietsen we allemaal aan dezelfde kant van de straat, maar of dat links of rechts is maakt in wezen niet uit. Anderzijds komen rechtsnormen voort uit normen en waar-

In de jaren vijftig was de apartheid tussen blank en zwart in de Verenigde Staten nog volop aanwezig. Maar op 1 december 1955 weigerde Rosa Parks, een zwarte vrouw, haar zitplaats af te staan aan een blanke en achter in de bus plaats te nemen, zoals de wet in Alabama toen voorschreef. Ze werd gearresteerd en met deze daad van burgerlijke ongehoorzaamheid begon een felle strijd tegen de rassenwetten. Onder leiding van Martin Luther King werd een grote busboycot georganiseerd. Negen jaar later, na massale protesten van de zwarte Amerikaanse bevolking, werd de rassenscheiding in de hele VS verboden.

Bron 1

Toch kunnen sommige dingen ingaan tegen het gevoel van **rechtvaardigheid** van mensen. Een paar voorbeelden. Vind jij het eerlijk dat je muziek en films in veel gevallen van internet mag downloaden, maar dat op het downloaden van software en games boetes staan? En hoe vind jij het dat je een bekeuring kunt krijgen als je geen identiteitsbewijs bij je hebt? Of dat de ene moordenaar levenslang krijgt en de andere na een aantal jaren weer vrij is?

Ontstaan van de rechtsstaat

Om gevoelens van onrechtvaardigheid zo veel mogelijk te voorkomen en om misstanden te vermijden, ontstond ruim twee eeuwen geleden in sommige landen het idee van een **rechtsstaat**, *waarin burgers met grondrechten worden beschermd tegen machtsmisbruik door de overheid."* De Franse koning Lodewijk XIV kon nog uitroepen: "L'état, c'est moi!" Maar de Franse Revolutie maakte in 1789 met veel geweld een einde aan de **absolute monarchie**, *de regeringsvorm waarbij een koning alle macht heeft.* Om machtsmisbruik door de overheid in de toekomst te voorkomen, werd de Verklaring van de Rechten van de Mens en van de Burger opgesteld. In artikel 1 werd de gelijkheid voor de wet geregeld. En in artikel 4 staat dat iedereen alles in vrijheid kan doen, zolang dit de vrijheid van anderen niet beperkt.

Tegenwoordig hebben de meeste landen een **grondwet**, waarin staat *wat de grondrechten zijn en hoe het land geregeerd moet worden.*

den die in de samenleving gedeeld worden. Zo zie je de norm dat je er bij een ruzie niet zomaar op los slaat terug in het wettelijke verbod op mishandeling. En omdat we vinden dat iedereen dezelfde kansen moet hebben, is discriminatie bij sollicitaties door werkgevers wettelijk verboden. Als je denkt dat je vanwege je leeftijd, afkomst of geloof bent afgewezen, kun je naar de rechter stappen.

Wat is rechtvaardig?

Het is belangrijk dat rechtsnormen zo veel mogelijk overeenstemmen met de opvattingen die wij als burgers hebben over goed en kwaad. We zullen ons er dan eerder aan houden.

De eerste grondwet in Nederland dateert uit 1798 toen Nederland bezet was door de Fransen. Na de Franse tijd werd Nederland in 1814 een koninkrijk onder Willem I die als soeverein vorst een sterke machtspositie kreeg. In 1848 werd door toedoen van de staatsman Thorbecke de macht van de koning grondwettelijk aan banden gelegd. Ook werd de vrije meningsuiting geregeld en werd het kiesrecht uitgebreid. In 1917 kregen alle mannen kiesrecht, twee jaar later de vrouwen. In 1983 werden bovendien sociale grondrechten in de grondwet opgenomen, zoals de plicht van de overheid om te zorgen voor goede gezondheidszorg en een inkomen voor iedereen. Daarmee werd Nederland een **sociale rechtsstaat**.

Na 17 jaar toch opgelost

ASSEN – De rechtbank in Assen heeft Henk F. (41) veroordeeld tot 15 jaar celstraf in de zaak Andrea Luten. Het 15-jarige meisje werd in 1993 op weg van school naar haar huis verkracht en vermoord. De zaak was 17 jaar lang een van de bekendste 'cold cases' van ons land en ook misdaadverslaggever Peter R. de Vries besteedde veel aandacht aan de zaak. Henk F. liep tegen de lamp toen hij na een veroordeling voor huiselijk geweld verplicht DNA moest afstaan. Het DNA bleek te matchen met de sporen die op Andrea's lichaam werden aangetroffen.
Bron: NRC

Bron 2

Rechten en plichten

In een rechtsstaat gelden niet alleen rechten (datgene waar je recht op hebt), maar er zijn ook plichten (datgene wat je moet doen). Deze gelden voor de overheid én voor burgers. We geven hier enkele voorbeelden. Zo is er voor iedereen met een inkomen de **belastingplicht** en geldt voor jongeren de **leerplicht**. Verder ben je wettelijk verplicht om iemand in levensgevaar te helpen. Laat je iemand aan zijn lot over, dan ben je strafbaar. Een laatste voorbeeld is de **DNA-plicht** voor mensen die verdacht worden van of veroordeeld zijn voor strafbare feiten. Zij moeten wangslijm afstaan aan justitie, die de gegevens mag opslaan.

Rechtsgebieden

Alle door de overheid in wetten vastgestelde regels samen noemen we 'het recht'. Binnen het recht bestaan allerlei rechtsgebieden met als belangrijkste onderscheid het verschil tussen publiekrecht en privaatrecht.

Publiekrecht

Het **publiekrecht** regelt *de inrichting van de staat en de relatie tussen burgers en overheid*. Dit rechtsgebied is onderverdeeld in meerdere takken:

- Het **staatsrecht** met alle regels voor de inrichting van de Nederlandse staat. Denk aan de bevoegdheden van ministers, welke rechten een Tweede Kamerlid heeft en hoe je als politieke partij mee kunt doen aan de verkiezingen.
- Het **bestuursrecht** met daarin centraal de verhouding tussen burger en overheid. Wie bijvoorbeeld een huis wil bouwen of een café wil beginnen, moet daarvoor een vergunning aanvragen. Tot het bestuursrecht behoren verder de ruimtelijke ordening en het belastingrecht. Het bevat ook bepalingen die je

Leerplicht: tot je achttiende naar school

beschermen tegen de overheid. Wil de gemeente een nieuwe weg aanleggen, dan moet zij alle belanghebbenden de mogelijkheid geven bezwaar te maken tegen die weg.

• Het **strafrecht**, bestaande uit alle wettelijke strafbepalingen. Dit is het bekendste onderdeel van het publiekrecht. Verderop in dit thema komen we terug op het strafrecht.

Privaatrecht

Het **privaatrecht** of **burgerlijk recht** regelt *de betrekkingen tussen burgers onderling*. Als je je handtekening zet onder een telefoonabonnement heb je de plicht te betalen en heb je recht op een goed product. Bij een conflict daarover kun je naar de rechter stappen. Onder 'burgers' wordt in het privaatrecht niet alleen mensen van vlees en bloed verstaan, maar ook een vereniging, bedrijf of zelfs de overheid. We spreken daarom van rechtspersonen.

Tot het privaatrecht behoren onder andere:

• het **personen- en familierecht**, dat zaken regelt als het sluiten van een huwelijk, echtscheiding, geboorte, overlijden en het adopteren van kinderen;

• het **ondernemingsrecht**, dat bijvoorbeeld de voorwaarden regelt waaronder je een vereniging of een bv kan oprichten;

• het **vermogensrecht**, dat alle zaken regelt die te maken hebben met iemands vermogen en in geld zijn uit te drukken. Denk aan het sluiten van een koop(overeenkomst), een huurovereenkomst of een arbeidsovereenkomst.

Ook hier gaat het steeds om rechten en plichten. Als je een huis huurt moet je op tijd je huur betalen, maar de huiseigenaar moet zorgen voor veilige gas- en elektraleidingen.

Tot het vermogensrecht behoren tevens het regelen van een erfenis en het maken van een testament waarin je opneemt aan wie je je vermogen wilt nalaten.

In het volgende hoofdstuk gaan we in op de belangrijke rechten die iedereen heeft en die staan omschreven in de grondwet: de grondrechten.

Apen woedend om ongelijke behandeling

Apen hebben net als mensen rechtvaardigheidsgevoel. Dit concluderen dierengedragsdeskundigen Sarah Brosnan en Frans de Waal na een experiment dat twee jaar heeft geduurd. Zij leerden bruine kapucijnapen fiches te accepteren als beloning en die te ruilen voor voedsel. De aapjes wisselden hun fiches altijd graag voor komkommer, totdat ze zagen dat de onderzoekers één van hun maten er een veel lekkerder druif voor gaven. Ze weigerden daarna hun fiches nog langer voor komkommers in te wisselen. Toen een aap het fruit ook nog kreeg zonder er iets voor te hebben gedaan, ontstaken zijn soortgenoten zelfs in woede. Apen houden hun buren dus nauwlettend in de gaten en weten wanneer een ander een betere beloning krijgt. Dat geldt overigens voornamelijk voor de vrouwtjes als het voedsel betreft. De mannetjes geven vooral om seks. Kennelijk vinden zij voedsel niet iets om je heel erg druk over te maken.

Bron: Nature

Bron 3

De grondbeginselen

2

GUANTÁNAMO BAY - Na de terreuraanslagen op 11 september 2001 startten de VS de 'War on Terror'. De overheid creëerde een wet zodat gevangenen zonder enig proces mochten worden vastgehouden. Terreurverdachten werden naar de Amerikaanse marinebasis Guantánamo Bay op Cuba gebracht. Er waren sterke aanwijzingen dat daar martelingen plaatsvonden, zoals het beruchte 'waterboarding' of schijnverdrinking. Het Rode Kruis meldde dat er zelfs kinderen van twaalf jaar gevangen werden gehouden. Amnesty International, de VN en Europese regeringsleiders drongen aan op sluiting van het kamp.

Ook Nederland wordt soms als rechtsstaat bekritiseerd over de manier waarop het omgaat met grondrechten. Het Europees Hof voor de Rechten van de Mens in Straatsburg oordeelde bijvoorbeeld dat Nederland het verbod op martelen en onmenselijk straffen schond door uitgeprocedeerde asielzoekers terug te willen sturen naar Irak. Volgens het hof liepen asielzoekers daar te veel gevaar.

De vraag bij dit hoofdstuk luidt: *Wat zijn de fundamenten van onze rechtsstaat?*

Uitgangspunten

Het doel van de rechtsstaat is om te zorgen voor de **veiligheid** van burgers, ons te beschermen tegen de macht van de overheid en ervoor te zorgen dat we als burgers **gelijk** worden behandeld en in **vrijheid** kunnen leven.

Deze doelen zijn uitgewerkt in de volgende grondbeginselen:
- Er is sprake van een machtenscheiding.
- De grondrechten zijn vastgelegd in de grondwet.

Guantánamo Bay

- Het legaliteitsbeginsel: de overheid is gebonden aan de wet.

Machtenscheiding

Het principe van de machtenscheiding of **trias politica** werd bedacht door de Fransman Montesquieu (1689-1755). Volgens hem moest de macht van de overheid verdeeld worden in drie delen: een wetgevende macht, een uitvoerende macht en een rechtsprekende macht. Het doel was dat niet één persoon of één instantie alle politieke macht heeft. De scheiding der machten moest absolutisme en dictatuur onmogelijk maken en daardoor onrechtvaardigheid zo veel mogelijk voorkomen.

In Nederland geldt daarom de volgende machtsverdeling:
- De **wetgevende macht** stelt wetten vast waar de burgers (en de overheid) zich aan moeten houden, zoals de Leerplichtwet en het Wetboek van Strafrecht. In Nederland is dit een taak van de regering en het parlement samen, waarbij meestal de ministers met de wetsvoorstellen komen en het parlement besluit om het voorstel goed of af te keuren.
- De **uitvoerende macht** zorgt ervoor dat eenmaal goedgekeurde wetten precies worden uitgevoerd. Hiervoor is in ons land de regering verantwoordelijk. Ministers geven dagelijks richtlijnen aan hun ambtenaren of aan instanties. Zo krijgen scholen bijvoorbeeld aanwijzingen hoe de schoolexamens eruit moeten zien. En de Arbeidsinspectie controleert of werkplekken voldoende veilig en hygiënisch zijn.
- De **rechterlijke macht** beoordeelt of mensen, maar ook rechtspersonen of de overheid, wetten hebben overtreden en doet uitspraak in conflicten. Deze macht is exclusief in handen van onafhankelijke rechters die de bevoegdheid hebben om iemand te bestraffen. Als je bijvoorbeeld belastingfraude pleegt, kun je een fikse geldboete of gevangenisstraf krijgen.

In Nederland zijn de machten niet volkomen van elkaar gescheiden. Zoals je hierboven ziet zijn de ministers zowel betrokken bij de wetgevende als de uitvoerende macht: ze mogen wetsvoorstellen doen, maar ze moeten er ook voor zorgen dat een aangenomen wet wordt uitgevoerd. Hierdoor wordt niet helemaal voldaan aan het uitgangspunt van Montesquieu om de machten gescheiden te houden. Dat geldt overigens voor de meeste democratische rechtsstaten.

Het belangrijkste van de trias politica is dat de machten elkaar controleren en 'scherp houden'. Zo controleert het parlement of de ministers de wetten wel goed uitvoeren. Als een wet strijdig is met het Europees Verdrag voor de Rechten van de Mens (EVRM), kan de Europese rechter het parlement terugfluiten. En als ministers of Kamerleden vinden dat er te mild gestraft wordt, kunnen zij een wetsvoorstel indienen. Met een Engelse term wordt zo'n evenwicht een stelsel van '**checks and balances**' genoemd.

Grondrechten voor dieren?

De Partij voor de Dieren, maar ook GroenLinks, vraagt al jaren aandacht voor de misstanden in megastallen en bij proefdieren. Ze willen ook dieren (sociale) grondrechten toekennen. Een juridisch bezwaar is dat ons rechtssysteem alleen spreekt van natuurlijke personen en rechtspersonen. Dieren kunnen niet naar de rechter stappen of als verdachte worden aangeklaagd. Een paard kan geen rechtszaak beginnen tegen de baas die haar mishandelt. Aan de andere kant hoeft een kat die op brute wijze een muis doodt, zich niet voor de rechter te verantwoorden.

Bron 4

33

Onafhankelijke rechters

Het feit dat rechters neutraal en onafhankelijk zijn, zorgt voor bescherming.

1. Je kunt je **recht halen** als je je benadeeld voelt door andere burgers of door bedrijven en instanties.
2. Je wordt **beschermd tegen ongeoorloofd overheidsoptreden**. Een voorbeeld: je hebt een schuurtje gezellig ingericht en elk weekend komen je vrienden langs met chips, bier, wijn en fris. Dan besluit de gemeenteraad dat jouw schuurtje dicht moet omdat het om illegale horeca gaat. Je kunt dan bij de rechter deze beslissing aanvechten.
3. Het zorgt ervoor dat mensen **geen eigen rechter** gaan spelen, omdat misdadigers in een eerlijk proces hun verdiende straf krijgen.

Om de onafhankelijkheid van de rechterlijke macht te waarborgen, worden rechters voor het leven benoemd. Een rechter kan dus niet ontslagen worden, omdat hij te lage of te hoge straffen zou geven. Vanwege hun neutraliteit dragen rechters een zwarte toga om te laten zien dat het niet om hun persoonlijke mening gaat.

Grondrechten en grondwet

Onze samenleving bestaat uit steeds meer culturen met uiteenlopende waarden en normen. Denk bijvoorbeeld aan de verschillen tussen orthodoxe christenen op de Veluwe, de gayscene in Amsterdam, meer en minder gelovige moslims en ongelovigen. Te midden van die verschillen is de grondwet een bindend middel waar iedereen het (bijna) helemaal mee eens is en waar iedereen op kan vertrouwen. Daarom is het goed om te weten waar die grondwet voor dient en wat erin staat.

Een belangrijk doel van de grondwet is het vastleggen van de grondrechten. Deze staan in hoofdstuk 1 en kun je onderverdelen in:

• **klassieke grondrechten,** zoals de vrijheid van godsdienst (artikel 6), de vrijheid van meningsuiting (artikel 7), het recht op onaantastbaarheid van het lichaam (artikel 11) en het kiesrecht (artikel 4);

• **sociale grondrechten**, zoals het recht op werk (artikel 19), het recht op gezondheidszorg en het recht op woongelegenheid (artikel 22).

Klassieke grondrechten zijn rechten die de overheid ook echt moet garanderen. Ze leggen de overheid beperkingen op en als de overheid een klassiek grondrecht van je schendt, kun je naar de rechter stappen en je gelijk halen.

Bij sociale grondrechten geldt er een zorgplicht voor de overheid. De overheid moet bijvoorbeeld haar best doen om zo veel mogelijk banen te creëren, maar je kunt niet naar de rechter stappen en een baan eisen.

Omdat de samenleving voortdurend in beweging is, worden rechtsregels regelmatig aangepast. Zo werd door veranderende normen en waarden de invoering van het homohuwelijk mogelijk. Het aanpassen van de grondrechten, vastgelegd in de grondwet, is niet eenvoudig. Deze zijn zo belangrijk dat ze alleen na verkiezingen en met tweederde meerderheid in het parlement kunnen worden gewijzigd.

Bovendien heeft Nederland het **Europees Verdrag voor de Rechten van de Mens en de Fundamentele Vrijheden** (EVRM) getekend. Dit verdrag is bindend en gebiedt de aangesloten landen de mensenrechten te beschermen. Daarom kan Nederland niet zomaar besluiten om bijvoorbeeld de doodstraf in te voeren.

Recht op goede gezondheidszorg

Legaliteitsbeginsel

Onze **vrijheid** is niet onbegrensd. De overheid legt plichten op zoals de belastingplicht en de leerplicht, en stelt ook regels vast die je niet mag overtreden.

De overheid mag niet zomaar alles voorschrijven. Volgens het **legaliteitsbeginsel** *mag de overheid alleen beperkingen opleggen aan de vrijheid van burgers als die regels voor iedereen gelden en door de volksvertegenwoordiging in wetten zijn vastgelegd.*

Het legaliteitsbeginsel zien we terug in een aantal belangrijke artikelen in het Wetboek van Strafrecht:

- **Strafbaarheid**. Artikel 1, lid 1, bepaalt dat "geen feit strafbaar is dan uit kracht van een daaraan voorafgegane wettelijke strafbepaling." Anders gezegd: iets is alleen strafbaar als het in de wet staat. Daardoor kon jarenlang niemand worden veroordeeld voor het hacken van computers, simpelweg omdat het nog niet in de wet was opgenomen.
- De **strafmaat**. In de wet staat bij ieder strafbaar feit de maximale straf. De officier van justitie en de rechter mogen geen hogere straf eisen of opleggen. Veroorzaakt iemand bijvoorbeeld met zijn brommer een dodelijk ongeluk, dan kan hij vervolgd worden voor 'dood door schuld in het verkeer' met een maximum gevangenisstraf van drie jaar.
- **Ne bis in idem-regel**. Na de uitspraak van een rechter kun je niet voor een tweede keer worden vervolgd. Als je bent vrijgesproken van moord en later blijkt dat er nieuw bewijs is, dan kun je niet opnieuw worden berecht. Anders zou gelden: eens een verdachte, altijd een verdachte.

   Niet iedereen is blij met deze regel. Wat bijvoorbeeld als bewezen is dat getuigen gelogen hebben tijdens het proces? Of als er door DNA-technieken nieuw 'hard' bewijs is?

Hoe werkt onze rechtsstaat nu in de praktijk? Hiervoor kijken we in hoofdstuk 3 en 4 naar het strafrecht en vervolgens in hoofdstuk 5 naar het privaatrecht of burgerlijk recht.

Strijd voor een vrij Tibet

Op uitnodiging van Amnesty International vertelde de boeddhistische **Ngawang Sangdrol** haar verhaal op Nederlandse scholen. Op haar tiende werd ze opgepakt omdat ze, aan de hand van haar vader, had gedemonstreerd tegen de Chinese bezetting van Tibet. Op haar vijftiende werd ze definitief vastgezet, maar toen ze 26 was kwam ze om medische redenen vervroegd vrij. Sangdrol vertelt over het leven in de Drapchi-gevangenis. "Soms bonden ze onze handen achter onze rug aan elkaar vast en hingen ons daaraan op. Dat noemden ze het vliegtuig." Er was nooit genoeg eten en drinken. "We kregen soep met ongedierte erin. Als we om water vroegen, gaven ze dat niet, maar lieten ze voor onze ogen de kraan stromen." Na haar vrijlating werd ze gedwongen Tibet te verlaten. Ze vertrok naar Amerika en werkt daar sindsdien voor de International Campaign for Tibet als mensenrechtenanalist. Ngawang: "Ik weet zeker dat ik ooit zal terugkeren naar een vrij Tibet. Want wij strijden voor de waarheid en de waarheid wint altijd."
Bron: Amnesty International

Bron 5

Strafrecht: de opsporing

3

ZE STAAN TOCH AL BUITEN DE MAATSCHAPPIJ - De gemeente Rotterdam plaatste foto's van verdachte voetbalhooligans op elektronische billboards in de stad om ze te pakken te krijgen. De supporters hadden bij stadion de Kuip massaal geweld tegen de politie gebruikt. Jason (26): "Van mij mogen ze het doen, maar ik zou zelf niet bellen." Rechtsdeskundige Jan-Willem van Prooijen: "Bij de harde kern hooligans maakt zo'n maatregel geen enkele indruk. Ze staan toch al buiten de maatschappij."

Is het plaatsen van foto's van verdachten op billboards een goede ontwikkeling? Of wordt de privacy van verdachten hiermee nodeloos aangetast?

In dit hoofdstuk stellen we de vraag: *Wat is de rol van de politie en het Openbaar Ministerie bij het opsporen van criminaliteit?*

Rechtshandhaving en rechtsbescherming

De rechtsstaat moet zorgen voor de veiligheid van burgers en voor **rechtshandhaving**. Daarom heeft de overheid meer macht dan wij en mag als enige geweld gebruiken. We noemen dat het **geweldsmonopolie** van de staat. Zo mogen politieagenten de wapenstok of pepperspray gebruiken tegen vechtende voetbalsupporters en in het uiterste geval mag een agent zelfs gericht op criminelen schieten.

Daarnaast heeft de rechtsstaat als doel dat de overheid niet te véél macht mag krijgen. De politie mag niet zomaar iedereen oppakken, je e-mail lezen of je huis overhoop halen voor een huiszoeking. Ook de overheid moet zich dus aan regels houden. Naast rechtshandhaving is er daarom **rechtsbescherming**: *de grondwet beschermt burgers tegen andere burgers en tegen machtsmisbruik van de overheid.*

HET STRAFPROCES

OPSPORING EN AANHOUDING	VERVOLGING	RECHTSZAAK
politie + officier van justitie	officier van justitie	rechter

Bron 6

Deze beheersing van het overheidsgezag is het wezen van de rechtsstaat. Het is het verschil tussen een rechtsstaat en een totalitaire samenleving of dictatuur. In Hitler-Duitsland bijvoorbeeld werden alle regels van het moderne strafrecht geschonden. Mensen werden zonder enige vorm van proces gevangengezet, weggevoerd en ter dood gebracht.

Misdrijven en overtredingen

Volgens het eerder genoemde legaliteitsbeginsel staat precies in de wet omschreven waar je voor veroordeeld kunt worden. Daarbij wordt onderscheid gemaakt tussen **misdrijven** als de *meer ernstige strafbare feiten* en **overtredingen** als de *minder ernstige*.
Tot de overtredingen behoren rijden door rood licht en te snel rijden. Bij misdrijven kun je denken aan diefstal, mishandeling en moord, maar ook rijden onder invloed.

De meeste overtredingen en misdrijven staan in het **Wetboek van Strafrecht**. Daarnaast zijn er aparte wetten zoals de Wet wapens en munitie en de Opiumwet.

Verschillen

De belangrijkste verschillen tussen overtredingen en misdrijven zijn:
- Overtredingen en misdrijven worden beide geregistreerd door justitie. Bij misdrijven gebeurt dit al als je verdachte bent, terwijl er bij overtredingen een veroordeling moet zijn waarbij minimaal 100 euro boete of een (voorwaardelijke) vrijheidsstraf is opgelegd. Vooral als je solliciteert, is het hebben van een strafblad vervelend.
- De mogelijke straffen zijn bij misdrijven hoger. De maximumstraf voor een overtreding is één jaar hechtenis; bij misdrijven is dit levenslange gevangenisstraf.

- Een poging tot overtreding is niet strafbaar, een poging tot een misdrijf wel.

Wat is criminaliteit?

Veel mensen beschouwen een fietser die door rood rijdt niet als crimineel, maar een automobilist die dronken een ongeluk veroorzaakt wel. Daarom beschouwen we overtredingen niet als crimineel gedrag en omschrijven we het begrip **criminaliteit** als *alle misdrijven die in de wet staan omschreven*.

De procedure in vogelvlucht

In een rechtsstaat is het strafproces aan regels gebonden. De politie en officier van justitie hebben bevoegdheden, maar ze mogen niet álles.
Deze regels staan in het **Wetboek van Strafvordering**.

Wanneer er een misdrijf is gepleegd, verloopt de procedure volgens een vast patroon.
1. De **politie** verzamelt informatie over het strafbare feit. Zij zoekt naar sporen, hoort getuigen en slachtoffers, houdt verdachten aan en legt alle gegevens vast in een proces-verbaal. De officier van justitie heeft de leiding over het opsporingsonderzoek en houdt in de gaten of alles zorgvuldig en eerlijk verloopt.
2. De **officier van justitie** bepaalt vervolgens met behulp van het proces-verbaal of er wel of geen rechtszaak moet komen. Als hij voldoende bewijzen heeft, stuurt hij het dossier naar de rechter.
3. De **rechter** stelt tijdens een rechtszaak vast of de verdachte schuldig is. Als hij de schuld bewezen acht, kan hij de verdachte een straf opleggen.

Opsporingsbevoegdheden politie

Stel, je ziet een winkeldiefstal gebeuren en de dader snel weghollen. De politie houdt iemand aan

die jij herkent als de dader. In dat geval is er sprake van een **verdachte**, want er bestaat *een redelijk vermoeden van schuld*.

Als de politie een verdachte heeft, kan zij gebruikmaken van bepaalde bevoegdheden, ook wel **dwangmiddelen** genoemd. Als deze dwangmiddelen een ernstige inbreuk maken op de grondrechten van mensen, is toestemming nodig van een rechter-commissaris, een speciale rechter of van de officier van justitie.

Zonder toestemming

- De politie mag een verdachte **staande houden**. Dit betekent *iemand laten stilstaan om hem te vragen naar zijn personalia* (naam, adres en geboortedatum). Vanaf veertien jaar moet je je kunnen legitimeren, maar de politie mag er alleen naar vragen als daar een concrete reden voor is. Voorbeelden zijn een verkeerscontrole of zwartrijden in de trein.
- De politie kan een verdachte aanhouden ofwel **arresteren**. Verzet hiertegen, bijvoorbeeld losrukken, is niet toegestaan. Je moet mee naar het politiebureau en wordt voorgeleid aan een (hulp)officier van justitie.
- Een verdachte mag worden **gefouilleerd**, dat wil zeggen *aan zijn kleding en zijn lichaam worden onderzocht*.
- De politie mag een verdachte in het belang van het onderzoek zes uur op het bureau **vasthouden**. Voor verlenging is toestemming nodig.
- Bewijsmateriaal zoals een gestolen mobieltje of een opgevoerde brommer mag **in beslag worden genomen**. De officier van justitie of de rechter beslist later of iemand zijn spullen na een rechtszaak terugkrijgt.

Met toestemming

- Om iemand te arresteren mag de politie een woning alleen binnengaan met een **machtiging tot binnentreding**. Hiervoor moet de (hulp)officier van justitie toestemming geven. Als er bovendien een **huiszoekingsbevel** door de rechter-commissaris is gegeven, mag de politie in de woning zoeken naar bewijzen.
- Voor het opvragen van **speciale persoonsgegevens**, zoals bankrekeningnummers, telefoonverkeer en internetgedrag, heeft de politie toestemming nodig van de officier van justitie. Dat geldt ook voor het gebruik van telefoontaps, internettaps en richtmicrofoons.
- De politie mag alleen **preventief fouilleren** in bepaalde, door de burgemeester aangewezen gebieden. Je wordt dan gefouilleerd zonder dat er sprake is van verdenking. Ook kan je tas of auto worden geïnspecteerd. Meestal gebeurt dit in risicogebieden rond uitgaansgelegenheden, bij sportstadions, metrostations en luchthavens.

- Als de politie een verdachte zes uur (en even-tueel een nacht) op het bureau heeft vastge-houden, kan een (hulp)officier van justitie toestemming geven voor een **verlenging** van maximaal drie dagen.
- Bij **infiltratie** in misdaadorganisaties en terro-ristische groeperingen moet de officier van justitie steeds toestemming geven. Ook mag de infiltrant niet aanzetten tot strafbare feiten. Uitlokken mag dus niet.

Officier van justitie

In feite is de officier van justitie de **openbare aanklager**, omdat hij *namens de samenleving bewijzen zoekt tegen een verdachte en een straf te-gen hem kan eisen.* We noemen alle officieren van justitie bij elkaar het **Openbaar Ministerie** (OM).

Als de officier en de politie klaar zijn met het op-sporingsonderzoek, heeft de officier drie moge-lijkheden: seponeren, schikken of vervolgen.

Seponeren

Bij onvoldoende bewijs, bij een klein vergrijp of als de officier vindt dat de verdachte al genoeg is gestraft, kan de officier de zaak **seponeren**. Dit betekent *afzien van verdere rechtsvervolging.* Denk aan iemand die door roekeloos rijden een ongeluk veroorzaakt en daarbij een familielid verliest.

Schikken

Bij overtredingen en lichte misdrijven zoals ver-nieling en winkeldiefstal kan de officier een **schikking** aanbieden. Een schikking, in de wet transactie genoemd, is een *voortijdige afdoening, waarbij de verdachte niet meer voor de rechter hoeft te verschijnen.* Deze heeft meestal de vorm van een geldboete, een schadevergoeding of een taakstraf. Wijst een verdachte het schikkings-voorstel af, dan komt zijn zaak alsnog voor de rechter.

Vervolgen

De officier van justitie kan ten slotte besluiten het dossier naar de rechtbank te sturen en een **rechtszaak** te beginnen (vervolgen).

Sociale media voorkomen én veroorzaken ellende

Sociale media bevorderen criminaliteit. Zo kun-nen inbrekers heel makkelijk op Twitter en Facebook zien waar iets te halen valt. De ontwik-keling van de website PleaseRobMe.com door drie Nederlandse IT'ers kwam zelfs in het nieuws. De site hield automatisch bij wie er op Twitter meldde dat hij net van huis was vertrokken. Een van de makers, **Boy van Amstel**: "Als je dan je adresgegevens niet goed afschermt, kunnen inbrekers ongestoord hun gang gaan."

Maar sociale media helpen ook om criminaliteit te voorkomen of op te lossen. Agenten gebruiken de sociale media en elk politiekorps heeft een eigen pagina op Facebook waar ze opsporingsbe-richten en vermissingen plaatsen. In Veendam waarschuwde de politie scholieren via Twitter om niet met elkaar op de vuist te gaan. Leerlingen van twee verschillende scholen zouden een mas-sale vechtpartij hebben georganiseerd. De direc-teur van een van de scholen kwam achter de plan-nen en schakelde de politie in. Met de waarschu-wingstweet wist de politie de vechtpartij te voor-komen.

Bron 7

Strafrecht: de rechter

4

ALS HET AAN MIJ LAG, KREEG HIJ LEVENSLANG - Afira Hof werd op haar zeventiende door een dronken automobilist doodgereden. Haar zus Ariëlle (20): "Hij had meer dan vijftien glazen alcohol op en reed na het ongeluk door. In de rechtszaal zag ik hem voor het eerst. Op vragen van de rechter gaf hij ontwijkende antwoorden of zei helemaal niets. Ik had hem graag een klap in zijn gezicht gegeven. Hij kreeg vijf jaar gevangenisstraf en acht jaar rijontzegging. Als het aan mij lag, kreeg hij levenslang. Doordat hij dronken achter het stuur kroop, mis ik mijn zusje iedere dag."
Bron: COSMOgirl

In dit hoofdstuk staat de vraag centraal: *Wat gebeurt er als een strafzaak bij de rechter komt?*

Als de officier van justitie besluit tot **strafvervolging**, brengt hij de strafzaak bij een rechtbank door een tenlastelegging. Hierin staat precies wat de aanklacht tegen de verdachte is. Kleine misdrijven zoals winkeldiefstallen komen voor de **politierechter** die in zijn eentje rechtspreekt. Ernstige misdrijven, zoals het onder invloed veroorzaken van een dodelijk autoongeluk, worden behandeld door de **meervoudige kamer** van de rechtbank, bestaande uit drie rechters. Een strafzaak is altijd openbaar. Alleen in speciale gevallen, bijvoorbeeld als de verdachte minderjarig is of als in de zaak staatsgeheimen worden onthuld, vindt een zaak achter gesloten deuren plaats.

De terechtzitting

Voor het begin van elke **terechtzitting**, *de behandeling van het strafbare feit door de rechter,* krijgt de verdachte een oproep of **dagvaarding**. Hierin staat dat je ervan verdacht wordt dat je op een bepaald moment, op een bepaalde plaats een bepaald delict hebt begaan. Er staat ook in waar en op welk tijdstip de zitting plaatsvindt. Deze dagvaarding wordt verstuurd door de officier van justitie als openbare aanklager. Iemand die geen advocaat kan betalen, krijgt een zogenaamde pro-Deoadvocaat toegewezen. In dat geval wordt slechts een kleine bijdrage gevraagd.

Een rechtszaak, die soms maanden kan duren, bestaat altijd uit zeven stappen.
1. **Opening**. De rechter controleert de persoonsgegevens van de verdachte. De verdachte krijgt te horen dat hij goed moet opletten en niet verplicht is te antwoorden op vragen.
2. **Tenlastelegging** of **aanklacht**. De officier leest de aanklacht voor, die een toelichting is op dat wat er in de dagvaarding staat.
3. **Onderzoek**. De rechter begint nu aan het eigenlijke onderzoek. Dit begint met de ondervraging van de verdachte door de rechter, de

officier en zijn eigen advocaat. De verdachte staat niet onder ede en hoeft dus niet de waarheid te spreken. Hij hoeft namelijk niet aan zijn eigen veroordeling mee te werken. Daarnaast kunnen eventueel getuigen of deskundigen door alle partijen worden opgeroepen en worden ondervraagd. Zij staan wel onder ede en moeten de waarheid spreken. Als ze liegen, plegen ze **meineed** en riskeren ze een gevangenisstraf van maximaal zes jaar. Bij ernstige misdrijven hebben ook slachtoffers of nabestaanden spreekrecht.

Verder kijkt de rechter of er geen fouten zijn gemaakt, zoals **onrechtmatig verkregen bewijs** doordat er zonder toestemming telefoongesprekken zijn afgeluisterd. De rechter kijkt ook naar de **persoonlijke omstandigheden** van de verdachte. Bijvoorbeeld bij een drugsverslaafde of hij bezig is af te kicken of wat de dagbesteding van de verdachte is. Vooral aan een (nuttige) dagbesteding, zoals een baan of een opleiding, wordt in de praktijk veel waarde gehecht. Ook wordt gekeken of de verdachte al een strafblad heeft.

4. **Requisitoir**. De officier houdt vervolgens zijn requisitoir. In dit verhaal probeert hij aan te tonen dat de verdachte schuldig is en vraagt hij de rechter om een bepaalde straf, de zogenaamde eis.

5. **Pleidooi**. De advocaat houdt het pleidooi, waarin hij de verdachte verdedigt. Hij zal proberen aan te tonen dat er onvoldoende bewijsmateriaal is of verzachtende omstandigheden

aanvoeren. Hij vraagt daarom meestal strafvermindering of vrijspraak. Eventueel kan de officier van justitie hierop antwoorden, waarna de advocaat daar nog op mag reageren.

6. **Laatste woord**. De verdachte heeft altijd het laatste woord. Hij kan spijt betuigen, zijn excuses aanbieden aan het slachtoffer, zijn onschuld benadrukken of aangeven hoeveel schade hij zal ondervinden van een eventuele straf.

7. **Vonnis**. Nadat de rechter het onderzoek heeft afgesloten, doet hij ten slotte uitspraak. De kantonrechter, die overtredingen behandelt, en de politierechter doen op de dag van de rechtszitting uitspraak. Bij de meervoudige kamer van de rechtbank of bij het gerechtshof, dat zaken in hoger beroep behandelt, gebeurt dit na twee weken.

Een rechter kan, nadat een verdachte schuldig is bevonden, **straffen** en/of s**trafrechtelijke maatregelen** opleggen. Hij moet zich daarbij houden aan de strafmogelijkheden die in de wet staan vermeld en mag geen zelfverzonnen sanctie opleggen. Lijfstraffen zoals stokslagen en een hand afhakken zijn in Nederland niet toegestaan. Dat de doodstraf niet kan worden opgelegd, wordt zelfs expliciet in de grondwet genoemd (artikel 114).

Straffen

Ons land kent vier soorten straffen.

• **Vrijheidsstraf**. De rechter bestraft ongeveer 25 procent van de daders met een vrijheids-

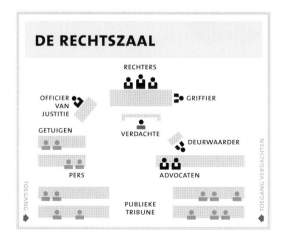

DE RECHTSZAAL

RECHTERS

OFFICIER VAN JUSTITIE

GRIFFIER

GETUIGEN

VERDACHTE

DEURWAARDER

PERS

ADVOCATEN

TOEGANG

PUBLIEKE TRIBUNE

TOEGANG VERDACHTEN

Bron 8

straf. De maximumstraf voor overtredingen is één jaar, waarbij de vrijheidsstraf hechtenis wordt genoemd.

De maximumstraf voor de zwaarste misdrijven is levenslange gevangenisstraf. De maximale tijdelijke straf is dertig jaar. Iemand met levenslang moet, in tegenstelling tot wat veel mensen denken, ook echt zijn leven lang de gevangenis in.

- **Taakstraf.** De rechter bestraft daders steeds vaker met een taakstraf vanwege het opvoedende karakter ervan. Hij kan dit opleggen ter vervanging van maximaal zes maanden onvoorwaardelijke gevangenisstraf. De rechter kan hierbij kiezen uit een werkstraf of een leerstraf. Bij een werkstraf doet de dader nuttig werk voor de samenleving zoals bushokjes schoonmaken of een paar dagen werken met gehandicapten. Een leerstraf is bijvoorbeeld een verplichte alcoholcursus na dronken rijden.
- **Geldboete.** De maximumboete voor overtredingen varieert van 220 euro voor lichte overtredingen als baldadigheid en openbare dronkenschap, tot 440.000 euro voor zware misdrijven als oplichting of fraude. Als je een geldboete niet betaalt, moet je voor elke 50 euro een dag vervangende hechtenis (= gevangenisstraf) uitzitten.
- **Bijkomende straffen.** Deze kunnen in combinatie met een van bovenstaande straffen worden opgelegd. De belangrijkste zijn ontzegging van de rijbevoegdheid en ontzetting uit een bepaald beroep of ambt, zoals een arts of advocaat die ernstige, verwijtbare fouten heeft gemaakt.

Soms wordt een deel van de straf **voorwaardelijk** opgelegd. Dat wil zeggen dat de dader die straf niet krijgt, onder de voorwaarde dat hij binnen een bepaalde proeftijd niet een soortgelijk strafbaar feit begaat. Doet hij dat toch, dan moet hij de voorwaardelijke straf uitzitten, plus de nieuwe straf.

Strafrechtelijke maatregelen

De rechter kan behalve een straf ook een zogenaamde strafrechtelijke maatregel opleggen, bedoeld om de samenleving te beschermen of om terug te gaan naar de situatie voordat het delict is gepleegd.

Voorbeelden zijn:

- **Terbeschikkingstelling** (tbs). Deze maatregel wordt vooral gebruikt wanneer iemand tijdens het plegen van het misdrijf niet of verminderd toerekeningsvatbaar is. Het gaat vaak om daders die psychisch in de war zijn. De dader wordt in dat geval opgenomen in een tbskliniek, waar hij psychiatrisch wordt behandeld tot hij is genezen. Tbs wordt opgelegd in

Advocaat Moszkowicz

Een van Nederlands opvallendste strafrechtadvocaten is advocaat **Bram Moszkowicz**. Hij verdedigde bekende mensen als Desi Bouterse, Willem Holleeder en Geert Wilders. "Je zult me niet vaak horen zeggen: mijn cliënt heeft het niet gedaan. Dat vind ik ook niet relevant. Er is bewijs of dat is er niet. Mijn enige reden om een zaak te weigeren ligt op het persoonlijke vlak, bijvoorbeeld omdat ik het slachtoffer ken. Mijn vader heeft altijd gezegd dat iedereen, zelfs de grootste misdadiger, recht heeft op verdediging. Dat onderschrijf ik volledig."

Bron: HP/De Tijd

Bron 9

het belang van de samenleving en kan bij zeer agressieve misdrijven onbeperkt duren. Het wordt namelijk opgelegd voor twee jaar maar kan daarna telkens met twee jaar verlengd worden door de rechter. Tbs'ers hoeven overigens niet mee te werken aan hun behandeling, maar zullen in dat geval zeker niet vrijkomen.

- **Onttrekking aan het verkeer** van in beslag genomen goederen, zoals wapens en drugs. Dit betekent dat je de spullen niet meer terugkrijgt.
- **Ontneming wederrechtelijk (= in strijd met de wet) voordeel**. Dit is de 'Pluk ze'-maatregel, waarbij de veroordeelde de winst kwijt is die hij met misdrijven heeft gemaakt.
- **Schadevergoeding aan het slachtoffer**, bijvoorbeeld vergoeding voor een kapotte ruit, een doktersrekening, smartengeld, enzovoort.

Hoger beroep

Als de veroordeelde of de officier van justitie het niet eens is met het vonnis van de rechtbank, kan hij in hoger beroep gaan. Alle strafzaken gaan in hoger beroep naar het **gerechtshof**. Bij een hoger beroep wordt de strafzaak nog eens helemaal overgedaan. Daarna is er de mogelijkheid om 'in cassatie' te gaan bij de **Hoge Raad**, die uitsluitend nagaat of het recht juist is toegepast.

Strafrecht voor minderjarigen

Kinderen onder de twaalf jaar zijn strafrechtelijk niet aansprakelijk voor hun daden, maar kunnen wel door de politie aangehouden, gefouilleerd en verhoord worden. Bovendien wordt Bureau Jeugdzorg ingeschakeld. Voor jongeren tussen de twaalf en achttien jaar is er het jeugdstrafrecht. Lichte misdrijven zoals kleine diefstallen en vernielingen worden zo veel mogelijk via een Halt-bureau afgehandeld met een taakstraf. Bij zwaardere misdrijven komt een jongere voor de kinderrechter. Deze kan maximaal twee jaar jeugddetentie opleggen. In de jeugdgevangenis wordt gewerkt aan **resocialisatie**, *heropvoeding, waarbij de gedetineerde nieuwe normen en waarden aanleert.* Bij ernstige persoonlijke stoornissen kan de rechter ook een verblijf in een **behandelcentrum** opleggen.

Schuldig of onschuldig ...

De Haagse verpleegkundige **Lucia de Berk** werd in 2004 veroordeeld tot levenslange gevangenisstraf. Ze zou ernstig zieke kinderen en bejaarden hebben gedood door ze overdoses medicijnen te geven. De Berk hield vol onschuldig te zijn. Na het vonnis begonnen burgers, waaronder schrijver Maarten 't Hart, aan een onderzoek naar de bewijzen. Bewijzen zoals DNA-sporen of vingerafdrukken werden namelijk nooit gevonden. Volgens hen was De Berk schuldig bevonden omdat de sterfgevallen allemaal onverwacht kwamen en medisch onverklaarbaar waren. Ook had De Berk opvallend vaak dienst tijdens het overlijden van een patiënt. **Maarten 't Hart**: "Komt er geen herziening van het proces, dan ga ik daar een héél vlammend boek over schrijven. Want dan is de rechterlijke macht failliet!"

In 2010 kwam die herziening er. De Hoge Raad constateerde ernstige tekortkomingen in de rechtszaak. De raad stelde dat alle "medische onverklaarbare" sterfgevallen "medisch onverklaard" blijven. De conclusie dat het om moord ging werd verworpen, omdat "er volstrekt onvoldoende aanleiding was" en "vergiftiging niet wettig en overtuigend" bewezen kon worden, "laat staan dat dit door u zou zijn gedaan". Lucia de Berk bracht zesenhalf jaar onterecht door in de gevangenis.

Bron 10

• Wie wordt crimineel?

Gemiddeld een op de vier Nederlanders heeft weleens last van veelvoorkomende delicten als diefstal en vernielingen. En ook het aantal daders is groot: een op de zeven Nederlanders heeft wel eens een winkeldiefstal gepleegd en een op de vijf heeft wel eens gevochten. Bij jongens is dit percentage een stuk hoger. Veel criminologen en psychologen hebben zich gebogen over de vraag hoe criminaliteit ontstaat en hoe we het moeten bestrijden. Op deze pagina's vind je zeven theorieën over de oorzaken van crimineel gedrag. Welke theorie geeft volgens jou de beste verklaring?

Lombroso-theorie

Word je als misdadiger geboren of word je tot misdadiger gemaakt? De Italiaanse gevangenisarts **Cesare Lombroso** deed in de negentiende eeuw schedelonderzoek bij gevangenen en concludeerde dat crimineel gedrag erfelijk bepaald is. Hij ging uit van geboren criminelen die je kon herkennen aan uiterlijke kenmerken zoals een asymmetrisch gezicht, hoge jukbeenderen en doorlopende wenkbrauwen.

Omdat criminelen in zijn ogen geen schuld hadden aan hun misdaden, pleitte Lombroso tegen lijfstraffen en voor een menselijke behandeling van misdadigers. Hij wordt beschouwd als een pionier binnen de criminologie, maar zijn theorie is inmiddels achterhaald.

Rationele-keuzetheorie

Volgens deze oorspronkelijk economische theorie van Adam Smith kiest ieder individu steeds voor zichzelf de meest gunstige optie. Daarbij weegt hij als rationeel denkend wezen voor- en nadelen tegen elkaar af. Volgens **Marcus Felson** geldt deze theorie ook voor criminelen: bij een kleine pakkans wordt de neiging om te stelen bij sommigen groter. Dus: de gelegenheid maakt de dief.

Sociobiologie

Bioloog **Edward Wilson** probeerde in zijn sociobiologische theorieën aan te tonen dat het menselijk gedrag minstens net zo sterk wordt bepaald door genetische, dus erfelijke factoren als door opvoeding en cultuur. Door de ontdekking van het DNA is de sociobiologie nu als wetenschap geaccepteerd. Biosociale wetenschappers benadrukken 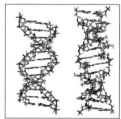 de wisselwerking tussen sociale en biologische factoren en kijken bijvoorbeeld naar neurologische en hormonale processen. Zo hebben veel agressieve criminelen een verhoogde testosteronspiegel. En kinderen met sterk asociaal gedrag hebben vaker een lage hartslag. Ze hebben daardoor mogelijk minder last van angst en zijn minder bang voor straf.

Neurobioloog **Dick Swaab** gaat nog een stap verder en vindt dat al ons gedrag wordt bepaald door de structuur en de werking van onze hersenen, die vastliggen door onze genetische achtergrond. Hij schreef de bestseller 'Wij zijn ons brein'.

Bindingstheorie

Volgens de criminoloog **Travis Hirschi** is ieder mens voor een deel tot het slechte geneigd, in iedereen schuilt een 'misdadiger'. De meesten van ons gedragen zich netjes omdat wij bindingen hebben die we niet zomaar op het spel zetten: onze banden met familie en vrienden, collega's, enzovoort. Deze bindingen vormen als het ware een rem op de criminele neigingen die we allemaal hebben. Mensen die weinig of geen bindingen hebben, zullen daarom eerder toegeven aan hun onmaatschappelijke en criminele neigingen. Hirschi benadrukt het belang van sociale controle om maatschappelijke bindingen te versterken en criminaliteit te bestrijden.

Psychoanalyse

Volgens **Sigmund Freud**, de grondlegger van de psychoanalyse, is er

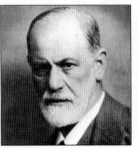

een verband tussen crimineel gedrag en een storing in de psyche. Freud gaat ervan uit dat elke psyche is opgebouwd uit drie delen: het id, ego en superego.

- Het id is het onderbewuste en bevat instinctieve driften als seks en agressiviteit.
- Het ego is het bewuste deel dat de overhand krijgt als we 'volwassen' worden.
- Het superego is het geweten, de 'innerlijke beoordelaar', waardoor we gevoelens van schuld en schaamte hebben.

Wanneer de balans tussen deze drie delen verstoord raakt, kan dit volgens Freud leiden tot afwijkend of crimineel gedrag. Als iemand bijvoorbeeld als kind geen goed inlevingsvermogen ontwikkelt, 'voelt' hij niet waarom hij een ander niet mag slaan. Omdat hij zich niet kan verplaatsen in de positie van het slachtoffer is er geen rem op zijn agressiviteit. Er is dan geen sprake van geïnternaliseerd gedrag.

Aangeleerd-gedrag-theorie

De Amerikaanse socioloog **Edwin Sutherland** deed in de jaren dertig van

de vorige eeuw onderzoek in achterstandswijken van Chicago. Hij concludeerde dat crimineel gedrag aangeleerd is. Wanneer jongeren intensief contact hebben met anderen die al crimineel zijn, is de kans groot dat zij ook crimineel worden. Het gezin, de buurt en de vriendengroep zijn hierbij bepalend. De aangeleerd-gedragtheorie verklaart hoe crimineel gedrag van de ene op de andere persoon wordt doorgegeven.

Volgens Sutherland verschillen criminelen niet wezenlijk van andere mensen. Ze hebben geen afwijkende persoonlijkheidskenmerken en ze hebben dezelfde doelen in het leven als alle andere mensen. Criminelen hebben alleen het verkeerde gedrag aangeleerd om die doelen te bereiken.

Anomietheorie

De socioloog **Robert Merton** zegt dat mensen eerder crimineel gedrag vertonen als ze er niet in slagen hun levensdoelen te bereiken. Iedereen in de

westerse samenleving wil, volgens Merton, zo hoog mogelijk op de maatschappelijke ladder komen. Maar sommige mensen zien dat hun kansen in de samenleving worden beperkt door hun afkomst of omdat zij geen diploma hebben behaald. Een deel van hen zal zijn doel bijstellen: dan maar geen mooi koophuis of een dure auto. Anderen gaan illegale of strafbare middelen als inbraak, fraude en drugshandel gebruiken om toch de gewenste welvaart te krijgen. Merton noemt dit anomie, dat wil zeggen niet volgens de gangbare, wettelijke regels.

Burgerlijk recht

5

TWEEMAAL EEN HALFUURTJE DRUMMEN, MAAR NIET OP ZONDAG - Harm (48): "Mijn zoon Tijmen drumt al jaren elke dag een uur. Nooit 's avonds en zelden in het weekend. Onze nieuwe buren eisen dat hij nooit meer drumt. Kan dat zomaar?" Al vijftien jaar lang staan in het tv-programma De Rijdende Rechter burgers tegenover elkaar in dit soort conflicten. Het oordeel: Tijmen mag elke dag tweemaal een halfuur drummen, maar niet op zondag. Rijdende Rechter Frank Visser: "Rechtspreken gaat niet alleen over regels, maar om wie je gelooft en wat redelijk is."

Niet alleen op tv, ook bij de gewone rechtbanken zijn er jaarlijks honderdduizenden rechtszaken tussen burgers. In dit hoofdstuk gaat het om de vraag: *Wanneer valt een kwestie onder het burgerlijk recht en hoe verloopt zo'n zaak?*

Naar de rechter

Veel mensen denken dat rechtszaken meestal over overtredingen en misdrijven gaan, dus over strafrecht als onderdeel van publiek recht. Maar dat is niet zo. De meeste zaken gaan over privaatrecht of burgerlijk recht, waarbij burgers een **geschil** (conflict) met een andere partij voorleggen aan een onafhankelijke rechter.

Bijvoorbeeld als je een dure spelcomputer hebt gekocht die niet goed blijkt te werken en de verkoper wil daar niets aan doen. Of als je zomaar wordt ontslagen. Een bekende Nederlander kan een zaak beginnen tegen een roddelblad dat zonder toestemming privéfoto's publiceert. Ook als mensen van elkaar willen scheiden, moet er in beginsel een rechtszaak komen. En een werkgever kan een dreigende staking door de rechter laten verbieden.

Als je nog geen achttien jaar oud bent kunnen je ouders of voogd namens jou naar de rechter gaan.

Burgerlijk recht

Bij het burgerlijk recht staan burgers tegenover elkaar. Zoals je al in hoofdstuk 1 las, verstaan we onder burgers niet alleen mensen van vlees en bloed, maar ook rechtspersonen, zoals stichtingen en bv's, en zelfs de overheid. In het burgerlijk recht gaat het altijd om een conflict waarbij een eiser tegenover een gedaagde staat. De **eiser** is *degene die de zaak aan de rechter voorlegt.* De **gedaagde** is *de persoon van wie iets wordt geëist en daarom voor de rechter wordt gedaagd.*

Verloop burgerlijke rechtszaak
Stel, je woont zelfstandig, je bent meerderjarig en je buren draaien elke nacht keiharde muziek. Overleg helpt niet, dus besluit je naar de rechter te gaan. Zo'n burgerlijke zaak heeft meestal het volgende verloop:

- In deze zaak ben jij de eiser en je luidruchtige buren zijn de gedaagde. De zaak begint wanneer jij de gedaagde een **dagvaarding** laat sturen. Dit is *een schriftelijke mededeling aan een persoon dat hij voor de rechter moet verschijnen.* Een dagvaarding bevat altijd:
  - de naam van de eiser;
  - de **eis**, bijvoorbeeld dat er na 10 uur 's avonds en in het weekend geen geluidsoverlast mag zijn;
  - de motivatie van de eis, bijvoorbeeld het feit dat jij 's ochtends vroeg naar je werk of je school moet;
  - het tijdstip en de plaats van de rechtszaak.
- In zaken bij de kantonrechter hoeven jij en de tegenpartij zich niet te laten vertegenwoordigen door een advocaat. Je mag zelf het woord voeren of dat iemand anders laten doen, bijvoorbeeld een slim familielid. Bij grote of ingewikkelde zaken bij de rechtbank moet je je wel laten vertegenwoordigen door een zogenaamde **procureur**. Dit is iemand (meestal een advocaat) die alle regels kent, waardoor geen onnodig oponthoud ontstaat.

Anders dan bij het strafrecht hoeven je buren als gedaagde **niet persoonlijk** bij een rechtszaak aanwezig te zijn. Zij mogen hun reactie (verweer) ook schriftelijk opsturen. Ook in dat geval is een gedaagde 'verschenen'. De rechter beoordeelt jouw eis en het **verweer** van de gedaagde. Vaak zal de rechter beide

nijn - eleven

Nijntje staat strak

AMSTERDAM – Nijntje mag geparodieerd worden, zo heeft de rechter bepaald. Dick Bruna wilde tekeningen van Nijntje over nijn-eleven (terroristische aanslag in New York) en Lijntje, een konijn dat aan de drugs zit, laten verbieden. De rechter vindt dat de parodieën zo duidelijk verschillen van de oorspronkelijke figuur Nijntje, dat ze bedoeld zijn voor volwassenen en niet voor kinderen. Dick Bruna beriep zich op auteurs- en merkrechten, maar die zijn volgens de rechter hier niet in het geding.
Bron: NOS

Bron 11

partijen meedelen dat ze eerst onderling nog eens een oplossing moeten zoeken.
- Als je geen overeenstemming met je buren kunt bereiken, moet de rechter een **vonnis** uitspreken en dus de uiteindelijke beslissing nemen.

Bij heel ingewikkelde zaken kost het opstellen van schriftelijke antwoorden en het heen en weer sturen van stukken zoveel tijd, dat de hele zaak jaren kan duren.

Uitspraak
Na de behandeling van de zaak doet de rechter uitspraak.

Als de rechter beslist dat de verliezende partij een **schadevergoeding** moet betalen, kan hij onmiddellijk **loonbeslag** laten leggen. Een deurwaarder legt dan beslag op het loon van de verliezende partij. Iedere maand wordt automatisch een deel van het loon of uitkering betaald aan de winnaar van het proces, net zolang tot deze schadeloos is gesteld. Daarnaast kan beslag worden gelegd op (waardevolle) goederen, zoals een auto, als de verliezende partij niet wil betalen.

De goederen worden dan verkocht en de opbrengst gaat naar de winnende partij.

Als de rechter een partij veroordeelt tot iets anders dan een geldsom, bijvoorbeeld dat de buurman geen geluidsoverlast meer mag veroorzaken, kan hij bepalen dat elke keer dat je buurman toch voor herrie zorgt, hij een bedrag moet betalen. Betaalt hij deze **dwangsom** niet, dan kan de deurwaarder beslag leggen op zijn goederen en deze verkopen om zo aan het geld te komen.

Schadevergoeding

We onderscheiden twee soorten schadevergoeding.

- Vergoeding van **vermogensschade**. Dit is de vergoeding voor gemaakte kosten, geleden verlies en misgelopen winst. Als je een ruit bij iemand hebt ingegooid, moet je de nieuwe ruit vergoeden. Of als je iemand hebt aangereden waardoor hij twee weken niet kan werken, dan moet je zijn loon betalen. In de praktijk betaal je dit niet zelf, maar je WA-verzekering (wettelijke aansprakelijkheid).
- Vergoeding van **immateriële schade**. De wet noemt dit 'ander nadeel dan vermogensschade'. Als een jongen of meisje door andermans schuld een arm breekt, dan kan de rechter immateriële schadevergoeding toewijzen. Dit kan worden beschouwd als een soort compensatie voor de pijn. Een rechter kan ook immateriële schadevergoeding toewijzen wanneer iemand een roddelblad voor de rechter sleept vanwege leugens.

Hoger beroep

Beide partijen kunnen tegen een vonnis **in hoger beroep** gaan, waarna *de zaak wordt voorgelegd aan het gerechtshof*. Daarna kunnen partijen ook nog in cassatie gaan bij de Hoge Raad.

Kort geding

Een burgerlijk proces neemt veel tijd in beslag, terwijl het in sommige zaken juist belangrijk is dat er snel een uitspraak wordt gedaan. Dit is bijvoorbeeld het geval als een werkgever een staking wil laten verbieden of als iemand de publicatie in een tijdschrift wil voorkomen. In dit soort gevallen kan een **kort geding** worden aangespannen. Dit is een *versnelde en vereenvoudigde procedure voor spoedeisende zaken*. Als het nodig is kan een kort geding zelfs in het weekend plaatsvinden.

Ook geluidsoverlast is een kwestie waarin je een kort geding kunt beginnen, zolang je de rechter ervan kunt overtuigen dat je een spoedeisend belang hebt.

De rechter geeft in een kort geding altijd een **voorlopig oordeel** in afwachting van een definitieve uitspraak in het normale burgerlijke proces, de zogenaamde **bodemprocedure**. In de praktijk komt het na een kort geding echter zelden tot zo'n normale procedure, omdat de zaak al is opgelost.

In het vonnis is vaak een dwangsom opgenomen voor het geval een partij zich niet aan de uitspraak houdt.

Het kort geding is een vrij populaire procedure, er wordt naar verhouding veel gebruik van gemaakt.

Misbruikslachtoffers beginnen rechtszaak tegen de Staat

DEN HAAG – Drie slachtoffers van seksueel misbruik binnen de Rooms-Katholieke Kerk spannen een kort geding aan tegen de Staat. Ze nemen het de Nederlandse Staat kwalijk dat jarenlang geen actie is ondernomen, terwijl er heel veel aanwijzingen waren voor het misbruik.

In het kort geding eisen zij dat er een wetsontwerp wordt ingediend waarin de verjaring van die feiten ongedaan wordt gemaakt.

Bron: ANP/Het Parool

Bron 12

School mag hoofddoek verbieden

De 15-jarige moslima **Imane Mahssan** besloot naar de rechter te stappen om in een kort geding af te dwingen dat ze voortaan met een hoofddoek de klas in mag bij het Don Bosco College in Volendam. Volgens de school is de hoofddoek van het meisje in strijd met de katholieke identiteit. Het meisje voelde zich gediscrimineerd en werd daarin gesteund door de Commissie Gelijke Behandeling. Omdat de uitspraak van de commissie niet bindend was en de school niet naar de uitspraak handelde, stapte het meisje naar de rechter. "Ik vecht gewoon voor mijn rechten", zei ze. Haar advocaat: "Ze is een geboren en getogen Volendamse. Al haar vriendinnen gaan naar deze school. Niemand heeft last van haar hoofddoek." De rechter oordeelde dat het hoofddoekjesverbod binnen het katholieke karakter van de school past, waarbij andere geloofsuitingen niet zijn toegestaan. De rechter vindt dat het hoofddoekjesverbod de vrijheid van meningsuiting niet beperkt en dat de school niet discrimineert op basis van geloof. Imane besloot om haar diploma op een andere school te halen.

Bron 13

Nederland, de VS en China

6

CD'TJE DOWNLOADEN: 1,9 MILJOEN DOLLAR BOETE
HOUSTON - In Amerika is een vrouw veroordeeld tot een boete van 1,9 miljoen dollar wegens illegaal downloaden en uploaden van 24 liedjes. Het was de eerste keer dat een vonnis werd uitgesproken voor deze vorm van schending van de auteursrechten. De veroordeelde moeder (32) van vier kinderen plukte onder meer liedjes van Beyoncé en Justin Bieber van internet. Om de liedjes vervolgens aan andere internetgebruikers aan te bieden gebruikte ze het uitwisselingsprogramma Kazaa. Bron: De Pers

In Nederland zullen veel mensen dit vonnis belachelijk vinden. In dit hoofdstuk stellen we de vraag: *Wat zijn de belangrijkste overeenkomsten en de verschillen tussen het rechtssysteem in Nederland, de Verenigde Staten en China?*

Uitgaande van de grondbeginselen van de rechtsstaat vergelijken we de drie landen op vijf punten, namelijk: de macht van het staatshoofd, de onafhankelijkheid van rechters, de rechten van verdachten, het verschijnsel klassenjustitie en de straffen.

Macht van het staatshoofd

In Nederland heeft de koning(in) heel weinig politieke macht. De Amerikaanse president heeft juist een sterke machtspositie. Hij kan niet, zoals het kabinet bij ons, via een motie van wantrouwen door het parlement worden weggestuurd. Bovendien beschikt de president over het vetorecht en het opperbevel over het leger.

Met het **presidentieel veto** kan iedere Amerikaanse president wetten tegenhouden die al zijn aangenomen door het Congres. Zo hield de Republikeinse oud-president George W. Bush keer op keer belastingverhogingen tegen.

Als **opperbevelhebber over het leger** kan de president zelfstandig besluiten nemen. Zo trok Barack Obama de Amerikaanse troepen terug uit Irak en Afghanistan zonder het parlement te raadplegen. Eerder besloten presidenten zelf-

In de Verenigde Staten is er juryrechtspraak

standig tot het beginnen van de 'War on Terror' tegen Afghanistan en Irak (George W. Bush), het gooien van de atoombom op Hiroshima (Harry S. Truman) en het bombarderen van Vietnam (Lyndon B. Johnson).

In Nederland is de inzet van militairen, bijvoorbeeld in vredesmissies, alleen mogelijk als het parlement akkoord gaat.

De Chinese president wordt officieel benoemd door het parlement, het Nationaal Volkscongres. De sterke machtspositie van de president blijkt uit het communistische **schrikbewind** van Mao Zedong (1949-1976), waarbij vele miljoenen tegenstanders werden vermoord. Ook latere presidenten staan symbool voor de absolute macht van de communistische partij, maar zij zochten tevens toenadering tot het Westen. Mao's opvolger Deng Xiaoping liberaliseerde de economie, waardoor China uiteindelijk kon uitgroeien tot economische wereldmacht.

De onafhankelijkheid van rechters

De onafhankelijkheid van de rechterlijke macht is een belangrijk uitgangspunt van de rechtsstaat. In Amerika worden lagere rechters gekozen door het volk. Hogere rechters worden door de president voor het leven benoemd, onder wie de negen rechters van het **Hooggerechtshof** (Supreme Court). Dit hof toetst alle wetgeving en uitspraken van lagere rechters aan de Amerikaanse grondwet en heeft daarmee een beslissende stem in allerlei burgerrechtenkwesties, zoals gelijke rechten voor homo's en het recht op abortus.

Naast rechters kennen de Verenigde Staten juryrechtspraak: iedereen vanaf achttien jaar die geen strafblad heeft, kan voor een **jury** gevraagd worden. Deze doet alleen uitspraak over de schuldvraag. De hoogte van de straf wordt bepaald door rechters.

Veel Amerikanen zijn trots dat de bevolking zo nauw betrokken is bij de rechtspraak.

De meeste Nederlanders laten het vaststellen van een vonnis liever over aan deskundige rechters. Nederlandse rechters worden voor het leven benoemd door de regering, waardoor zij onafhankelijk worden geacht. De raadsheren

De 'chain gang'

Het is een beeld uit oude films: gevangenen in gestreepte boevenkleding aan elkaar geketend met zware kettingen. De 'chain gang' kwam tot in de jaren dertig van de twintigste eeuw veel voor in de VS. Gevangenen werkten in 'chain gangs' aan wegen onder erbarmelijke omstandigheden. Na veel protesten werd dit in 1955 opgeheven. Nu heeft alleen de staat Arizona nog de 'chain gang', waar gevangenen zich vrijwillig voor kunnen opgeven om extra privileges te verdienen.

Bron 14

van de **Hoge Raad** worden op voordracht van de Tweede Kamer benoemd. Zij moeten wel langs de koning(in) om de eed af te leggen.

In China zijn alle rechters lid van de **Chinese Communistische Partij** (CCP). In normale rechtszaken kunnen zij hun werk redelijk onafhankelijk doen. Bij rechtszaken tegen politieke dissidenten is daar geen sprake van. Zo zat mensenrechtenactivist Liu Xiaobo na deelname aan de vreedzame protesten op het Plein van de Hemelse Vrede (1989) jarenlang in een 'heropvoedingskamp'. Daarna werd hij veroordeeld tot elf jaar gevangenis wegens 'ondermijning van de staat'. In 2010 kreeg Liu de Nobelprijs voor de Vrede.

Opvallend is dat er in China sinds enkele jaren juryrechtbanken zijn ingevoerd, die specifiek bedoeld zijn om de grote stroom corruptiezaken tegen rechtbankfunctionarissen te behandelen.

De rechten van verdachten

In de Verenigde Staten hebben verdachten minder rechten dan in Nederland. Zo is **uitlokking** toegestaan als methode voor het opsporen van crimineel gedrag. Een DEA-agent (drugsagent) mag een gesprek met iemand aanknopen om te kijken of diegene drugs wil kopen. Als je dan toehapt, word je ter plekke gearresteerd. In Nederland is de politie gebonden aan meer regels bij het opsporen van verdachten en is uitlokking niet toegestaan.

Om een terroristische aanslag te voorkomen geeft de **Patriot Act** de Central Intelligence Agency (CIA) ruime bevoegdheden om burgers in de gaten te houden, zoals het afluisteren van telefoongesprekken. Ook mag de overheid terreurverdachten zonder vorm van proces lange tijd vasthouden, zoals gebeurde in Guantánamo Bay.

Ook in Nederland werden de bevoegdheden voor de politie uitgebreid na de terroristische aanslagen in New York, Madrid en Londen.

In China hebben verdachten formeel recht op een advocaat en op een eerlijk proces. In de praktijk vinden er in gevangenissen **martelingen** plaats en worden verdachten soms maandenlang vastgezet zonder vorm van proces. Zoals de wereldberoemde kunstenaar en politiek activist Ai Wei Wei, die enkele maanden in de gevangenis zat omdat hij kritiek had op de regering.

Klassenjustitie

We spreken van **klassenjustitie** als *mensen uit de hogere sociale klasse door justitie worden bevooroordeeld boven mensen uit de lagere sociale klasse.* In de Verenigde Staten heeft dit dikwijls de vorm van **rassenjustitie**, waardoor arme, zwarte Amerikanen veel vaker in de gevangenis terechtkomen dan blanken. Volgens een rapport van de VN krijgen niet-blanken twee- tot driemaal hogere straffen dan blanken voor vergelijkbare misdrijven.

In Nederland is klassenjustitie minder sterk aanwezig. Wel krijgen bij hetzelfde delict mensen met

Barack Obama, de eerste niet-blanke president van de Verenigde Staten

een baan minder vaak gevangenisstraf dan mensen die werkloos zijn. Daarnaast wordt **witte-boordencriminaliteit** naar verhouding minder streng bestraft. Met deze term worden misdrijven als fraude en milieudelicten aangeduid. De witte boorden verwijzen naar mensen met een goede baan, een pak en een wit overhemd.

In China is klassenjustitie sterk aanwezig. Vooral corruptie door bestuursfunctionarissen wordt niet bestraft, of met veel lagere straffen dan bijvoorbeeld drugssmokkel en prostitie. Ook minderheden zoals Tibetanen, Chinese moslims en mensen van de spirituele Falung Gong-beweging krijgen vaak hoge straffen.

Straf

Net als in sommige delen van de Verenigde Staten kent China de **doodstraf**. In China kun je deze straf krijgen voor meer dan vijftig misdrijven; in de Verenigde Staten alleen als er sprake is van moord of doodslag. Hoewel officiële gegevens ontbreken, wordt het aantal executies in China geschat op 3.000 tot 10.000 per jaar, meer dan alle andere landen op de wereld samen.

Naast de doodstraf heeft het Amerikaanse strafrecht nog enkele andere opvallende kenmerken. We noemen er twee. Zo wordt 90 procent van de zaken afgehandeld door de zogenaamde **plea bargaining**, waarbij *de advocaat en de aanklager een deal sluiten op voorwaarde dat de verdachte bekent.* De deal betekent meestal dat de aanklager een zwaardere aanklacht laat vallen als de verdachte een lichtere aanklacht bekent, waardoor deze een lichtere straf krijgt.

Het Amerikaanse strafrecht kent verder de zogenaamde **Three Strikes and You're Out Law**. Deze strafwet betekent dat je heel zwaar gestraft wordt als je voor de derde keer in de fout gaat. Zo kreeg iemand 26 jaar gevangenisstraf na diefstal van 4 chocoladerepen. Een ander kreeg vijftig jaar voor het stelen van een paar dvd's. De reden: voor beiden was het hun derde veroordeling.

Ook in Nederland kunnen zogenaamde veelplegers die in herhaling vallen zwaardere straffen krijgen, maar lang niet zo zwaar als in het Amerikaanse systeem.

Je buurmeisje als rechter

In de Verenigde Staten bestaan nu 1.225 'Youth Courts' waarvan de rechter, de advocaten, de griffier en de jury jongeren zijn van veertien tot en met achttien jaar. De jury beslist niet over de schuld: de jongeren die voor de rechtbank verschijnen hebben al bekend en verschijnen vrijwillig voor de jongerenrechtbank. De jongerenrechtbank bepaalt wel de straf. Dat kan een taakstraf zijn, een excuusbrief, een gesprek met een sociaal werker of een workshop over hoe om te gaan met school, seksualiteit, drugs of woede. Wanneer de opgelegde straf wordt uitgevoerd (91 procent doet dat), dan schrapt de politie de aantekening van de overtreding en zal de school niet schorsen. Een rechter uit Almelo vindt de jongerenrechtbank een goed idee. Hij denkt dat het stelen van een mobieltje of vechtpartijtjes beter bestraft kunnen worden door medeleerlingen. Amerikaanse kinderen zeggen: "Vrienden kunnen elkaar onder druk zetten om iets verkeerds te doen, dus kunnen we elkaar ook onder druk zetten om iets goeds te doen."

Bron 15

Rechtsstaat ter discussie

7

HEEFT HET OPENBAAR MINISTERIE TE VEEL MACHT? - Advocaat Inez Weski vindt dat het Openbaar Ministerie nu te veel opsporingsmiddelen mag inzetten. "De overheid kijkt mee of je de verkeerde websites bezoekt, verkeerde boeken leest of naar verkeerde landen reist. Daarmee maken ze een profiel van je en vragen ze zich af of je vervolgd moet worden. Zo wordt de bewijslast omgedraaid, want je hebt nog helemaal niets verkeerds gedaan!" Wat vind jij: hoe ver mag de overheid gaan in het verminderen van privacy ten gunste van de veiligheid? Bron: Human

In Nederland kan de rechtsstaat op grote steun van burgers en bestuurders rekenen. Weinig mensen keren zich tegen de rechtsstaat. Toch komt de rechtsstaat soms onder druk te staan, bijvoorbeeld:

- als de scheidslijnen tussen de drie politieke machten vervagen;
- als de opsporingsbevoegdheden worden uitgebreid;
- als grondrechten met elkaar botsen en ter discussie worden gesteld;
- als de bevolking vindt dat rechters zwaarder moeten straffen.

In dit hoofdstuk stellen we de vraag: *Op welke manieren kan de rechtsstaat onder druk komen te staan?*

Machtenscheiding vervaagt

In theorie zijn de drie machten in balans en vullen ze elkaar aan. In de praktijk zijn de scheidslijnen tussen de machten echter niet altijd even scherp, bijvoorbeeld:

• Kamerleden geven in de media hun oordeel over een lopende rechtszaak. Sommige rechters voelen hierdoor een politieke druk om een bepaalde straf te geven.

Ontruiming van een kraakpand door de ME

- Rechters kunnen openlijk lid zijn van een politieke partij.
- De minister van Justitie vraagt om hogere straffen te eisen in rechtszaken, terwijl hij de baas is van het Openbaar Ministerie (OM) en dus van de officier van justitie.

Voor een **zuivere scheiding der machten** is het beter dat politici zich niet uitspreken over lopende rechtszaken, rechters zich niet bemoeien met de wetgeving en de minister van Justitie het OM de ruimte geeft zelfstandig te handelen.

Opsporingsbevoegdheden uitgebreid

De toegenomen professionalisering van de misdaad en de grotere terreurdreiging hebben ertoe geleid dat de **opsporingsbevoegdheden** zijn uitgebreid. In beide gevallen is het de vraag of de overheid niet te veel macht heeft gekregen.

Georganiseerde misdaad

Vooral door de grootschalige drugssmokkel is een deel van de misdaad zich beter gaan organiseren. **Misdaadorganisaties** maken gebruik van de modernste informatietechnologie om politie en justitie af te luisteren.

Om de georganiseerde misdaad beter te bestrijden is er de **Wet bijzondere opsporingsbevoegdheden** (Wet BOB). Deze wet geeft de politie onder bepaalde voorwaarden de bevoegdheid tot inkijkoperaties, waarbij de politie inbreekt om te kijken of er ergens mogelijk bewijsmateriaal aanwezig is. Ook mag de politie infiltreren in misdaadorganisaties, waarbij opsporingsagenten om geloofwaardig te lijken tot op zekere hoogte strafbare feiten mogen plegen, bijvoorbeeld cocaïnesmokkel.

Het gevaar van deze uitbreiding van bevoegdheden is dat er sneller een inbreuk op de grondrechten van burgers wordt gemaakt. Bijvoorbeeld als de politie te gemakkelijk en te snel besluit om in te breken bij mensen die achteraf niets met de zaak te maken blijken te hebben.

Terroristische dreiging

Na '9-11', vervolgaanslagen in Madrid en Londen en de moord op Theo van Gogh in 2004 groeide ook in Nederland de angst voor terreuraanslagen. Daarom werden de opsporingsbevoegdheden met de **Wet terroristische misdrijven** opnieuw uitgebreid.

De definitie van het begrip **verdachte** werd zodanig aangepast, dat bij een terreurverdachte niet langer sprake hoeft te zijn van een redelijk vermoeden van schuld aan strafbare handelingen. Als iemand op internet probeert te achterhalen hoe je een bom maakt, kan hij al als verdachte worden beschouwd.

Verder mag de Algemene Inlichtingen- en Veiligheidsdienst (AIVD) **anonieme getuigenverklaringen** gebruiken in rechtszaken tegen terreurverdachten, met als risico dat de bewijsvoering minder doorzichtig wordt.

De antiterreurwet geeft de politie ook de bevoegdheid om in veiligheidsrisicogebieden zonder verdere toestemming mensen te fouilleren en voertuigen te doorzoeken. Denk aan het Binnenhof en Schiphol.

Een speciaal probleem zijn de individuele daders zonder binding met een terreurorganisatie, ook wel 'lone wolfs' genoemd. Zoals de Noorse Anders Breivik die met twee aanslagen voor veel onschuldige slachtoffers zorgde. Later werd bekend dat Breivik eerder uitspraken op Facebook

dienstuitoefening (artikel 6) en het verbod op discriminatie (artikel 1).

Voor de vrijheid van meningsuiting geldt dat je mag zeggen wat je vindt maar, zoals de grondwet bepaalt, **behoudens ieders verantwoordelijkheid** volgens de wet. Met andere woorden, je mag niet aanzetten tot haat en discriminatie, je mag niet oproepen tot geweld, je mag geen leugens verspreiden (laster en smaad) en je mag niet opzettelijk beledigen.

De vraag is nu: waar ligt de **grens** tussen vrije meningsuiting en discriminerende beweringen? Ook de vrijheid van godsdienst kan botsen, zowel met het verbod op discriminatie als met de vrijheid van meningsuiting. Mag een katholieke school hoofddoekjes verbieden? Mag een imam homoseksualiteit aanduiden als een besmettelijke ziekte? Mag Wilders de Koran vergelijken met *Mein Kampf*? Mag een tekenaar een spotprent maken over Jezus of Mohammed? En mag een gereformeerde school een homoseksuele leraar ontslaan?

Om een antwoord te krijgen op dit soort vragen wordt aan de rechter een uitspraak gevraagd. Deze maakt dan een **afweging** tussen de verschillende grondrechten. Uiteindelijk gaf de rechter de scholen gelijk. Het belang van vrijheid van onderwijs (art. 23) woog in deze gevallen zwaarder dan de godsdienstvrijheid (art. 6) en het discriminatieverbod (art. 1). De imam en Wilders werden door de rechter wel aangesproken op hun

plaatste als aankondiging van zijn misdaden. Had de politie moeten ingrijpen voordat de misdaad werd gepleegd? Of kan de overheid onmogelijk dit soort acties voorkomen?

Om deze vraag te beantwoorden moeten we belangen tegen elkaar afwegen: kiezen we voor meer veiligheid, of vinden we privacy belangrijker?

Botsende grondrechten

Soms komen grondrechten met elkaar in conflict en worden grondrechten zelfs ter discussie gesteld. Geert Wilders zei bijvoorbeeld dat we artikel 1 van de grondwet, het verbod op discriminatie, maar beter kunnen afschaffen. Hij vond dat hij door dit discriminatieverbod niet kan zeggen wat hij wil over de islam.

Een ander voorbeeld: veel gelovige mensen die zich gekwetst voelen door beledigende opmerkingen van anderen over hun geloof, vinden dat juist de vrijheid van meningsuiting moet worden ingeperkt. In reactie hierop vragen anderen dan weer om de vrijheid van godsdienst maar in te perken.

Zo zien we dat vooral drie grondrechten met elkaar in conflict kunnen komen: de vrijheid van meningsuiting (artikel 7), de vrijheid van gods-

verantwoordelijkheden, maar niet veroordeeld. Zij hadden de juridische grenzen van de vrijheid van meningsuiting volgens de rechter niet overschreden.

Zwaarder straffen?

Vanuit de samenleving klinkt een constante roep om zwaarder te straffen. Vooral als het gaat om ernstige gewelddelicten zoals verkrachting en moord.

De onafhankelijkheid van rechters is echter erg belangrijk in een rechtsstaat. Rechters in Nederland moeten ervoor zorgen zich niet te laten beïnvloeden door de publieke of politieke opinie.

Toch is het opvallend dat juist de laatste jaren strengere straffen worden opgelegd, precies in de periode dat de samenleving erom vroeg. Ook het aantal veroordelingen tot levenslang is sterk gestegen. Na de Tweede Wereldoorlog legden Nederlandse rechters ruim veertig keer levenslang op. Maar liefst de helft hiervan vond de laatste tien jaar plaats.

Inmiddels hoort Nederland tot de top drie van landen binnen de Europese Unie met de hoogste straffen.

Over het nut of nadeel van strenger straffen zijn de meningen verdeeld. Omdat meer factoren een rol spelen is het nut van zwaarder straffen moeilijk te meten. Een duidelijk nadeel zijn de kosten: een volwassen gedetineerde kost 216 euro per dag, één dag jeugddetentie kost 436 euro.

In de case 'Wat is de beste straf?' op de volgende bladzijden gaan we dieper op deze vraag in.

Ondanks de vragen en discussies vormt de rechtsstaat een stevig fundament voor onze samenleving, die sterk bepalend is voor de inrichting van onze democratie. Hierover gaat het volgende thema Parlementaire democratie.

"Ik veroordeel geweld tegen vrouwen"

Vrouwenbesnijdenis is een religieus-culturele traditie in landen als Somalië, Eritrea, Egypte en Sudan.

In Nederland is vrouwenbesnijdenis strafbaar gesteld in het Wetboek van Strafrecht. En in artikel 11 van onze grondwet staat: 'Ieder heeft, behoudens bij of krachtens de wet te stellen beperkingen, recht op onaantastbaarheid van zijn lichaam.' Hoe ver kan de overheid gaan bij het garanderen van dit grondrecht?

"Ik heb van dichtbij de onderdrukking van de moslimvrouwen gezien en gevoeld. Ik veroordeel alle vormen van geweld tegen vrouwen, uit welk land of welke cultuur ze ook mogen komen." Dit zijn woorden van **Ayaan Hirsi Ali**, ex-Kamerlid voor de VVD. Zij pleitte er destijds voor om meisjes uit de risicogroep verplicht periodiek genitaal te onderzoeken. Alleen al de juridische kant van dit voorstel wierp veel vragen op. Mag de overheid op basis van etnische selectie iemand dwingen tot controle? Ook de overheid mag immers niet discrimineren volgens artikel 1 van de grondwet.

Bron 17

• Wat is de beste straf?

De meeste Nederlanders vinden dat criminelen zwaarder gestraft moeten worden. De laatste jaren hebben Nederlandse rechters hun straffen dan ook aanzienlijk verzwaard. Het aantal levenslanggestraften is de afgelopen tien jaar zelfs verviervoudigd. Wat vind jij: wat is de beste straf?

Doel van straf

Om het nut van een straf te kunnen beoordelen, is het belangrijk welk effect we willen bereiken met de straf. Er zijn verschillende mogelijkheden:

- **Wraak of vergelding**. Misdaad mag niet lonen. Het principe 'oog om oog, tand om tand' is al sinds de oudheid een belangrijke reden om te straffen.
- **Afschrikking**. Als je weet dat je straf krijgt, zul je minder snel een misdaad plegen.
  Door daders te straffen worden bovendien andere burgers afgeschrikt om misdaden te plegen.
- **Voorkomen van eigenrichting**. Als een rechter niet zou straffen, nemen mensen het recht in eigen hand en wordt het een chaos.
- **Resocialisatie** (heropvoeding). Met een straf probeert de overheid het gedrag van een crimineel te verbeteren, zodat hij zich aanpast aan de normen van de samenleving.
- **Beveiliging van de samenleving**. Vooral bij ernstige geweld- en zedendelicten moeten lange celstraffen de maatschappij beschermen tegen herhaling.

Zijn taakstraffen beter?

Taakstraffen bestaan uit onbetaalde arbeid (werkstraf), een verplicht programma (leerstraf) of een combinatie ven beide. Het doel is resocialisatie met de nadruk op 'terugkeer' in de maatschappij. Ook zijn taakstraffen relatief snel uitvoerbaar en goedkoper dan gevangenisstraf en jeugddetentie. Maar in de maatschappelijke discussie wordt getwijfeld aan het nut ervan en zien sommigen een taakstraf als een 'lichte straf voor een zware misdaad'.

Tbs

Als een dader volledig ontoerekeningsvatbaar is, dan wordt hij niet gestraft maar kan terbeschikkingstelling (tbs) worden opgelegd. Iemand kan ontoerekeningsvatbaar zijn door een persoonlijkheidsstoornis, een psychose of een verstandelijke beperking. Tijdens de opname in een tbs-kliniek staan, anders dan tijdens gevangenisstraf, behandeling en therapie centraal. Deze zijn bedoeld om de gestrafte veilig te laten terugkeren in de maatschappij. Elke twee jaar beoordeelt een rechter of de tbs wordt voortgezet of beëindigd.

In de laatste fase kunnen tbs'ers met proefverlof. Wanneer dit misgaat en een tbs'er pleegt tijdens het verlof een misdrijf, leidt dit vaak tot discussies in de media over de effectiviteit van tbs en het proefverlof.

Sommige tbs'ers zitten hun leven lang in de tbs-kliniek, omdat zij door hun stoornis een gevaar blijven vormen voor de maatschappij.

"De straffen in Nederland zijn te laag. Criminelen worden niet ontmoedigd door de lage straffen en gaan daarna hun gang. Ik denk dat je na twintig jaar gevangenisstraf een ander mens bent geworden en niet zomaar weer gaat moorden." Naima (17)

"Zwaarder straffen? Als het zou helpen zou ik voor zijn. Maar we weten dat ze er slechter uitkomen dan ze er in gaan. Er wordt niets gedaan met die jongens en het heeft geen afschrikkende werking. In landen waar zwaarder wordt gestraft, is het zelfs erger dan hier. Bovendien denken ze meestal niet van te voren na, omdat er alcohol of drugs in het spel is." Jan Marijnissen (63)

Levenslang de cel in

De hoogste tijdelijke gevangenisstraf is dertig jaar. Maar de zwaarste straf die ons land kent is levenslange gevangenisstraf, waarbij iemand echt zijn leven lang vast zit. Alleen mensen die opzettelijk én met voorbedachte rade een ander hebben gedood, kunnen levenslang krijgen. Er is dan sprake van moord. In de praktijk wordt levenslang vooral opgelegd voor een meervoudige moord.
Daarnaast is het ook mogelijk om leiders van een terroristische organisatie levenslang op te leggen. Iemand die levenslang heeft, kan alleen door gratie eerder vrij komen.

FIRST-OFFENDER OF VEELPLEGER?

Sommige criminelen plegen één keer een misdrijf en daarna nooit meer. Recidivisten zijn criminelen die vaker in de fout zijn gegaan. In het cirkeldiagram zie je first-offenders, meerplegers en veelplegers (meer dan 10 keer gearresteerd).

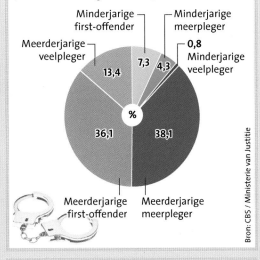

Bron: CBS / Ministerie van Justitie

DUUR VAN DE VRIJHEIDSSTRAF

Bron: CBS / Ministerie van Justitie

AANTAL GEVANGENEN*
als percentage van de bevolking

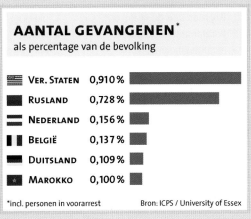

VER. STATEN	0,910 %	
RUSLAND	0,728 %	
NEDERLAND	0,156 %	
BELGIË	0,137 %	
DUITSLAND	0,109 %	
MAROKKO	0,100 %	

*incl. personen in voorarrest   Bron: ICPS / University of Essex

• Begrippenlijst

In dit thema zijn de volgende belangrijke begrippen aan de orde gekomen:

1 Recht en rechtvaardigheid
- recht
- maatschappelijke gedrags-regel
- rechtsnorm
- rechtvaardigheid
- rechtsstaat
- absolute monarchie
- grondwet
- sociale rechtsstaat
- belastingplicht
- leerplicht
- publiekrecht
- privaatrecht
- staatsrecht
- bestuursrecht
- strafrecht
- burgerlijk recht
- personen- en familierecht
- ondernemingsrecht
- rechtspersonen
- vermogensrecht

2 De grondbeginselen
- trias politica
- wetgevende macht
- uitvoerende macht
- rechterlijke macht
- checks en balances
- sociaal grondrecht
- klassiek grondrecht
- Europees Verdrag voor de Rechten van de Mens en Fundamentele Vrijheden
- legaliteitsbeginsel
- strafbaarheid
- strafmaat
- ne bis in idem-regel

3 Strafrecht: de opsporing
- rechtshandhaving
- geweldsmonopolie
- rechtsbescherming

- misdrijf
- overtreding
- Wetboek van Strafrecht
- criminaliteit
- Wetboek van Strafvordering
- verdachte
- staande houden
- arresteren
- (preventief) fouilleren
- vasthouden
- in beslag nemen
- machtiging tot binnentreding
- huiszoekingsbevel
- infiltratie
- openbare aanklager
- Openbaar Ministerie (OM)
- seponeren
- schikking
- vervolgen

4 Strafrecht: de rechter
- strafvervolging
- politierechter
- meervoudige kamer
- terechtzitting
- dagvaarding
- advocaat
- tenlastelegging of aan-klacht
- requisitoir
- pleidooi
- vonnis
- kantonrechter
- strafrechtelijke maat-regelen
- vrijheidsstraf
- taakstraf
- geldboete
- voorwaardelijk
- bijkomende straf
- terbeschikkingstelling (tbs)

- hoger beroep
- ontneming wederrechter-lijk voordeel
- gerechtshof
- Hoge Raad
- resocialisatie

5 Burgerlijk recht
- geschil
- eiser
- gedaagde
- dagvaarding
- procureur
- verweer
- schadevergoeding
- loonbeslag
- vermogensschade
- immateriële schade
- hoger beroep
- kort geding
- bodemprocedure

6 Nederland, de VS en China
- presidentieel vetorecht
- opperbevel over het leger
- Hooggerechtshof
- cassatie
- juryrechtspraak
- uitlokking
- klassenjustitie
- rassenjustitie
- witteboordencriminaliteit
- plea bargaining
- Three Strikes and You're Out Law

7 Rechtsstaat ter discussie
- Wet bijzondere opspo-ringsbevoegdheden
- Wet terroristische misdrijven
- anonieme getuigen-verklaring

Parlementaire democratie

Veel dingen kunnen we niet zelf regelen, zoals de aanleg van wegen, de hoogte van de uitkeringen en de bestrijding van criminaliteit. Daar heb je de overheid en de politiek voor nodig. In dit thema behandelen we wat politiek is en welke partijen daarin een rol spelen. Sommige politici kunnen we zelf kiezen. Maar als ze eenmaal gekozen zijn, luisteren politici dan nog naar de kiezers? Hoe verloopt de politieke besluitvorming? Zijn we afhankelijk van andere Europese landen? En wat doet de Tweede Kamer eigenlijk?

De kernvraag voor dit thema is: **Op welke manier kan Nederland volgens jou het beste geregeerd worden?**

Wat is politiek?

1

IK STEM D66 - Youssra (20): "We mogen blij zijn dat je in Nederland kan stemmen, dat is niet overal zo. Ik vind onderwijs erg belangrijk en stem daarom op D66. Ik ben namelijk van studie geswitcht omdat ik op mijn 18e niet goed wist wat ik wilde. Als ik nu vertraging oploop, moet ik dikke boetes betalen, dat vind ik echt belachelijk. Maar ik let ook op andere punten, bijvoorbeeld veiligheid. Om het zeker te weten ga ik de stemwijzer doen en er met vrienden en familie over praten."

Bron: YoungWorks

Als je straks gaat stemmen tijdens verkiezingen, beslis je indirect mee wie ons land gaat regeren. Elke stem telt. Hoe meer stemmen jouw partij krijgt, hoe meer zetels ze krijgen in het parlement. En dat maakt het verschil. Want de belangrijkste besluiten in ons land worden genomen door de regering en het parlement. Zij hebben de meeste politieke macht en beslissen bijvoorbeeld hoeveel jaar je over je studie mag doen en hoe hoog een bijstandsuitkering is. Maar burgers, de media en ambtenaren kunnen die besluiten wel beïnvloeden en hebben dus ook politieke macht.

De deelvraag van dit hoofdstuk is: *Wat is politiek en waarin verschilt een democratie van een dictatuur?*

Algemeen belang

Politiek kun je het beste omschrijven als de manier waarop een land bestuurd wordt.

De besluiten van politici hebben veel invloed op het leven van burgers. Het gaat om zaken die van algemeen belang zijn en waar jij nu of later mee te maken krijgt, bijvoorbeeld:

• **openbare orde en veiligheid**, zoals het inzetten van meer politieagenten;
• **buitenlandse betrekkingen**, zoals het uitzenden van militairen voor een vredesmissie;
• **infrastructuur**, zoals de aanleg van spoor-, auto- en waterwegen;
• **welvaart**, zoals de zorg voor voldoende werkgelegenheid voor jongeren;

- **welzijn**, zoals het wegwerken van de wachtlijsten in de ziekenhuizen;
- **onderwijs**, zoals het veranderen van de exameneisen voor havo en vwo.

Voor het realiseren van al dit soort plannen betalen burgers belasting. Maar daar krijgen we wel iets voor terug: tegenover deze belastingplicht staat het recht om te mogen stemmen op de partij die we het beste vinden. En we krijgen een uitkering als we werkloos worden of na een ongeval arbeidsongeschikt worden.

Democratie

In het thema Rechtsstaat zag je hoe onze grondrechten zijn vastgelegd in de grondwet. Een aantal van deze grondrechten zoals stemmen, lid worden van een vereniging, demonstreren en je mening uiten zijn in een democratie erg belangrijk. Een **democratie** is *een staatsvorm waarbij de bevolking direct of indirect invloed uitoefent op de politieke besluitvorming.*

Het oudst bekende voorbeeld van een **directe democratie** is het Athene uit de Griekse oudheid. Hier had het volk directe zeggenschap. Belangrijke beslissingen werden op grote stadspleinen genomen in de vorm van volksstemmingen. Honderd procent democratisch was het niet omdat slaven, vrouwen en 'vreemdelingen' niet mochten meestemmen.
Net als andere landen heeft Nederland geen directe maar een **indirecte democratie**, waarin het volk niet zelf beslissingen neemt, maar dit overlaat aan gekozen vertegenwoordigers. We spreken ook wel van een **parlementaire democratie** omdat het parlement de belangrijkste beslissingen neemt.

Nederland is nog niet zo lang een volwaardige democratie. Tot het midden van de negentiende eeuw had de koning veel macht en mochten alleen rijke mannen stemmen. Van politieke vrijheid en gelijke politieke rechten was nog geen sprake. Dat kwam pas nadat eerst in 1848 de macht van de koning (Willem II) werd ingeperkt en in 1919 het algemeen mannen- en vrouwenkiesrecht werd ingevoerd.

Kenmerken parlementaire democratie

Voor een goed functionerende democratie als die van Nederland zijn regels nodig. Deze regels zijn vastgelegd in de grondwet.
- Burgers hebben **politieke grondrechten**:
  - Alle Nederlanders vanaf achttien jaar hebben het recht om te kiezen en om verkozen te worden (artikel 4).
  - Iedereen mag een politieke partij of vereniging oprichten (artikel 8).
  - Iedereen mag demonstreren (artikel 9) of op een andere manier zijn mening uiten (artikel 7).
- Ook de regels voor de **politieke besluitvorming** zijn grondwettelijk vastgelegd.
  - De leden van de Staten-Generaal (het parlement oftewel de Eerste en Tweede Kamer) worden gekozen door een geheime stemming (artikel 53).
  - De wetten worden vastgesteld door de regering en de Staten-Generaal samen (artikel 81).
- Er zijn **vrije media**. De achterliggende gedachte is dat als van mensen wordt verwacht dat zij betrokken zijn bij de politiek (bijvoorbeeld door te gaan stemmen), zij ook goed geïnformeerd moeten worden over politieke en maatschappelijke onderwerpen. Daaruit volgt:
  - De media hebben vooraf geen toestemming nodig bij hun publicaties of uitzendingen (artikel 7);

- De overheid moet er zelf voor zorgen dat de media over de juiste informatie kan beschikken (artikel 110).

Dictatuur

Niet alle landen kennen een democratie. In landen zoals Turkmenistan of Saudi-Arabië is *alle macht in handen van één persoon of een kleine groep mensen*. Je noemt deze landen een **dictatuur** of **autocratie**.

Naast alleenheerschappij van personen zijn er ook dictaturen op basis van een ideologie. In China, Cuba, Noord-Korea en vroeger de Sovjet-Unie had de communistische partij alle macht. Het doel was een samenleving waarin mensen op basis van gelijkheid zouden leven.

In Duitsland, Italië, Spanje en Zuid-Amerika zijn jarenlang fascistische partijen aan de macht geweest. **Fascisten** zijn zeer nationalistisch en wijzen de democratie af. Liever kiezen zij voor sterke leiders die zelfstandig, zonder democratie, besluiten nemen.

Iran is een voorbeeld van een **religieuze dictatuur,** gebaseerd op de islamitische wetgeving (sharia). Ayatollahs, geestelijke leiders, houden toezicht op de politici en controleren of zij zich houden aan de regels van de islam.

In sommige landen zoals Birma, door de machthebbers zelf Myanmar genoemd, had het leger lange tijd alle macht. We spreken dan van een **militaire dictatuur.**

Kenmerken dictatuur

Dictaturen komen meestal tot stand na een revolutie, zoals in China en Iran, of door een staatsgreep, waarbij de dictators met hulp van het leger de macht grijpen.

Kenmerken van een dictatuur zijn:

- De gehele **politieke macht** is in handen van een kleine groep. Burgers zijn hierdoor afhankelijk van de willekeur van de machthebbers. Zij kunnen niet naar een onafhankelijke rechter stappen, want ook de rechterlijke macht wordt gecontroleerd door deze politieke machthebbers.
- **Grondrechten worden niet beschermd**. Burgers hebben geen recht op vrije meningsuiting en mogen niet demonstreren. Vaak is er

Aung San Suu Kyi

Na tientallen jaren militaire dictatuur kent Myanmar (Birma) sinds 2011 een gekozen, zij het door het leger gesteunde regering. **Aung San Suu Kyi** (67) werd eind jaren tachtig het gezicht van de oppositie en daarmee ook de belangrijkste tegenstander van de militaire regering. De junta plaatste haar daarom onder huisarrest, dat uiteindelijk twintig jaar zou duren. Eind 2010 werd ze vrijgelaten. Zij zegt: "Er is nog een behoorlijk lange weg te gaan, maar ik vind dat er positieve ontwikkelingen zijn."

Bron 1

een geheime dienst die mensen afluistert en oppakt als ze een bedreiging voor het regime vormen.

- Er bestaat **geen vrije pers**. In veel dictaturen houdt een apart ministerie zich bezig met de informatievoorziening, bijvoorbeeld via de staatstelevisie. Publicaties en tv-uitzendingen van de zogenaamde vrije pers moeten vooraf door dit ministerie worden goedgekeurd. Deze controle door de overheid op alles wat de media uitbrengen noemen we **censuur**. Informatie via internet wordt gefilterd of geblokkeerd. Bloggers die 'staatsvijandige informatie' publiceren, worden gearresteerd. Toch lukt het overheden steeds slechter om informatie via de sociale media tegen te houden.
- **Oppositiepartijen zijn verboden**. Politici en burgers die het openlijk oneens zijn met de regering lopen grote kans gearresteerd te worden. En dus vluchten ze naar het buitenland om vandaar hun politiek verzet te voeren.
- Er is een grote politieke rol voor de **militairen**. Om verzet van het volk te kunnen onderdrukken moet de regering kunnen rekenen op steun van het leger. Daarom worden soms generaals als minister opgenomen in de regering.
- Er is sprake van **verkiezingsfraude**. In ideologische dictaturen, zoals in China, zijn helemaal geen verkiezingen. In andere dictaturen legitimeren de leiders hun macht met de verkiezingsuitslag. Om zeker te zijn van winst wordt er gefraudeerd met de uitslag, worden partijen verboden mee te doen of worden kiezers geïntimideerd. Zo won de Iraanse president Ahmedinejad de verkiezingen van 2009 door fraude: bij veel stembureaus was het opkomstpercentage ver boven de 100 procent.

Sommige dictaturen, zoals China en Noord-Korea, bestaan al lang. Toch veranderen dictaturen soms in een democratie. Zoals in Tsjechië en andere Oost-Europese landen. Ook tijdens de 'Arabische lente' werden de dictators in Egypte, Tunesië en Libië na hevige volksopstanden gedwongen af te treden.

Arabische lente: een internetrevolutie?

In 2011 kwam in veel Arabische landen het volk in opstand tegen de corruptie, armoede en onderdrukking die soms al tientallen jaren aanwezig waren. Via internet verspreidde het protest zich razendsnel. Op de centrale pleinen, zoals het Tahrirplein in Cairo, verzamelden zich duizenden mensen na oproepen via de sociale media. Via Twitter, Facebook en YouTube werden hun uitingen van onvrede snel verspreid. En ook toen de politie hard optrad tegen de demonstranten, werden beelden hiervan via internet de wereld ingestuurd.

Censuur bleek moeilijk. De dictatoriale overheden raakten door de sociale media hun controle op informatie kwijt. Het enige dat de overheid kon doen was internet platleggen, zoals in Egypte ook gebeurde. Uiteindelijk hadden de opstanden succes. In Tunesië vluchtte dictator Ben Ali het land uit en in Egypte werd president Mubarak gearresteerd. In Libië brak eerst een burgeroorlog uit. Met de dood van kolonel Khadaffi eindigde ook hier een periode van onderdrukking en dictatuur.

Bron 2

• Hoe vrij is de wereld?

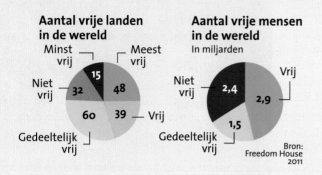

Aantal vrije landen in de wereld

- Minst vrij: 15
- Meest vrij: 48
- Niet vrij: 32
- Vrij: 39
- Gedeeltelijk vrij: 60

Aantal vrije mensen in de wereld
In miljarden

- Niet vrij: 2,4
- Vrij: 2,9
- Gedeeltelijk vrij: 1,5

Bron: Freedom House 2011

Nederland

EUROPA

Canada

Verenigde Staten

NOORD-AMERIKA

Marokko

Lib

Cuba

Haïti

Suriname

Ivoorkust

Ts

Costa Rica

Equatoriaal Guinea

Brazilië

ZUID-AMERIKA

AFRI

Chili

Uruguay

Zuid-Afrika

De gegevens op deze kaart komen van Freedom House. Dit is een Amerikaanse organisatie, opgericht in 1941 door onder andere de Amerikaanse president Roosevelt. Doel van de organisatie is het verspreiden van vrijheid. Volgens Freedom House is vrijheid alleen mogelijk in democratische landen, waar:

- regeringen verantwoording schuldig zijn aan het volk;
- sprake is van onafhankelijke rechtspraak;
- sprake is van vrijheid van meningsuiting, vereniging en geloof;

- respect is voor de rechten van minderheden en vrouwen.

Freedom House zet zich in voor mensenrechten, democratie, vrijemarkteconomie, onafhankelijke rechtspraak, onafhankelijke media en Amerikaanse bemoeienis bij internationale conflicten. Ieder jaar maakt Freedom House een overzicht van vrije en onvrije landen, zoals de kaart op deze pagina. Ook rangschikken zij de landen op onafhankelijke media. Nederland staat in deze lijst al jaren in de top vijf van de wereld.

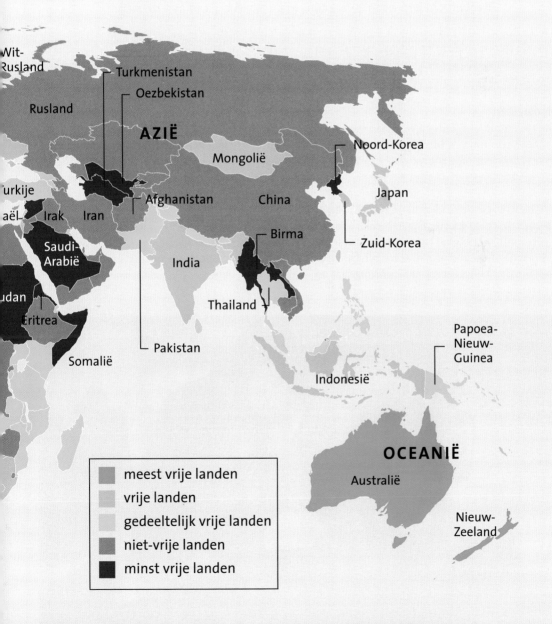

Legenda:
- meest vrije landen
- vrije landen
- gedeeltelijk vrije landen
- niet-vrije landen
- minst vrije landen

Politieke stromingen

2

JOLANDE SAP, GROENLINKS - "Ik ben een liberaal getinte GroenLinkser. Ik zoek niet altijd de oplossing bij de overheid. Het initiatief moet bij de mensen liggen, ik ben allergisch voor pamperen. Mijn ideaal is een samenleving waarin iedereen meedoet, zijn eigen inkomen kan verdienen en zijn eigen keuzes kan maken. De overheid moet banen creëren voor mensen die echt niet aan de slag komen. Als de keus is: thuis zitten of werken, kies ik voor werken, ook al is dat onder je niveau. Je mag een jaar een uitkering hebben om een baan te zoeken, maar daarna ga je aan de slag."

Voor we in een volgend hoofdstuk naar de partijen kijken, vragen we ons af: *Welke verschillende politieke stromingen zijn er en wat willen ze?*

Ideologieën

Bijna alle politieke partijen ontstaan vanuit een politieke stroming of **ideologie**, *een samenhangend geheel van ideeën over de mens en de gewenste inrichting van de samenleving.*

Iedere ideologie heeft ideeën op het gebied van:

• **waarden en normen**. Bijvoorbeeld: hoeveel persoonlijke vrijheid moeten we toestaan? Moeten softdrugs worden gedoogd? Hoe gaan we om met culturele verschillen? Mogen vrouwen in publieke functies hoofddoekjes dragen?

• de ideale **sociaaleconomische verhoudingen**. Anders gezegd: wat is een rechtvaardige verdeling van welvaart? Is het goed dat een chirurg tien keer zoveel verdient als een verpleegster? Of moeten de inkomens minder verschillen? En hoe hoog mogen uitkeringen zijn?

• de ideale **machtsverdeling in de samenleving**. Moeten werknemers meer te zeggen hebben in hun bedrijf? En moeten burgers hun minister-president zelf kiezen?

Nederland kent drie grote ideologieën of stromingen: het liberalisme, het socialisme en het confessionalisme. Voor we ingaan op deze stromingen behandelen we eerst twee versimpelde indelingen.

Zorgzame samenleving

SOCIAALDEMOCRATIE	CHRISTENDEMOCRATIE	LIBERALISME
GELIJKWAARDIGHEID	HARMONIE	VRIJHEID
↓	↓	↓
▪ Eerlijke verdeling van inkomen, kennis en macht. ▪ Bescherming van de zwakkeren.	▪ Gespreide verantwoordelijkheid. ▪ Zorgzame samenleving.	▪ Persoonlijke vrijheid. ▪ Economische vrijheid.
↓	↓	↓
Benadrukt de rol van de overheid op sociaaleconomisch terrein.	Benadrukt de verantwoordelijkheid van burgers voor elkaar.	Benadrukt de belangen van het individu en het bedrijfsleven.
↓	↓	↓
STURENDE OVERHEID om sociale gelijkheid tot stand te brengen.	AANVULLENDE ROL VAN DE OVERHEID ter ondersteuning van particuliere organisaties.	TERUGHOUDENDE OVERHEID die orde en gezag handhaaft.

Bron 3

Progressief en conservatief

Progressief betekent in de politiek **vooruitstrevend**, de maatschappij willen veranderen. Progressieve politici benadrukken de tekortkomingen in de samenleving en willen bijvoorbeeld vervuilende energiebronnen vervangen door schone zonne- en windenergie.

Conservatief betekent **behoudend**. Conservatieve politici benadrukken vooral datgene wat al is bereikt en houden graag alles bij het oude. Zij willen bijvoorbeeld niet dat Nederland veel politieke macht overdraagt aan de Europese Unie.

Als conservatieven nog verder gaan en regels van vroeger terug willen, noemen we dat **reactionair**. Bijvoorbeeld iemand wil dat euthanasie en prostitutie weer strafbaar worden en dat een huwelijk weer uitsluitend voor man en vrouw geldt.

Soms lopen progressief en conservatief bij partijen door elkaar heen. De SP bijvoorbeeld heeft progressieve standpunten, zoals het verhogen van bijstandsuitkeringen met 10 procent, maar hun standpunt om vast te houden aan 65 jaar als AOW-leeftijd is conservatief.

Links en rechts

Een andere indeling is die tussen links en rechts. Denk aan een partijnaam als GroenLinks of de benaming 'extreem rechts'. Bij links en rechts gaat het vooral om de visies op de rol van de overheid binnen de sociaaleconomische verhoudingen.

Rechts benadrukt de eigen verantwoordelijkheid en de vrijheid van mensen. Burgers en bedrijfsleven moeten zo veel mogelijk hun eigen zaakjes regelen. Om dit te kunnen garanderen moet de overheid rust en orde handhaven, maar zich verder volgens rechts **passief** opstellen en alleen optreden wanneer het echt nodig is. De VVD en de PVV zijn rechtse partijen.

Links gaat uit van gelijkwaardigheid en wil dat iedereen gelijke kansen heeft op onderwijs, inkomen en werk. Om de zwakkeren te beschermen moet de overheid daarom **actief** optreden, bijvoorbeeld door studiefinanciering te geven aan studenten. De PvdA, de SP en GroenLinks zijn linkse partijen.

Links en rechts denken niet over alles verschillend. Rechtse politici zijn bijvoorbeeld net als links voor een actieve overheid bij werkgelegenheidsprojecten. En linkse politici vinden net als rechts dat er meer politie op straat moet komen. Sommige partijen hebben zoveel linkse én rechtse standpunten dat ze tot het **politieke midden** behoren. Echte middenpartijen zijn het CDA, de ChristenUnie en D66.

Liberalisme

De liberale stroming ontstond eind achttiende eeuw tijdens de Franse Revolutie. De burgerij kwam in opstand tegen de onbeperkte macht van koning en adel. Vooral de rijkere mensen zoals kooplieden en fabriekseigenaren wilden onbelemmerd hun gang kunnen gaan. Hun ideaal was **persoonlijke** en **economische vrijheid** en ze waren tegen de hoge belastingen.

Toen de liberalen steeds meer politieke macht kregen, werden ze ook steeds conservatiever. Alleen een kleine groep liberalen bleef progressief en streed tegen de kinderarbeid en voor het vrouwenkiesrecht. Deze progressieve liberalen vonden steun bij de socialisten.

Liberalen nu

Ook nu vinden liberalen vrijheid nog steeds belangrijk en zijn daarom voor de **vrijemarkteconomie**. De overheid moet op sociaaleconomisch gebied een kleine rol spelen en zich **beperken** tot kerntaken als defensie, onderwijs en de bescherming van de rechtsstaat en de klassieke grondrechten.

Liberalen accepteren de verzorgingsstaat onder drie voorwaarden:
• de vrijemarkteconomie komt niet in gevaar;
• mensen dragen zelf verantwoordelijkheid voor hun situatie;
• de uitkeringen blijven zo laag mogelijk.

In ons land is de VVD de grootste liberale partij. Progressieve liberalen vinden we terug bij D66,

maar ook bij GroenLinks (zie intro). De PVV is een liberale partij met sterk conservatieve én reactionaire, maar ook enkele progressieve standpunten.

Socialisme

Het socialisme ontstond in de negentiende eeuw als reactie op de slechte werkomstandigheden van de arbeiders. Ze hadden werkdagen van soms wel zestien uur, kregen weinig betaald en misten elke sociale zekerheid. Wie ziek werd, was afhankelijk van de liefdadigheid. Volgens de socialisten waren deze wantoestanden ontstaan door de vrijemarkteconomie, waarin kapitalisten de lonen van de arbeiders steeds verder verlaagden.

De socialisten wilden een einde maken aan deze armoede en ongelijkheid, maar verschilden over de vraag hoe ze het doel van gelijkheid het beste konden bereiken:
• **Communisten** of marxisten wilden dat arbeiders door een revolutie alle macht zouden overnemen.
• **Sociaaldemocraten** wilden meedoen met de verkiezingen om zo te zorgen voor goede sociale wetgeving.

Sociaaldemocraten nu

De hedendaagse socialisten noemen we sociaaldemocraten. Ze zijn niet tegen de vrijemarkteconomie, maar willen wel dat de overheid actief de zwakkeren in de samenleving beschermt. Verder vinden ze dat kennis, inkomen en macht eerlijker verdeeld moeten worden. Daarom zijn ze voor de **verzorgingsstaat**, omdat daarin sociale grondrechten als het recht op gezondheidszorg en onderwijs wettelijk zijn vastgelegd.

De grootste sociaaldemocratische partij is de PvdA met links daarvan GroenLinks en de SP.

Confessionalisme

Het confessionalisme als politieke stroming baseert zich op het geloof (confessie = geloofsovertuiging). In Nederland is dat het christendom. Aan het eind van de negentiende eeuw vormden rooms-katholieken, hervormden en gereformeerden elk hun eigen politieke partij.

Christendemocraten streven naar een samenleving gebaseerd op waarden uit de Bijbel, zoals harmonie, gespreide verantwoordelijkheid, naastenliefde en rentmeesterschap.

Christendemocraten nu

Voor de huidige christendemocraten betekent:
- **harmonie** dat organisaties, burgers en overheid moeten samenwerken, zoals goede afspraken tussen werknemers en werkgevers.
- **gespreide verantwoordelijkheid** dat mensen verantwoordelijk zijn voor elkaars welzijn.
- **naastenliefde** dat we moeten zorgen voor de kwetsbaren in de samenleving.
- **rentmeesterschap** dat de mensen goed moeten zorgen voor de aarde.

Christendemocraten streven naar een 'zorgzame samenleving', waarin de overheid zo veel mogelijk overlaat aan het **maatschappelijk middenveld**, zoals welzijnsinstellingen en schoolbesturen. De overheid doet alleen datgene wat niet door maatschappelijke organisaties kan worden gedaan, zoals ordehandhaving, de financiering van het onderwijs en bijstandsuitkeringen.

Het CDA is de grootste christendemocratische partij. Door haar politieke middenpositie zat de partij sinds haar oprichting in 1980 vaak in de regering.

Naast het CDA is er de streng-orthodoxe SGP met vooral conservatieve ideeën en de meer sociaal-christelijke ChristenUnie.

"Sommige burgers hebben het gevoel dat hun stem niks voorstelt"

Een kruistocht wil hij het niet noemen, maar historicus **Maarten van Rossem** maakt in zijn boek *Waarom is de burger boos?* wel duidelijk dat hij tégen het populisme is. "We zijn altijd maar bezig met de PVV, terwijl die maar 15 tot 20 procent van de stemmen trekt. Iedereen die kan rekenen begrijpt dat de andere Nederlanders er dus andere standpunten op na houden."

Van Rossem heeft zich vooral verdiept in de opkomst van het populisme. "Ik concludeer dat het populisme begrijpelijk is. Sommige burgers voelen zich machteloos in onze parlementaire democratie, ze hebben het gevoel dat hun stem niks voorstelt. Ze voelen sympathie voor populisten die zeggen dat politici allemaal zakkenvullers zijn. Bovendien is er een gat ontstaan sinds de VVD naar het midden is geschoven. Er is gewoon een groep kiezers, vooral mannen, op zoek naar een duidelijk rechtse partij."

Van Rossem schrijft verder: "Populisme is meer een mentaliteit dan een ideologie. Ze zijn overal tegen, ook als het eigenlijk best goed gaat."

Bron 5

Politieke partijen

3 JENEVER VOOR VIJF CENT - In 1921 deed de Rapaillepartij mee aan de verkiezingen in Amsterdam. Rapaille betekent tuig, gepeupel. Lijsttrekker was de zwerver en bedelaar Hadjememaar, die altijd dronken was. Het verkiezingsprogramma luidde: jenever voor 5 cent, bier voor 5 cent en vrij vissen in het Vondelpark. De Rapaillepartij won twee zetels in de gemeenteraad, maar Hadjememaar heeft er nooit gezeten omdat hij een gevangenisstraf van vier weken uitzat wegens openbare dronkenschap. Daarna verdween hij naar een tehuis voor alcoholverslaafden.

Politieke partijen proberen bij verkiezingen zóveel stemmen te krijgen dat ze in de politiek hun idealen kunnen omzetten in wetten en regels.
In dit hoofdstuk is de deelvraag: *Welke partijen zijn er en wat zijn hun standpunten?*

Wat is een politieke partij?

Een **politieke partij** bestaat uit *een groep mensen met dezelfde ideeën over de manier waarop onze samenleving het beste bestuurd kan worden.* Zij verschillen daarin van actiegroepen en belangenorganisaties.

Actiegroepen, zoals Milieudefensie, houden zich bezig met één bepaalde doelstelling en voe-

ren actie als ze dat nodig vinden. Denk aan demonstraties, blokkades en handtekeningenacties. Een politieke partij probeert zijn doelen juist te bereiken via het parlement.

Belangenorganisaties behartigen de belangen van één bepaalde groep mensen. Denk bijvoorbeeld aan een winkeliersvereniging in jouw gemeente, de FNV, de ANWB of de Consumentenbond met hun honderdduizenden leden. Politieke partijen lijken soms op belangenorganisaties. Christelijke partijen behartigen vaak de belangen van christelijke scholen. Werkgevers kunnen rekenen op steun van de VVD. Toch verschillen ze van belangenorganisaties omdat ze

Partijen roepen soms weerstand op

POLITIEKE PARTIJEN	ACTIE- / BELANGENGROEPEN
▼	▼
▪ hebben ideeën over de samenleving als geheel	▪ hebben ideeën op één specifiek terrein
▪ wegen verschillende belangen van groepen af	▪ komen op voor belangen van één groep
▪ willen politieke macht én bestuurlijke verantwoordelijkheid	▪ willen wel politieke invloed, maar geen bestuurlijke verantwoordelijkheid
▪ doen mee aan verkiezingen	▪ doen niet mee aan verkiezingen
▪ zijn vertegenwoordigd in politieke organen	▪ zijn hooguit vertegenwoordigd in adviesorganen

Bron 6

veel nadrukkelijker naar het algemeen belang kijken: worden andere groepen niet ernstig benadeeld, wordt het landsbelang niet geschaad, is een regel wel praktisch uitvoerbaar, enzovoort.

Soorten partijen

Er zijn globaal vijf soorten politieke partijen.

- Partijen op basis van een **ideologie**. De meeste politieke partijen zijn voortgekomen uit een van de drie grote stromingen waarover je in het vorige hoofdstuk hebt gelezen. Hun standpunten kun je vaak beter begrijpen als je iets weet over de stroming waar ze bij horen.
- **One-issuepartijen** richten zich op één aspect van de samenleving en hebben daar een duidelijk standpunt over. Een goed voorbeeld is de Partij voor de Dieren. Deze partij heeft ook wel standpunten over andere onderwerpen, maar het dierenwelzijn loopt als een rode draad door al deze punten heen.
- **Protestpartijen** ontstaan uit onvrede met de bestaande politiek. Zo werd in de jaren zestig van de vorige eeuw D66 opgericht door mensen die vonden dat de politieke leiders te veel onderling regelden en de burgers te weinig inspraak hadden. Zij wilden bijvoorbeeld de minister-president rechtstreeks laten kiezen.
- **Populistische partijen** ontstaan deels uit protest, maar hebben vooral de bedoeling op te komen voor de stem van de 'zwijgende massa'. De bekendste voorbeelden zijn de Lijst Pim Fortuyn (LPF) en de PVV. Volgens de LPF luisterde de politiek niet naar wat er echt leefde onder de burgers. Ook was Pim Fortuyn heel kritisch over de islam. Na de moord op Fortuyn (2002) en de opheffing van zijn partij stemt een groot deel van de LPF-achterban nu op de PVV.

- **Niet-democratische partijen** zoals fascistische of rechts-extremistische partijen doen nauwelijks mee aan verkiezingen. Rechtsextremisten zijn sterk nationalistisch gericht. Het belang van de oorspronkelijke, autochtone bevolking staat centraal en hun standpunten zijn dikwijls sterk racistisch.

Na de Tweede Wereldoorlog hebben rechtsextremistische partijen nooit Kamerzetels gehaald. Wel laten zij van zich horen bij demonstraties, waarbij vaak militaire kleding wordt gedragen.

Functies politieke partijen

Politieke partijen hebben een aantal belangrijke taken in onze democratie. Zij hebben een:

- **integratiefunctie**. Op basis van allerlei wensen en eisen maken politieke partijen vanuit hun eigen ideologie een logisch samenhangend geheel van programmapunten die in beleid omgezet kunnen worden. Dit partijprogramma verbindt mensen, waardoor de partij lange tijd kan bestaan.
- **informatiefunctie**. Politieke partijen informeren de kiezers, ook buiten verkiezingstijd, over hun standpunten ten aanzien van verschillende kwesties. Hierdoor helpen zij burgers een mening te vormen.
- **participatiefunctie**. Politieke partijen proberen burgers te stimuleren om actief deel te nemen aan de politiek.
- **selectiefunctie**. Mensen die in de politiek willen, doen dat meestal via een bestaande partij of ze richten er zelf eentje op. Vaak worden ze eerst gemeenteraadslid en klimmen dan langzaam op tot Kamerlid, fractievoorzitter of minister. Zonder politieke partij is het niet goed mogelijk om gekozen te worden.

• Politieke partijen van links naar rechts

SP.   **GROENLINKS**    **PARTIJ voor DE DIEREN**   **PvdA**   **D66**

De **Socialistische Partij** is de meest linkse partij en wil vooral armoede bestrijden.
Uit solidariteit storten SP-volksvertegenwoordigers een flink deel van hun salaris in de partijkas.

GroenLinks is een sociaaldemocratische partij met enkele liberale standpunten.
De partij is voor duurzame energie en een milieuvriendelijke samenleving.

De **Partij voor de Dieren** is in 2002 opgericht door een groep dierenbeschermers. De partij is een typische one-issue-partij.

De **Partij van de Arbeid** vindt dat er een eerlijke verdeling moet zijn van macht, kennis en inkomen.
De PvdA behoort tot de sociaaldemocratische stroming.

Democraten 66 werd in 1966 opgericht uit protest tegen de bestaande partijpolitiek.
De partij is een links-liberale partij met veel aandacht voor democratische besluitvorming en onderwijs.

VERGELIJKING STANDPUNTEN

• **Softdrugs**: verkoop en teelt van wiet legaliseren	• productie en gebruik softdrugs legaliseren	• leveren softdrugs aan coffeeshops reguleren	• coffeeshops en wietteelt legaliseren	• cannabisteelt reguleren; gedoogbeleid handhaven
• **Zorgverzekering**: gratis voor de laagste inkomens	• zorgpremies + eigen risico inkomensafhankelijk maken	• geen verhoging eigen risico in de zorg	• zorgpremie grotendeels inkomensafhankelijk maken	• (kleine) eigen bijdrage bij elke zorgverlening
• **Defensie**: parlement beslist mee over uitzending soldaten	• Nederlandse leger omvormen tot vredesmacht	• defensiebudget met 20 procent omlaag	• samenvoegen NAVO en EU-veiligheidstaken	• ontwikkeling van een Europese defensiemacht
• **Ontwikkelingshulp**: handhaven op 0,8% van het BNP	• meer ontwikkelingsgeld, vooral voor klimaatsteun	• budget ontwikkelingshulp blijft 0,8% van het BNP	• budget ontwikkelingshulp blijft 0,8% van het BNP	• budget ontwikkelingshulp blijft 0,8% van het BNP

OVERIGE VOORBEELDEN VAN STANDPUNTEN

• huurtoeslag en studiebeurs verhogen • gratis OV-kaart voor mensen ouder dan 65 en jonger dan 12 jaar	• langer kraamverlof voor vaders • vóór versterking van de Europese Unie	• tegen onverdoofd ritueel slachten van dieren • oprichting speciale dierenpolitie	• gratis kinderopvang drie dagen per week • extra uitkering voor alleenstaande ouders	• gekozen bestuurders op alle niveau's • 2,5 miljard meer investeren in het onderwijs

PARTIJ VOOR DE **VRIJHEID**

De **ChristenUnie** is in 2002 ontstaan uit twee kleinere christelijke partijen en ziet zichzelf links van het CDA als christelijke, sociale partij met veel aandacht voor het gezin.

Het **Christen-Democratisch Appèl** is een christendemocratische partij uit het politieke midden die veel waarde hecht aan harmonie en onderlinge verbondenheid.

De **Volkspartij voor Vrijheid en Democratie** is een rechts-liberale partij die benadrukt dat het goed voor een samenleving is als het individu zich zo goed mogelijk kan ontplooien.

De **Staatkundig Gereformeerde Partij** is een kleine, rechtse partij en heeft conservatieve standpunten. De partij vindt dat bijbelse waarden en normen goed zijn voor iedereen.

De **Partij voor de Vrijheid** is opgericht in 2006 door Geert Wilders die bekend werd door zijn anti-islam houding. De PVV heeft populistische en nationalistische standpunten.

• verbod op coffeeshops	• coffeeshops niet meer gedogen	• legalisering softdrugs in Europees verband regelen	• alle coffeeshops sluiten	• geen coffeeshops binnen 1 kilometer rond scholen
• eigen risico wordt inkomensafhankelijk	• huidige zorgstelsel handhaven	• eigen risico flink verhogen	• eigen risico wordt inkomensafhankelijk	• huidige zorgstelsel handhaven
• niet meewerken aan een Europese krijgsmacht	• minder bezuinigen op de krijgsmacht	• helemaal niet bezuinigen op de krijgsmacht	• defensiebudget fors verhogen	• geld van defensie naar de politie overhevelen
• budget ontwikkelingshulp blijft 0,8% van het BNP	• ontwikkelingshulp iets terug naar 0,7% van het BNP	• ontwikkelingsbudget halveren	• budget ontwikkelingshulp blijft 0,8% van het BNP	• ontwikkelingshulp beperken tot noodhulp
• in elke wijk een Centrum voor Jeugd en Gezin • overmatig drankgebruik sterker tegengaan	• verhoging kinderbijslag • asielzoekers uitzetten die onvoldoende meewerken	• aantal ambtenaren met 20 procent verminderen • kansarme migranten uitzetten en hoogopgeleide kennismigranten binnenhalen	• staatsloterij afschaffen • verplichte winkelsluiting op zondag	• niet-Nederlanders die een misdrijf plegen het land uitzetten • immigratiestop voor mensen uit islamitische landen

• Positie politieke partijen

Het diagram hiernaast laat zien waar de partijen zich bevinden op een schaal van links naar rechts én een schaal van progressief (bovenaan) naar conservatief (onderaan).

Daardoor zie je goed welke overeenkomsten er zijn tussen partijen (alle christendemocratische partijen bijvoorbeeld zijn meer conservatief dan progressief) en welke verschillen (de Christen-Unie is linkser dan de SGP).

Door de partijen die in het kabinet zitten met elkaar te verbinden, kun je bovendien zien welke politieke kleur het kabinet heeft. Waar staan de partijen die nu regeren in het diagram?

GROENLINKS

- Hogere inkomens krijgen minder kinderbijslag.
- Migranten mogen een dubbel paspoort houden.
- Koningshuis afschaffen.

- Dierenmishandeling meer en strenger straffen.
- Fors investeren in elektrische auto's.
- Immigranten die niet meewerken, harder aanpakken.

PARTIJ voor DE DIEREN

SP.

LINKS

- Verhoging minimuminkomens met vijf procent.
- Tegen versoepeling van het ontslagrecht.
- Geen verhoging pensioenleeftijd naar 67 jaar.

- Gratis kinderopvang voor drie dagen per week.
- Inkomenstoeslag voor alleenstaande ouders.
- Stimulering van brede scholen met veel voorzieningen.

- Abortus zoveel mogelijk tegengaan.
- Vloeken en porno tegengaan.
- Jeugdzorg beter inrichten.

PROGRESSIEF

- Ontslagrecht versoepelen voor werkgevers.
- Meer samenwerking binnen de EU.
- Basisbeurs vervangen door een lening.

- Werkloosheidsuitkeringen hoger maar met een kortere duur.
- Studiefinancieringstelsel vervangen door leenstelsel.
- Files bestrijden met meer snelwegen.

- Vrouwen niet alleen over abortus laten beslissen.
- Werknemers laten sparen voor zorgverlof.
- Scholen meer zelf het onderwijs laten inrichten.

RECHTS

ristenUnie

- Op scholen en overheidsgebouwen de Nederlandse vlag.
- Tegen verhoging van de pensioenleeftijd.
- Levenslange straf na drie zware geweldsmisdrijven.

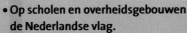

PARTIJ VOOR DE **VRIJHEID**

- Abortus en euthanasie nooit toestaan.
- Migranten na een ernstig misdrijf uitzetten.
- Homohuwelijk niet toestaan.

CONSERVATIEF

Verkiezingen

4

JONGEREN MOGEN OOK STEMMEN - "Geachte minister-president, ik ben zeventien jaar. Waarom mag ik wel mijn mening geven, maar niet meedoen met het echte werk, stemmen? Ik vind dit leeftijdsdiscriminatie. En dat mag niet volgens artikel 1 van de grondwet. Ik mag wel werken bij de Burger King en dus belasting betalen. Waarom mag ik dan niet meestemmen wat er met die belasting wordt gedaan? Neem de leeftijdsgrens om alcohol te kopen. Het gaat over ons, maar we mogen niet meebeslissen. Dat is niet eerlijk." Judith (17)

We kiezen politici op verschillende niveaus:
• het Europees Parlement;
• de Tweede Kamer;
• Provinciale Staten;
• de gemeenteraad.
In dit hoofdstuk beperken we ons tot de verkiezingen voor de Tweede Kamer. De deelvraag is: *Wie mogen er in Nederland stemmen en hoe verlopen de verkiezingen?*

Kiesrecht

In Nederland hebben alle Nederlanders van achttien jaar en ouder **actief kiesrecht**. Bij verkiezingen mogen zij hun stem uitbrengen.

Daarnaast heeft iedere volwassen Nederlander het **passief kiesrecht**, dit is *het recht om je verkiesbaar te stellen*. Een politieke partij plaatst jou dan op de kieslijst. Je kunt ook een eigen partij oprichten, maar dat kan niet zomaar. De overheid wil namelijk niet dat mensen zich voor de grap verkiesbaar stellen. Daarom moet een partij zich registreren bij de Kiesraad, steunbetuigingen inleveren en een borgsom van 11.250 euro betalen.

Mensen met een buitenlands paspoort die langer dan vijf jaar in Nederland wonen hebben alleen (actief en passief) kiesrecht bij gemeente-

Spanning op de verkiezingsavond

raadsverkiezingen. De rechter kan iemand het kiesrecht ontnemen, bijvoorbeeld vanwege een geestelijke stoornis.

Verkiezingsprogramma

De meeste partijen hebben een verkiezingsprogramma met daarin de **standpunten van de partij**. Ook bedenken ze vaak een verkiezingsleus, zoals "Gelijke kansen voor iedereen" of "Eigenzinnig liberaal". De bekendste kandidaat van elke partij staat nummer één op de kandidatenlijst en wordt ook wel **lijsttrekker** genoemd. Hij of zij verwoordt tijdens de verkiezingscampagne in de debatten de standpunten van de partij. De lijsttrekker is dus tijdens de campagne het gezicht van de partij en je ziet hem of haar het meest op tv.

Om kiezers te winnen beloven lijsttrekkers voor de verkiezingen vaak dat ze van alles zullen veranderen. Ze zullen de criminaliteit harder aanpakken, de woningnood oplossen en de belastingen niet verhogen. Na de verkiezingen moeten ze onderhandelen met andere partijen over de samenstelling van een regering en verdwijnen sommige van deze verkiezingsbeloften.

Welke partij?

Waarom stem je op een bepaalde partij? De een doet de stemwijzer om te kijken welke partij het meest past bij zijn eigen ideeën. Een ander let meer op de personen. Wie lijkt het meest betrouwbaar? Wie is sympathiek? Samengevat kun je de volgende redenen hebben om op een partij te stemmen:

- De **standpunten** van de partij komen overeen met jouw ideeën.
- De partij let goed op **jouw belangen**. Veel ondernemers stemmen daarom op de VVD en veel allochtonen op de PvdA of de SP.
- Je stemt **strategisch**. Je kijkt dan welke partij kans maakt om in de regering te komen. Iemand die christelijk wil stemmen, zal dan eerder CDA stemmen dan SGP, omdat het CDA meer kans maakt mee te regeren. Linkse stemmers kiezen op dezelfde manier bijvoorbeeld tussen SP en PvdA.
- Aantrekkingskracht van de **lijsttrekker**. Door de grote invloed van de media is de presenta-

WAAROM STEM JE OP DIE PARTIJ?
steekproef onder stemgerechtigden

23% "Ik voel me THUIS bij die partij."

19% "Ik wil dat die partij gaat REGEREN."

15% "Ik vind de STANDPUNTEN goed."

11% "Ik geloof in de LIJSTTREKKER."

8% "Met die partij VERANDERT er echt iets."

7% "Ik wil VOORKOMEN dat een andere partij de grootste wordt."

5% "Ik wil dat die partij de GROOTSTE wordt."

6% "Ik WEET NIET waarom."

6% Overig

Bron: Synovate

Bron 7

tie belangrijk. Lijsttrekkers doen mee aan tv-spelletjes en talkshows waar ze hun standpunten kunnen uitleggen. En ze communiceren via internet met hun volgers.

Zetelverdeling

Bij verkiezingen draait het om de zetelverdeling in organen als de Tweede Kamer of de gemeenteraad. Verkiezingen worden gehouden volgens het stelsel van **evenredige vertegenwoordiging**, dat wil zeggen dat *elke partij het aantal zetels krijgt dat in verhouding is met het totaal aantal geldig uitgebrachte stemmen.* Bij die berekening wordt uitgegaan van de kiesdeler, dat wil zeggen de hoeveelheid stemmen die een partij nodig heeft voor één zetel. Heeft een partij bij de Tweede Kamerverkiezingen bijvoorbeeld 10 procent van de stemmen, dan krijgen zij ook 10 procent van de 150 zetels, dus 15 zetels. Bij een opkomstpercentage van 75 procent heb je in ons land ongeveer 60.000 stemmen nodig voor één Kamerzetel.

Voorkeurstemmen

Als je gaat stemmen, stem je niet op een partij, maar op een persoon. Dat maakt verschil uit.

Omdat een Kamerlid als persoon is gekozen, mag hij ook blijven zitten als hij uit de partij stapt. Veel mensen stemmen op de lijsttrekker van hun partij. Maar je kunt ook op iemand anders stemmen. Daardoor kan zelfs iemand die laag op de lijst van zijn partij staat, toch gekozen worden. We zeggen dan dat iemand veel voorkeurstemmen heeft gekregen. Sommige mensen brengen een voorkeurstem uit op een vrouw of een allochtoon, omdat deze ondervertegenwoordigd zijn in de politiek.

De verkiezingscampagne

Ruim voor de verkiezingen stellen de partijen een campagneteam samen. Hierin zitten de partijleiders gesteund door zogenaamde **spindoctors**, *communicatiedeskundigen die de partij en de lijsttrekker adviseren*. Samen bepalen ze de verkiezingsstrategie. Leggen ze de nadruk op economische standpunten? Of juist op veiligheid? Moet je steeds je eigen verhaal vertellen, of kun je beter andere partijen aanvallen? Eén misser in een debat kan al voldoende zijn voor een flinke nederlaag bij de verkiezingen.

Opiniepeilingen

Tijdens de verkiezingscampagne analyseren commentatoren de debatten. Welke lijsttrekkers doen het goed en welke niet? Ook worden er dagelijks opiniepeilingen gehouden. Volgens sommige politicologen hebben deze peilingen invloed op de uitslag. Een partij die in de peiling op winst staat, is volgens hen aantrekkelijker, want mensen horen graag bij een winnende partij. Andere kiezers besluiten juist een partij die op verlies staat te helpen door op deze partij te stemmen.

De strijd om de kiezer

In de laatste weken spelen de media een belangrijke rol. Lijsttrekkers van de grotere partijen komen dagelijks, soms meermalen per dag, op de televisie. De avond voor de verkiezingen wordt een groot **tv-debat** georganiseerd tussen de belangrijkste lijsttrekkers. Dit debat trekt elke keer miljoenen kijkers.

Doel van al die mediaoptredens is om de stem van zogenaamde **zwevende kiezers** te winnen, *kiezers die niet bij elke verkiezing op dezelfde partij stemmen*.

In vergelijking met vroeger zijn er nu veel meer zwevende kiezers. Mensen zijn minder trouw aan een partij en stappen makkelijker over. Daardoor kon een partij als de PVV betrekkelijk snel groeien naar 26 zetels.

Door de grote rol van de media tijdens de verkiezingen wordt wel gesproken van een **tv- en**

internetdemocratie. Websites als stemwijzer.nl en kieskompas.nl trekken miljoenen internetters die hopen zo een goed stemadvies te krijgen. En steeds meer politici twitteren en hebben eigen weblogs die veel gelezen worden.

De uitslag

Op de avond na de verkiezingen is het spannend. Terwijl de stemmen worden geteld, verzamelen de partijen zich om de overwinning te vieren of teleurgesteld het verlies te verwerken. Meestal is aan het eind van de avond bekend hoeveel zetels elke partij krijgt. Bij Tweede Kamerverkiezingen kijken de lijsttrekkers dan voorzichtig met welke partij(en) zij eventueel willen regeren. De uitslag bepaalt namelijk welke partijen samen het nieuwe **kabinet** kunnen vormen. Over deze kabinetsformatie en de taken van de ministers lees je in het volgende hoofdstuk.

Stembiljetten tellen

Jongerenpartij, ja of nee?

Tijdens de Tweede Kamerverkiezingen van 2010 deed er voor het eerst een jongerenpartij mee: LEF, opgericht door jongerenomroep BNN. De 21-jarige **Lot Feijen** was lijsttrekker. "Ik vind dat jongeren in hun hemd staan in de politiek, terwijl er ruim vijf miljoen jongeren in Nederland wonen. Dat is bijna een derde van de bevolking. Die grote groep wil ik een stem geven. Elke partij in de Tweede Kamer zegt dingen over jongeren, maar wij zijn de enige partij die er exclusief voor hen is." Er werd uiteindelijk door 7.456 mensen op de partij gestemd.

Judy (17): "Een jongerenpartij lijkt op 't eerste gezicht een goed idee, maar álle jongeren samen in een partij vertegenwoordigen? Dat lukt nooit. Daarom hebben de meeste politieke partijen een eigen jongerenafdeling."
Axel (18): "Als er ook een partij speciaal voor dieren is, dan is een jongerenpartij misschien geen gek idee."
Rens (21): "Je komt nooit in de Kamer, want een groot deel van de jongeren mag niet stemmen en volwassenen zullen niet snel op een jongerenpartij stemmen."
Fleur (21): "Niet geschoten is altijd mis, het kan er alleen maar beter van worden voor de jongeren."
Bron: BNN

Bron 8

De regering

5

STAATSHOOFD LIGT ERUIT BIJ DE FORMATIE - De koning(in) speelt na landelijke verkiezingen geen rol meer bij de kabinetsformatie. De Kamer wil voortaan binnen een week na de installatie van de nieuwe parlementariërs debatteren over de verkiezingsuitslag en de te nemen stappen. Dat betekent dat de Kamer een of meerdere (in)formateurs aanwijst en een opdracht meegeeft. Tot nog toe was dat de taak van het staatshoofd, waarmee deze volgens sommige staatsrechtgeleerden een te groot stempel op de formatie kon drukken.

De **regering** bestaat uit de koning(in) en de ministers. De ministers met hun staatssecretarissen maar zonder koning(in) vormen het **kabinet**. In dit hoofdstuk beantwoorden we de vraag: *Hoe wordt een kabinet gevormd en wat zijn de taken van de regering?*

De kabinetsformatie

Direct na de Tweede-Kamerverkiezingen begint de **kabinetsformatie**. Het doel is om een kabinet te vormen van bekwame ministers en staatssecretarissen die:

- het samen globaal eens zijn over het toekomstige **beleid**;
- samen de steun hebben van de **meerderheid** van de Tweede Kamer, dus ten minste 76 leden (de helft plus één). Als de meeste Kamerleden het kabinet niet steunen en allerlei plannen van het kabinet afwijzen, werkt dat niet goed.

Omdat in de praktijk geen enkele partij meer dan 50 procent van de Tweede Kamerzetels behaalt, zijn er altijd meer partijen nodig om een kabinet te vormen.

Verloop van de kabinetsformatie

De kabinetsformatie neemt vaak enkele weken of zelfs maanden in beslag en verloopt in een aantal stappen.

1. Adviezen

De dag na de verkiezingen ontvangt de koning(in) de vice-president van de Raad van State (het belangrijkste adviescollege van de regering), de voorzitters van de Eerste en Tweede Kamer en de fractievoorzitters van de politieke partijen in de Tweede Kamer. Zij adviseren elk **welke partijen** het beste een kabinet kunnen gaan vormen. Op basis hiervan benoemt de koning(in) een **informateur**.

2. De informateur begint

De informateur onderzoekt eerst welke combinatie van partijen de meeste kans van slagen heeft. Behalve een meerderheid in de Tweede Kamer moeten de partijen ook inhoudelijk goed kunnen samenwerken. Omdat ze verschillende standpunten hebben, laat de informateur de partijen allerlei **compromissen** sluiten. Als dat lukt, dan is er een **coalitie** mogelijk, *een samenwerkingsverband van twee of meer partijen.* Onder leiding van de informateur stellen de coalitiepartijen daarna een **regeerakkoord** op, waarin de hoofdlijnen staan van het beleid voor de komende jaren.

3. De formateur maakt het af

Na het regeerakkoord brengt de informateur verslag uit aan de koning(in). Is zijn opdracht mislukt, dan gaat er een nieuwe informateur aan de slag. Is er wel een coalitie gevormd, dan benoemt de koning(in) een **formateur** die geschikte ministers en staatssecretarissen bij elkaar zoekt. De formateur is bijna altijd afkomstig van de grootste regeringspartij en wordt meestal zelf de minister-president. De overige posten worden zo evenwichtig mogelijk over de partijen verdeeld. Daarbij wordt gekeken hoeveel zetels de verschillende partijen in de Tweede Kamer hebben, de voorkeuren van de partijen en de zwaarte van de verschillende functies. Zo heeft bijvoorbeeld de minister van Financiën meer macht dan de minister van Onderwijs, Cultuur en Wetenschappen.

4. Op het bordes

Nadat de formateur klaar is, benoemt de koning(in) de ministers en staatssecretarissen en volgt de bekende foto op het koninklijke bordes.

De regering

Nederland is een rechtsstaat en dus moet iedereen, ook de koning(in) als staatshoofd en lid van de regering, zich houden aan de grondwet of constitutie. We spreken daarom van een **constitutionele monarchie,** *een staatsvorm waarin de taken en bevoegdheden van het staatshoofd grondwettelijk zijn vastgelegd.*

De belangrijkste **taken van de koning(in)** zijn:
- een handtekening plaatsen onder wetten;
- de troonrede voorlezen op Prinsjesdag;
- ministers en (in)formateurs benoemen;
- regelmatig overleg voeren met de minister-president.

De ministers vormen het dagelijks bestuur van ons land. De belangrijkste **taken van de ministers** zijn daarom de voorbereiding en uitvoering van het overheidsbeleid. Dit gebeurt voornamelijk door:

- het opstellen van wetsvoorstellen;
- het uitvoeren van eenmaal aangenomen wetten;
- het jaarlijks opstellen van de rijksbegroting en deze aanbieden aan het parlement.

Elk jaar op de derde dinsdag in september (Prinsjesdag) presenteert het kabinet de plannen voor het komende jaar in de **troonrede**. In de Tweede Kamer biedt de minister van Financiën die dag de Rijksbegroting aan in de vorm van een samenvatting, de **miljoenennota**.

Het Torentje van de minister-president

De werkkamer van de minister-president in het Torentje is geen openbaar gebouw: er staat een stevig stalen hek voor de deur en aan de andere kant ligt de Hofvijver. Als daar ijs ligt wordt het bij het Torentje kapot gehakt, zodat niemand op het ijs stiekem de gesprekken in het Torentje kan afluisteren. Met het 'Torentjesoverleg' wordt het meer informele overleg bedoeld tussen de minister-president en alle regeringspartijen. Maar er is ook kritiek op het Toren-tjesoverleg: politieke discussies horen in het openbaar te worden gevoerd.

Bron: Politiek voor Dummies

Bron 10

Ministeriële verantwoordelijkheid

De koning(in) maakt deel uit van de regering, maar de ministers zijn verantwoordelijk: de koning(in) is onschendbaar. We noemen dit de **ministeriële verantwoordelijkheid**. Het kabinet is dus verantwoordelijk voor de inhoud van wetten en de troonrede, maar ook voor alle gedragingen van alle leden van het Koninklijk Huis. Als Willem-Alexander en Máxima hun mening geven over de Amerikaanse president, dan moet de minister-president met de Tweede Kamer in debat over die uitspraak.

Ministers zijn ook **politiek verantwoordelijk** voor hun ambtenaren. Zo namen in 2005 de ministers van Justitie en van Volkshuisvesting ontslag nadat hun ambtenaren fouten hadden gemaakt, waardoor bij een brand in het cellencomplex op Schiphol elf gevangenen om het leven kwamen.

Ministers en staatssecretarissen

Elke minister heeft een eigen beleidsterrein, ook wel **portefeuille** genoemd, en een eigen ministerie waar veel ambtenaren voor hem of haar werken. De ambtenaren bereiden wetsvoorstellen voor en geven adviezen.

Soms hebben ministers geen eigen ministerie. Zo kan bij de kabinetsformatie worden besloten dat de minister voor Immigratie en Asielzaken wordt ondergebracht bij Binnenlandse Zaken. Je noemt dit dan een **minister zonder portefeuille**.

Een minister heeft een of twee **staatssecretaris-sen** onder zich. Zij zijn verantwoordelijk voor een deel van zijn beleidsterrein. Buitenlandse Zaken heeft bijvoorbeeld een staatssecretaris voor Europese Zaken. Staatssecretarissen zitten niet in de ministerraad, maar voeren wel zelf het woord in de Tweede Kamer als het over hun beleid gaat. Als een minister ziek of afwezig is, wordt hij overigens niet vervangen door zijn staatssecretaris maar door een andere minister.

De ministerraad komt elke vrijdag bijeen onder voorzitterschap van de minister-president, ook wel premier genoemd. Deze geeft daarna vaak een persconferentie.

De minister-president overlegt regelmatig met het staatshoofd, maar de inhoud van deze gesprekken blijft geheim.

Kabinetscrisis

Het is de bedoeling dat het kabinet **vier jaar lang** aanblijft tot de nieuwe Tweede Kamer-verkiezingen. Maar dat is niet altijd het geval. Soms dient de Tweede Kamer een motie van wantrouwen in tegen een minister of staatssecretaris, die daarop meestal zijn of haar ontslag indient en wordt vervangen door iemand anders.

Soms lopen de problemen zo hoog op, dat het bestaan van het hele kabinet in gevaar komt. We spreken dan van een **kabinetscrisis**. Deze kan ontstaan:

• wanneer de ministers het onderling oneens zijn over een of meer kwesties;
• wanneer de meerderheid van de Tweede Kamer het kabinet niet meer steunt.

Denk aan de val van het minderheidskabinet van VVD en CDA in 2012 nadat de PVV haar gedoogsteun opzegde.

Als een kabinet ontslag neemt, volgen er meestal **vervroegde verkiezingen**. Om het land niet onbestuurbaar te maken, blijven de oude ministers meestal in functie totdat er een nieuw kabinet is gevormd. Je noemt dit een **demissionair kabinet**, dat geen eigen 'missie' meer heeft en alleen de lopende zaken afhandelt.

Willem-Alexander in eigen woorden

In het boek *Ik mag ook nooit iets* staat een bloemlezing van uitspraken van Willem-Alexander.

In zijn jeugd: "Dat moet u maar vragen aan het opperhoofd in de grote wigwam." *Tegen journalisten waarom hij niet meegaat op staatsbezoek naar Israël.*

Tijdens zijn studie: "De derde dinsdag van september kan ik niet aanwezig zijn omdat ik op Prinsjesdag met mijn moeder in een gouden caravan door Den Haag moet scheuren." *Verklaring voor zijn afwezigheid bij een cursus hogere stafvorming.*

Over zijn vader: "Mijn vader is altijd dichtbij en ik denk zelfs sinds zijn overlijden misschien nog meer, want ik voer eigenlijk altijd een discussie met hem over bijna alles waar ik mee bezig ben."

Bij de komst van Máxima: "Het is een bijna onmenselijk offer dat ik mijn vrouw vraag te brengen. Ze trouwt niet alleen met mij, maar met een heel land."

Over zijn gezinsleven: "Lang leve de magnetron!" *Als uitleg dat hij en Máxima zelden koken.*

Over het koningschap: "Ik denk dat je je er eerst tegen verzet, omdat niemand echt iets wil hebben vastliggen in zijn leven. Ik in ieder geval niet. Maar het is een uitdaging waar ik het allermooiste van ga proberen te maken."

Bron: EenVandaag en Reformatorisch Dagblad

Bron 11

Het parlement

6

NIET ROKEN IN HET OPENBAAR - Als je gaat roken, is dat je eigen keuze. Maar de politiek bemoeit zich er ook mee. In cafés en restaurants mag je alleen nog in aparte rookruimten roken. Dit beleid leidde tot veel verzet en bleek niet te handhaven. Daarom besloot de minister van Volksgezondheid het rookverbod voor kleine cafés zonder personeel op te heffen. Al eerder verbood de overheid het roken in openbare gebouwen en op treinperrons.

Wat vind jij: is het een taak van de overheid om zich te bemoeien met het roken in openbare ruimten? En zo ja, hoe komt zo'n wet tot stand? In dit hoofdstuk stellen we de deelvraag: *Wat doet het parlement en hoe is de taakverdeling met de ministers?*

De taken van regering en parlement zijn in de grondwet vastgelegd, maar de manier waarop zij samenwerken wordt deels ook door tradities en gewoonten bepaald. We noemen dit de **politieke cultuur**, *de manier waarop de regering en het parlement met elkaar omgaan*. Kenmerkend voor de Nederlandse politieke cultuur is de bereidheid tot overleg en het sluiten van compromissen, ook wel **poldermodel** genoemd.

Het parlement wordt gekozen

Het parlement bestaat uit de Eerste en Tweede Kamer, samen ook wel de **Staten-Generaal** genoemd. Parlementsleden zijn volksvertegenwoordigers, omdat zij door de bevolking worden gekozen. Dat laatste is niet helemaal waar. De Tweede Kamer wordt direct (= rechtstreeks) gekozen door de Nederlandse kiezers. Maar de Eerste Kamer wordt **indirect** gekozen door de

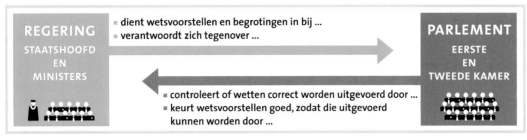

REGERING
STAATSHOOFD EN MINISTERS

- dient wetsvoorstellen en begrotingen in bij ...
- verantwoordt zich tegenover ...

- controleert of wetten correct worden uitgevoerd door ...
- keurt wetsvoorstellen goed, zodat die uitgevoerd kunnen worden door ...

PARLEMENT
EERSTE EN TWEEDE KAMER

Bron 12

leden van de Provinciale Staten. We spreken in dit geval van 'getrapte' verkiezingen.

Eerste en Tweede Kamer

De Tweede Kamer heeft 150 leden die voor vier jaar worden gekozen. De Tweede Kamer behandelt als eerste elk wetsvoorstel en mag een voorstel afwijzen of veranderen. Pas hierna bespreekt de Eerste Kamer het voorstel.

In deze Eerste Kamer, ook wel **Senaat** genoemd, zitten 75 leden. De Senaat mag een wetsvoorstel niet veranderen maar alleen in zijn geheel goed- of afkeuren. De Eerste Kamer kan een wetsvoorstel onder meer afwijzen als het fouten bevat of onduidelijk is. Op deze manier vormt de Senaat een soort extra controle op de Tweede Kamer.

De Tweede Kamer heeft meer macht dan de Eerste Kamer en hier vinden dan ook de meeste debatten plaats met ministers. Daarom zie je de Tweede Kamer ook vaker op tv.

Fracties

Alle Kamerleden worden namens een bepaalde partij gekozen en behoren tot een **fractie** (letterlijk: 'gedeelte') onder leiding van een fractievoorzitter. Een fractie is *de groep vertegenwoordigers van een politieke partij in een gekozen orgaan.* Ook in een gemeenteraad of in de Provinciale Staten bevinden zich dus fracties: de CDA-fractie, de D66-fractie, enzovoort.

De politieke partijen in de Eerste en Tweede Kamer kunnen worden verdeeld in **regerings-** en **oppositiefracties**. De regeringsfracties zijn de partijen die ook ministers in de regering hebben zitten. De Kamerfractie van een regeringspartij steunt meestal voorstellen van de regering, maar dat hoeft niet altijd. De oppositiepartijen, gevormd door *alle partijen die niet in de regering zitten,* zijn het vaak niet eens met de regering. Dit betekent dat zij vaker een minister ter ver-

antwoording roepen of met eigen wetsvoorstellen komen.

Verhouding regering en parlement

Ministers hebben zowel wetgevende als uitvoerende macht. De wetgevende macht delen ze met het parlement: de meeste wetsvoorstellen worden ontworpen door ministers, maar het parlement stemt er uiteindelijk over. De uitvoerende macht is in handen van de ministers. Zij bepalen hóe wetten worden uitgevoerd en nemen daar dagelijks allerlei besluiten over.

De scheiding tussen de wetgevende en uitvoerende macht, zoals bedacht in de **trias politica**, wordt in Nederland dus niet strikt doorgevoerd. Sommigen vinden daarom dat ministers te veel macht hebben. Anderen vinden dat dit niet het geval is omdat de ministers bij belangrijke

Van het paard gevallen

In 1901 werd er een wetsvoorstel ingediend dat kinderen verplichtte minstens zes jaar lang onderwijs te volgen. De partijen waren verdeeld: de liberalen waren vóór, de socialisten gingen alleen akkoord als de scholen gratis zouden zijn, de christenen waren tegen omdat hun (bijzondere) scholen geen geld van de overheid kregen. Het was dus spannend. Door een toeval werd de Leerplichtwet uiteindelijk aangenomen. Baron Schimmelpenninck van de Oye, een fanatiek tegenstander, was onderweg naar de Tweede Kamer van zijn paard gevallen en lag in bed. Met één stem meer hadden de tegenstemmers hun zin gekregen. Bij een gelijke uitslag was de wet niet doorgegaan.

Bron 13

beslissingen altijd de toestemming van het parlement nodig hebben. De macht van het parlement vind je terug in zijn belangrijkste taken:
- (mede)wetgeving;
- controle van de ministers.

Wetgevende taak

In artikel 81 van de grondwet staat dat de 'vaststelling van wetten geschiedt door de regering en Staten-Generaal gezamenlijk.' Om deze taak als (mede)wetgever goed te kunnen uitvoeren, hebben de Eerste en Tweede Kamer twee rechten:
- **Stemrecht bij wetsontwerpen**. Over ieder wetsontwerp wordt gestemd door zowel de Eerste als de Tweede Kamer. Beide Kamers hebben het recht om een wetsvoorstel te aanvaarden of te verwerpen.
- Het **budgetrecht** om de rijksbegroting wel of niet goed te keuren. De rijksbegroting wordt elk najaar door de regering in de vorm van een wetsvoorstel aan beide Kamers aangeboden en bevat per ministerie de plannen voor het komende jaar.

Omdat de Tweede Kamer zelf wetten mag voorstellen en mag aanpassen, heeft zij twee bevoegdheden die de Eerste Kamer niet heeft:
- Het **recht van initiatief** biedt Tweede Kamerleden de mogelijkheid om wetsontwerpen in te dienen. In de praktijk komt dat niet vaak voor, omdat een Kamerlid slechts de beschikking heeft over één medewerker met een halve weektaak. De meeste wetsontwerpen worden dan ook ingediend door ministers, die een heleboel specialistische ambtenaren voor zich hebben werken.
- Het **recht van amendement**. Dit recht geeft de Tweede Kamer de mogelijkheid om wijzigingen in een wetsvoorstel aan te brengen. Als een Kamermeerderheid een amendement aanneemt, móet deze wijziging ook worden aangebracht. De minister die het daar niet mee eens is, moet het wetsontwerp intrekken of zelf ontslag nemen. Een amendement is dus bindend.

Controlerende taak

Ministers hebben de taak om wetten uit te voeren. Om te controleren of ministers hun werk goed doen hebben de Eerste en Tweede Kamer een aantal rechten om informatie te krijgen:
- Het recht om **schriftelijke vragen te stellen** aan ministers of staatssecretarissen. Bewindslieden moeten binnen drie weken antwoord geven. Op dinsdagmiddag kunnen Tweede Kamerleden in het wekelijkse vragenuurtje hun vragen mondeling toelichten.
- Het **recht van interpellatie**. Interpelleren betekent een minister ter verantwoording roepen, bijvoorbeeld over zijn beleid of uitspraken. Dit gebeurt tijdens een spoeddebat, dat plaatsvindt wanneer het de steun heeft van minimaal dertig Kamerleden.
- Het recht op een **parlementaire enquête** biedt de mogelijkheid tot een gedetailleerd onderzoek naar een onderdeel van het regeringsbeleid. Hiervoor wordt een speciale commissie van Kamerleden benoemd die bestuurders, ambtenaren en andere betrokkenen onder ede verhoort. Een bekend voorbeeld is het parlementaire onderzoek naar de grootschalige fraude in de bouwwereld.

HOE KOMT EEN WET TOT STAND?

1 Er is een maatschappelijk probleem.

2 Een minister of Tweede Kamerlid maakt een wetsvoorstel.

3 De Tweede Kamer debatteert over het wetsvoorstel.

4 Tweede Kamerleden dienen amendementen in.

5 De Tweede Kamer stemt over de amendementen en het definitieve wetsvoorstel.

6 De Eerste Kamer stemt over het wetsvoorstel. Zij mogen geen aanpassingen meer maken.

7 De koning(in) en de verantwoordelijke minister ondertekenen het wetsvoorstel.

8 De wet wordt gepubliceerd in de Staatscourant. Hiermee is de wet automatisch van kracht.

Bron 14

- Het recht om een **motie** in te dienen. Dit is een verzoek aan de minister om iets te doen of juist niet te doen. Bijvoorbeeld een verzoek aan de minister om maatregelen te nemen om de positie op de arbeidsmarkt van dove mensen te verbeteren.

Twee speciale moties zijn de motie van afkeuring en de motie van wantrouwen.

Door middel van een motie van **afkeuring** wordt het beleid van een minister afgekeurd. In een motie van **wantrouwen** wordt het vertrouwen in de minister zelf opgezegd. Bijvoorbeeld omdat de minister de Tweede Kamer bewust verkeerde informatie heeft gegeven of juist heeft achtergehouden. Als de Kamer een motie van wantrouwen aanneemt, biedt de minister in de meeste gevallen zijn ontslag aan.

In debat met politici

Er moet een campagne komen die jongeren leert beter om te gaan met geld, zodat ze minder snel in de schulden komen. Dat is één van de vier voorstellen die jongeren deden in de Tweede Kamer tijdens het Nationaal Jeugddebat. In plaats van politici, zaten er nu zo'n 120 jongeren van 12 tot 18 jaar in de blauwe stoeltjes van het parlement. Een van hen was **Najib (17)**: "Ik vond het een unieke ervaring om aan het Nationaal Jeugddebat mee te doen; praten met bekende ministers, gefilmd en gefotografeerd worden tijdens het debat en op die blauwe stoelen zitten die je steeds op tv ziet. Natuurlijk hoop ik dat ons voorstel ook nog ergens toe leidt." Helaas werd de minister van Financiën niet overtuigd van het effect van een voorlichtingscampagne over geld en lenen: "Op pakjes sigaretten staan ook waarschuwingen van de regering dat roken slecht is voor je, maar luister je daar ook echt naar?"

Bron 15

Kansspelen: ook hierover beslist het parlement

Gemeente en provincie

7

HOEZO MOET DIT MAANDEN DUREN? - Emile Roemer, SP: "Ik heb een grote hekel aan bureaucratie, ik houd van aanpakken. Vandaag een probleem, morgen oplossen. Mijn eerste ervaring in politiek Boxmeer was een fietsenrek dat bij het zwembad aan de overkant van een drukke straat stond. Het gemeentebestuur wilde de verplaatsing op de begroting van het volgende jaar zetten. Toen hebben we op een avond met een hele club mensen het rek zelf maar naar de overkant gesjouwd; hoezo moet zoiets maanden duren?" Bron: sp.nl

Wat jij van de politiek merkt, begint bij de gemeente waar je woont. Want lang niet alles kan en moet in 'Den Haag' beslist worden. Plastic afval gescheiden ophalen, een drukke weg vlakbij je huis, een coffeeshop in je straat: het hoort allemaal bij gemeentepolitiek.

Tot nu toe keken we naar de landelijke politiek, maar eigenlijk zijn er in Nederland drie niveaus van politieke besluitvorming: het Rijk, de provincie en de gemeente.

In dit hoofdstuk is de deelvraag: *Wat wordt er op provinciaal niveau geregeld en wat op gemeentelijk niveau?*

Decentralisatie

De rijksoverheid stelt de grote lijnen van het beleid vast, maar de gedetailleerde invulling wordt aan lagere overheden overgelaten. We noemen Nederland daarom een **gedecentraliseerde eenheidsstaat**. Uitgangspunt daarbij is dat besluitvorming bij voorkeur op een zo laag

"Leg het vuurwerk aan banden"

ROTTERDAM – Opnieuw waren er met Oud en Nieuw veel gewonden, hevige explosies en branraje auto's. Een groep lokale politici van GroenLinks, ChristenUnie en Islam Democraten vraagt daarom de minister van Justitie en Veiligheid om maatregelen. "Geef burgemeesters wettelijk de mogelijkheid om een totaal vuurwerkverbod af te kondigen of het afsteken alleen op bepaalde plekken toe te staan." Ook burgemeesters klaagden over het zware vuurwerk. Zo wil burgemeester Aboutaleb van Rotterdam met China praten over de kracht van het vuurwerk dat daar wordt gefabriceerd. In Hilversum vielen drie gewonden toen een zware vuurwerkbom ontplofte. Volgens burgemeester Broertjes ontsnapte de stad aan een ramp: vlakbij de ontploffing stond een vrachtwagen met zeker 500 kilo zwaar vuurwerk. Bron: Trouw

Bron 16

mogelijk niveau, zo dicht mogelijk bij de betrokkenen, moet plaatsvinden: 'Decentraal wat kan, centraal wat moet.'
De gedachte hierachter is dat lagere overheden:
- beter op de hoogte zijn van de situatie en dus ook beter kunnen beoordelen wat er nodig is;
- dichter bij de burgers staan en de burgers het bestuur dus ook makkelijker kunnen aanspreken.

De provincie

De belangrijkste taken van de provincie liggen op de terreinen **ruimtelijke ordening** en **milieu**. In een dichtbevolkt land als Nederland staan de behoefte aan woningen, de noodzaak van natuurgebieden, industriële bedrijvigheid, landbouw en recreatie soms op gespannen voet met elkaar. Daarom stelt de provincie een **structuurvisie** op waarin precies staat aangegeven welke activiteiten in een gebied passen. Bij het opstellen van deze structuurvisie moet de provincie rekening houden met het rijksbeleid. Als de rijksoverheid besluit dat in een bepaald gebied bijvoorbeeld woningen moeten worden ge-

bouwd of een auto- of spoorweg moet worden aangelegd, moet de provincie zich bij dit besluit neerleggen.

Provinciaal bestuur

Net als voor het landsbestuur zijn er elke vier jaar verkiezingen voor het bestuur van de provincie. De gekozen vertegenwoordigers vormen de **Provinciale Staten**. Het aantal leden is afhankelijk van het aantal inwoners van de provincie. De **gedeputeerden** worden voorgedragen door de partijen in de Provinciale Staten die samen een coalitie hebben gevormd. Zij zijn een soort minister op provincieniveau. De voorzitter van zowel Gedeputeerde Staten als van Provinciale Staten is de **Commissaris van de Koning(in)**. Deze wordt niet gekozen maar benoemd. Officieel door de koning(in), maar in de praktijk door de minister van Binnenlandse Zaken.

	GEMEENTEBESTUUR	PROVINCIAAL BESTUUR
VOLKSVERTEGEN- WOORDIGING	▪ Gemeenteraad: neemt belangrijke besluiten en controleert College van B&W.	▪ Provinciale Staten: neemt belangrijke besluiten en controleert Gedeputeerde Staten.
DAGELIJKS BESTUUR	▪ College van B&W: bereidt plannen voor en voert het beleid uit.	▪ Gedeputeerde Staten: bereidt plannen voor en voert het beleid uit.
VOORZITTER	▪ Burgemeester: is voorzitter van zowel College van B&W als de gemeenteraad.	▪ Commissaris van de Koning(in): is voorzitter van zowel Provinciale Staten als Gedeputeerde Staten.

Bron 17

De Provinciale Staten geven in een profielschets hun mening wat voor soort bestuurder zij als commissaris willen hebben. Daarna voert een **vertrouwenscommissie** gesprekken met een aantal kandidaten die door de minister van Binnenlandse Zaken zijn geselecteerd. Deze vertrouwenscommissie spreekt wel haar voorkeur uit, maar de minister neemt de eindbeslissing.

De gemeente

De bestuurslaag die het dichtst bij de burger staat, is de gemeente. Het gemeentebestuur moet ervoor zorgen dat het openbare leven in een gemeente goed verloopt: niet alleen het bijhouden van de huwelijken, geboorten en sterfgevallen in het bevolkingsregister vallen onder

het beheer van de gemeente, maar ook zaken als de politie, het ophalen van het huisvuil, de wegen, de groenvoorziening, de openbare verlichting en het verlenen van bouwvergunningen. Bij deze laatste taken vult de gemeente de streekplannen die door de provincie zijn opgesteld gedetailleerd in door middel van een **bestemmingsplan**.

De laatste jaren worden steeds meer beleidstaken en de daarbij behorende financiële bestedingen aan de gemeenten zelf overgelaten.
Deze **decentralisatie** heeft twee doelen. Ten eerste kan de gemeente beter 'maatwerk' leveren aan burgers. Bijvoorbeeld op het gebied van de huisvesting van scholen, de voorzieningen voor gehandicapten, het opknappen van bepaalde wijken en dergelijke.
Daarnaast hebben de gemeenten financieel belang bij decentralisatie. Zo krijgt elke gemeente een vast bedrag voor bijstandsuitkeringen. Als zij erin slaagt meer werk te creëren voor bijstandsgerechtigden, is er meer financiële speelruimte voor andere dingen.

Gemeentebestuur

De belangrijkste besluiten in een gemeente worden genomen door de **gemeenteraad**. De leden hiervan worden, net als bij de Provinciale Staten en de Tweede Kamer, eens in de vier jaar rechtstreeks gekozen. Het aantal gemeenteraadsleden is afhankelijk van het aantal inwoners in de gemeente. Bij deze plaatselijke verkiezingen hebben ook inwoners die niet de Nederlandse nationaliteit hebben actief en passief kiesrecht, als ze maar wel minimaal vijf jaar in Nederland wonen.

Het dagelijks bestuur van de gemeente is in handen van het **College van Burgemeester en Wethouders,** afgekort B&W. De wethouders worden voorgedragen door de partijen in de gemeenteraad die samen het College van B&W vormen.

De **burgemeester** wordt voor zes jaar benoemd. De procedure voor de benoeming van een burgemeester is vergelijkbaar met die van de Commissaris van de Koning(in). De gemeenteraad stelt een vertrouwenscommissie in en maakt een profielschets. De Commissaris van de Koning(in) selecteert een aantal kandidaten en de vertrouwenscommissie doet daarna een voordracht. De Commissaris draagt één kandidaat voor bij de minister van Binnenlandse Zaken die de eindbeslissing neemt.

De gemeenteraad beslist over zuipketen

Blowen: verbieden of gedogen?

Nederland heeft een bijzondere regeling als het gaat om het roken van cannabis. In de wet staat dat blowen verboden is. Maar het gedoogbeleid van de overheid zorgt ervoor dat als er geen overlast is, de politie het persoonlijk wietbezit en de kleine handel in softdrugs met rust laat. Onder andere in Heerlen zorgde dit voor nogal wat verwarring. Daar stelde de burgemeester een verbod in op het in het openbaar gebruiken of het in bezit hebben van softdrugs in de hele gemeente. De burgemeester zag het blowverbod als extra instrument in de bestrijding van drugstoerisme en drugsoverlast rond scholen en het station.
De Raad van State oordeelde dat dit juridisch niet kan: je kunt niet iets verbieden wat al verboden is. In Heerlen besloten ze zich daar niets van aan te trekken. De gemeente wil dat het blowverbod wordt getoetst via de strafrechter. Een betrapte blower zal dan eerst in beroep moeten gaan tegen zijn boete.

Bron 18

Politiek in de praktijk

8

DOUTZEN TEGEN MEGASTALLEN - De staatssecretaris van Economische Zaken begon een speciale website voor een maatschappelijke dialoog over de megastallen. "Pakweg twee derde van de reacties op de site komt van Doutzen Kroes, Wakker Dier en hun volgers", meldde een woordvoerder. Het Friese topmodel twitterde dagenlang schokkende foto's van koeien in melkrobots en levende kippen die massaal opgeveegd worden door een veegmachine. Eerder riep Doutzen via Twitter mensen op om te protesteren tegen de aanleg van een vierbaansweg door een Fries natuurgebied.

Soms lijkt het alsof veel politieke besluiten buiten ons om worden geregeld. Toch worden veel politieke kwesties wel degelijk 'van onderaf', vanuit de samenleving zelf, aangedragen.
In dit hoofdstuk geven we antwoord op de vraag: *Hoe verloopt de politieke besluitvorming en wie zijn daarbij betrokken?*

Systeemtheorie

Hoe komen maatschappelijke kwesties bij politici terecht? En wat gebeurt er dan mee?
Volgens de systeemtheorie verloopt politieke besluitvorming altijd in **vier fasen**. We bekijken deze fasen en nemen als voorbeeld geweld in uit-

gaansgebieden. We gaan daarbij uit van de landelijke politiek.

- **Invoer**. In deze fase brengen burgers en organisaties hun eisen en wensen naar voren. Is er veel uitgaansgeweld en vallen er slachtoffers, dan vragen burgers de Tweede Kamer om maatregelen. De media spelen hierbij vaak een grote rol. Als politici de kwestie oppakken, komt deze op de **politieke agenda** terecht.

- **Omzetting**. Staat een kwestie op de politieke agenda, dan moet er ook iets mee gebeuren. Politieke partijen kijken naar de belangen van

Zielig hè?

Voor die twaalf miljoen andere varkens
Zij zitten op elkaar gepropt in donkere, krappe stallen

WAKKER DIER

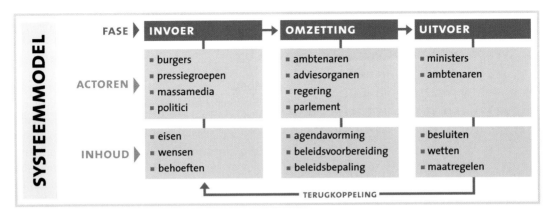

Bron 19

verschillende groepen en maken vervolgens keuzes. De ene partij wil dat horecaondernemers zelf zorgen voor meer veiligheid, een andere partij wil meer politiecontrole en cameratoezicht in uitgaansgebieden.

Vaak vraagt een minister zijn ambtenaren de zaak te onderzoeken en advies uit te brengen. Na deze **beleidsvoorbereiding** komt de minister met een wetsvoorstel, waar het parlement over stemt.

Tijdens deze fase van de besluitvorming kunnen pressiegroepen politici proberen te overtuigen door te demonstreren of te lobbyen.

- **Uitvoer**. Nadat een wetsvoorstel is aangenomen, zorgen ambtenaren voor de uitvoering ervan. Zij regelen bijvoorbeeld dat er camera's en meer politietoezicht komen. De ambtenaren werken onder verantwoordelijkheid van hun minister.

- **Terugkoppeling**. Wetten en andere maatregelen roepen altijd reacties op. Door deze terugkoppeling zien politici het effect van hun maatregelen. Is de veiligheid op straat echt verbeterd? Zo niet, dan moet de hele besluitvorming soms herhaald worden.

Door de systeemtheorie zien we dat niet alleen politici invloed hebben op de besluitvorming, maar ook andere **politieke actoren**: *alle burgers, pressiegroepen, media, ambtenaren, bestuursorganen en (advies)instanties tezamen die betrokken zijn bij het politieke besluitvormingsproces.*

Burgers

Als inwoner van ons land kun je op verschillende manieren invloed uitoefenen op de politiek:

- **Stemmen**. Door te stemmen steun je de partij van jouw voorkeur. Al lijkt je invloed bij verkiezingen klein, iedere stem telt.

- **Lid worden** van een politieke partij, net als 320.000 andere Nederlanders. Je kunt dan de inhoud van het verkiezingsprogramma beïnvloeden en je verkiesbaar stellen voor bijvoorbeeld de Tweede Kamer of de gemeenteraad.

- **Contact** opnemen met politici. Je kunt alle politici, dus ook Tweede Kamerleden, bellen of een mailtje sturen.

- Een **verzoek** indienen. Een instantie als de gemeenteraad is verplicht om je verzoek te bespreken en te beantwoorden.

- De **media** benaderen. Vaak bemoeit de Tweede Kamer zich met een kwestie na een bericht in de kranten, op tv of op internet.

- Je aansluiten bij een **actiegroep**, zoals Amnesty International of Greenpeace.

- Een **bezwaarschrift** indienen of naar de rechter stappen. Door bezwaarschriften kan de aanleg van een snelweg of spoorlijn jarenlang vertraagd worden. Goed georganiseerde actiegroepen gebruiken dit middel vaak.

- Overgaan tot **burgerlijke ongehoorzaamheid**: het openlijk overtreden van de wet om politici ervan te overtuigen dat een genomen besluit verkeerd is. Bijvoorbeeld een pastoor die het uitzetten van uitgeprocedeerde asielzoekers onmenselijk vindt en zijn kerk als schuilplaats aanbiedt.

Pressiegroepen

Pressiegroepen zijn *groepen die proberen invloed uit te oefenen op de politieke besluitvorming.* Dit gebeurt vooral door te **lobbyen**, dat wil zeggen persoonlijk contact zoeken met politici. Tot de pressiegroepen behoren actiegroepen, maar ook grote belangenorganisaties zoals vakbonden en de Consumentenbond. Het Landelijk Aktie Komitee Scholieren (LAKS) is een pressiegroep voor scholieren en is vooral bekend vanwege de jaarlijkse eindexamenklachtenlijn.

Grote bedrijven hebben professionele lobbyisten in dienst die regelmatig met politici praten over beleidsplannen, zoals versoepeling van het ontslagrecht en strengere milieuregels.

Ambtenaren

Ministers zijn verantwoordelijk voor het dagelijkse bestuur van ons land. Maar het eigenlijke werk wordt gedaan door ambtenaren die zich bezighouden met **beleidsvoorbereiding** en **beleidsuitvoering**. Ambtenaren die wetsvoorstellen voorbereiden, werken op een van de ministeries. Uitvoerende ambtenaren zijn onder andere degene die jou je paspoort geeft, een politieagent op straat en de ambtenaar van de Sociale Dienst die beslist over uitkeringen.

Vooral topambtenaren hebben veel macht. Zij werken meestal veel langer op een ministerie dan de minister en hebben daardoor meer

kennis en ervaring op hun vakgebied. Daarom worden ambtenaren ook wel de **Vierde Macht** genoemd.

Media

Je las eerder dat de media een belangrijke rol spelen in de verkiezingstijd. Maar de media doen meer. Ze vervullen vijf politieke functies:

1. Een **informatieve functie**: kranten, internet en tv berichten voortdurend over politieke discussies. Denk aan de website Politiek24.nl waar je non-stop de meeste recente politieke ontwikkelingen kunt volgen.
2. Een **onderzoekende** of **agendafunctie**: media signaleren problemen die vervolgens op de politieke agenda terechtkomen. Tv-uitzendingen en krantenartikelen hebben al vaak geleid tot Kamervragen aan ministers. Denk aan een tv-programma over illegale vrouwenhandel.
3. Een **commentaarfunctie**: media geven dagelijks commentaar op allerlei politieke kwesties, bijvoorbeeld in de vorm van redactioneel commentaar, reacties op internetfora, columns, weblogs, twitterberichten, cartoons en ingezonden stukken.

Kamervragen door show Stegeman

AMSTERDAM – In zijn SBS6-programma Undercover in Nederland liet presentator Alberto Stegeman zien hoe de van oorsprong Amerikaanse sekte Miracle of Love te werk gaat. Verborgen camerabeelden tonen hoe leden bewust worden misleid, bizarre bevelen moeten opvolgen van de leiders en daardoor vervreemd raken van familie en vrienden. Stegeman: "Leden worden door psychologische spelletjes gedwongen om duizenden euro's over te maken." Verschillende Tweede Kamerleden reageren met afschuw. D66, PvdA en de SP willen dat de minister van Justitie misstanden van sektes in Nederland juridisch aanpakt. Bron: Mediacourant

Bron 20

4. Een **spreekbuisfunctie**: politici, groepen en burgers krijgen ruimte om hun zegje te doen.
5. Een **controlerende functie**: de media volgen ministers kritisch en kijken of ze ook doen wat ze beloven.

Voorwaarde voor goed functionerende media is dat er **persvrijheid** is. De media worden daarin geholpen door de Wet openbaarheid van bestuur (WOB). Deze wet verplicht de overheid om alle informatie openbaar te maken. Journalisten maken hier veel gebruik van: er mag (bijna) niets geheim blijven. Alleen zaken die te maken hebben met de staatsveiligheid en de privacy van individuen hoeven niet openbaar te worden gemaakt.

De politieke functies van de media dragen bij aan de **meningsvorming**: doordat we van alles lezen en zien over politieke problemen vormen we ons een mening.

Voorwaarde is wel dat er een **pluriform aanbod** van de media is, zodat je kunt kiezen uit verschillende soorten kranten, tv-zenders, websites en tijdschriften.

Een goede democratie

Politieke besluitvorming is dus een wisselwerking tussen politici en burgers.

Door te luisteren naar burgers en pressiegroepen **legitimeren politici hun macht**. Daarom zal de regering, als de meeste mensen geen nieuwe kerncentrales willen, dit niet zo snel voorstellen. Daarnaast vergroot deze wisselwerking de **betrokkenheid van burgers**. Als mensen zich herkennen in belangrijke besluiten, gehoorzamen ze eerder aan de regels. En ze zullen eerder gaan stemmen. Zo stemt bij de Tweede Kamerverkiezingen 80 procent van de kiesgerechtigden.

Bij de Europese verkiezingen is dat percentage slechts circa 50 procent. We zijn dus minder betrokken bij Europa. Over de internationale politiek, zoals binnen de Europese Unie, gaat het laatste hoofdstuk van dit thema.

Amnesty, wereldwijde pressiegroep

Op 19 november 1960 las de Londense advocaat Peter Benenson dat twee Portugese studenten tot zeven jaar gevangenisstraf waren veroordeeld omdat ze een dronk uitbrachten op de vrijheid. Benenson was verontwaardigd en startte de actie 'Appeal for Amnesty 1961'. Zijn actie groeide uit tot **Amnesty International**, dat schending van mensenrechten zoals martelingen en de doodstraf bestrijdt. Wereldwijd heeft Amnesty 3 miljoen leden, donateurs en vaste begunstigers in meer dan 150 landen. Amnesty Nederland is met ruim 300.000 leden één van de grootste afdelingen. Amnesty International geniet veel erkenning en heeft raadgevende bevoegdheid bij de Verenigde Naties. De kracht van Amnesty is betrouwbaarheid. Voordat Amnesty actie voert, doet men eerst gedegen onderzoek. Amnesty praat met slachtoffers, advocaten, lokale mensenrechtenactivisten en de overheid, en woont rechtszaken bij. Het onderzoek wordt uitgevoerd door een team van experts, ondersteund door specialisten op specifieke terreinen zoals internationaal recht, media en technologie. Pas als de onderzoekers zeker van hun zaak zijn, gaat Amnesty tot actie over. Met deze werkwijze is de organisatie altijd in staat schendingen op een betrouwbare manier aan de kaak te stellen.

Bron 21

Internationale politiek

9

IETS TERUGDOEN - Thijs van der Velden (32) werkte voor UNICEF in Mozambique: "Dat is een rijk land met veel grondstoffen en mineralen. Maar de mijnbouw wordt gerund door buitenlandse firma's waardoor de bevolking bijna niets verdient. Dat motiveert me om iets terug te doen. We vergeten dat onze welvaart deels afhankelijk is van de grondstoffen uit dit soort landen. Wel moet je kritisch kijken hoe je hulp biedt: je geeft bijvoorbeeld geld voor een waterput en dan zie je dat een dorpsleider die put vlak voor zijn huis laat slaan."

Sommige problemen kunnen niet op nationaal niveau opgelost worden. Samenwerking met andere landen is steeds meer nodig om te werken aan wereldproblemen als de economische en financiële crises, klimaatveranderingen, internationaal terrorisme, milieurampen, oorlogen en hongersnoden.

Internationale samenwerking

Nederland neemt daarom deel aan verschillende **internationale samenwerkingsverbanden**, zoals de Europese Unie, de Verenigde Naties, de NAVO, de Wereldhandelsorganisatie (WTO) en het Internationaal Monetair Fonds (IMF).
In dit hoofdstuk gaat het om de vraag: *Hoe en waarom werken we samen met andere landen?*

De Europese Unie

Samenwerking betekent meestal dat de **soevereiniteit** van een land, dat wil zeggen *het recht om zelf te bepalen welke regels worden vastgesteld*, wordt ingeperkt. Het meest vergaande internationale samenwerkingsverband van Nederland is de Europese Unie (EU). De EU heeft als motto 'eenheid in verscheidenheid'.

De EU is een economische en politieke samenwerking tussen 27 Europese staten en is ontstaan na de Tweede Wereldoorlog.
Het beginpunt van de EU ligt in de oprichting van de **Europese Gemeenschap voor Kolen en Staal** (EGKS) in 1951. De EGKS was een samenwerkingsverband tussen Duitsland, Frankrijk,

Na het vredesakkoord in Sierra Leone in 2002, bewaart de VN de vrede

Italië, Nederland, België en Luxemburg, gericht op een gemeenschappelijke markt voor kolen en staal als belangrijke grondstoffen. Het doel was de Europese economie nieuw leven in te blazen en het bewerkstelligen van duurzame vrede. De EGKS was een succes en de samenwerking werd uitgebreid naar andere terreinen en meerdere landen.

Uiteindelijk werd in 1992 in het Verdrag van Maastricht vastgelegd dat er een Europese Unie zou komen met één gemeenschappelijke munt. In 1997 volgde het Verdrag van Amsterdam, waarin afspraken staan over een gemeenschappelijk buitenland- en veiligheidsbeleid.
Ruim de helft van de EU-landen behoort tot de eurozone. Deze **gezamenlijke munt** geeft een hoge prijsstabiliteit, maar heeft ook de onderlinge afhankelijkheid vergroot. Toen landen als Ierland en Griekenland hun eigen financiële problemen niet konden oplossen, moesten de andere eurolanden bijspringen. Uiteindelijk leidde dit tot de eurocrisis.

Bestuur van de EU

Het bestuur van de Europese Unie ziet er als volgt uit.

- Het dagelijks bestuur van de EU wordt gevormd door de **Europese Commissie**, een soort regering dus. De Commissie is de uitvoerende macht van de EU en bestaat uit 27 eurocommissarissen, één uit elke lidstaat. De Commissie werkt onafhankelijk van de belangen van de lidstaten, de eurocommissarissen moeten in het Europees belang werken.
- In de **Raad van Ministers**, ook wel Raad van de Europese Unie genoemd, zijn de regeringen van alle 27 EU-landen vertegenwoordigd. Welke ministers in de Raad zitten, verschilt per situatie en is afhankelijk van het beleidsonderwerp dat besproken wordt. Op landbouwgebied neemt onze minister van Landbouw plaats; op veiligheidsgebied de ministers van Binnenlandse Zaken en van Justitie. Besluiten worden aangenomen bij tweederde meerderheid van stemmen, waarbij de stemmen van grote landen zwaarder tellen. Sommige belangrijke besluiten, zoals over de

toetreding van nieuwe landen, kunnen alleen worden genomen als alle landen het ermee eens zijn.
- Het **Europees Parlement** wordt eens in de vijf jaar door de Europese burgers gekozen en telt 736 afgevaardigden. Zij vertegenwoordigen samen 492 miljoen Europese burgers. Nederland heeft 25 zetels. Het Europees Parlement heeft, anders dan nationale parlementen, weinig macht. Alleen bij goedkeuring van de jaarlijkse begroting en bij toetreding van nieuwe lidstaten heeft het parlement het laatste woord.
- De rechtsprekende macht in de EU berust bij het **Hof van Justitie** van de Europese Unie. Het Hof doet op basis van EU-wetten uitspraak in kwesties tussen lidstaten, EU-instellingen, bedrijven en individuen. Het Hof telt 27 rechters, één uit elke lidstaat. Nederland is gebonden aan uitspraken van het Hof; uitspraken van het Hof gaan dus boven uitspraken van de Nederlandse rechter.
- Ten slotte moet de **Europese Centrale Bank** (ECB) zorgen voor stabiliteit op financieel gebied in de Europese Unie. De ECB bepaalt bijvoorbeeld mede hoeveel geld er wordt geleend aan landen die in financiële problemen zijn door een te hoge staatsschuld.

Scheiding van machten

Net als de deelnemende lidstaten zoals Nederland kent ook de Europese Unie een scheiding

101

van machten. De Europese Commissie kan als enige orgaan nieuwe wetsvoorstellen indienen. Het Europees Parlement mag een wetsvoorstel wel wijzigen, maar stemt niet over het hele voorstel. Dat doet de Raad van Ministers, die elk wetsvoorstel goed- of afkeurt. Daarna voert de Europese Commissie de nieuwe wet uit en kijkt of de lidstaten de nieuwe wet wel goed naleven. Het Europees Parlement controleert op haar beurt de Europese Commissie. Het Hof van Justitie ten slotte is de onafhankelijke rechterlijke macht.

Europeanisering en soevereiniteit
Steeds vaker wordt nationale wetgeving ingeruild voor Europese wetgeving.
Voor veel burgers is deze europeanisering en het geleidelijke verlies van **nationale soevereiniteit** een stap te ver. Daarom is er tot nu toe voor gekozen dat de Raad van Ministers over Europese wetsvoorstellen stemt en niet het Europees Parlement. De ministers in de Raad van Ministers zijn namelijk steeds verantwoording schuldig aan het parlement van hun eigen land, leden van het Europees Parlement zijn dat niet. Voorstanders van europeanisering willen juist dat het Europees Parlement als gekozen bestuursorgaan meer zeggenschap krijgt. Door de wetgevende macht van het Europees Parlement uit te breiden, zou de EU volgens hen democratischer worden en de stap naar een **Verenigde Staten van Europa** een stuk dichterbij komen.

De Verenigde Naties
De 193 onafhankelijke staten in de wereld, waaronder Nederland, zijn bijna allemaal lid van de **Verenigde Naties** (VN). We spreken van een **onafhankelijke staat** *als er sprake is van een eigen grondgebied, een bevolking en een overheid die het land bestuurt.* Gebieden die internationaal niet erkend worden als onafhankelijke staat tellen niet mee. Voorbeelden zijn Taiwan, Kosovo, Palestina en de Westelijke Sahara.

De VN zijn in 1945 opgericht met als doel een volgende wereldoorlog te voorkomen. *"Wij, de volken van de Verenigde Naties zijn vastbesloten een komende generatie te behoeden voor de gesel*

van de oorlog" luidt de eerste regel van het Handvest van de Verenigde Naties.

De Algemene Vergadering
De **secretaris-generaal** is de hoogste ambtenaar van de VN. Hij geeft leiding aan de VN en is voorzitter van de **Algemene Vergadering**, *een vergadering van alle VN-leden.* De Algemene Vergadering kan bij meerderheidsbesluit resoluties en verklaringen aannemen.
- **Resoluties** zijn *uitspraken waarin bepaald gedrag van een land wordt veroordeeld.* Bijvoorbeeld omdat het land de mensenrechten schendt of omdat een land de grens met een buurland niet respecteert. Een voorbeeld is resolutie 242, waarin de VN Israël oproepen om de in de oorlog van 1967 veroverde gebieden terug te geven aan de Palestijnen.
- In een **verklaring** *nemen de VN een bepaald standpunt in over een omstreden onderwerp.* Belangrijke verklaringen zijn de Universele Verklaring van de Rechten van de Mens (1948) en de Millenniumverklaring (2000). In de Millenniumverklaring staan acht doelen die de VN zichzelf stellen, zoals het halveren van het aantal mensen dat in extreme armoede leeft en schoon drinkwater en basisonderwijs voor iedereen.

Andere VN-organen en organisaties

De VN hebben een aantal verschillende organisaties. Zo draagt UNICEF zorg voor onderwijs, de Wereldbank zorgt voor leningen, de World Health Organisation (WHO) zorgt voor gezondheid en de UNHCR beschermt en ondersteunt vluchtelingen.

Een belangrijk orgaan is de **Veiligheidsraad**, dat verantwoordelijk is voor internationale veiligheid en vrede. De Veiligheidsraad besluit bij meerderheid van stemmen hoe een resolutie moet worden uitgevoerd. In de Veiligheidsraad zitten vijftien landen waarvan vijf permanent. Deze **vijf permanente leden**, de Verenigde Staten, Rusland, China, Frankrijk en Engeland hebben **vetorecht**, *het recht om de uitvoering van een resolutie te verbieden.*

Door het vetorecht lukt het de Verenigde Naties vaak niet doeltreffende maatregelen te nemen om oorlogen en schendingen van mensenrechten te stoppen. Zo blokkeert bijvoorbeeld China met zijn veto's resoluties tegen het dictatoriale regime in Noord-Sudan.

Ondanks deze beperking spreken de VN zich regelmatig uit over misstanden in de wereld en dragen zo bij aan de bewustwording op globaal niveau.

VN: internet is een mensenrecht

NEW YORK (ANP) – De VN hebben het internet bestempeld als een fundamenteel mensenrecht. Het is volgens de VN in strijd met internationale wetten om mensen de toegang tot internet te ontzeggen. De VN maken zich zorgen over de trend dat regimes in dictaturen of in crisistijd (zoals tijdens een revolutie) het internet tijdelijk afsluiten. Ook zijn de VN bezorgd over plannen van Frankrijk en Groot-Brittannië, waar gepraat wordt over het idee om mensen van internet te weren als ze worden betrapt op het illegaal downloaden van films en muziek. "Er zouden zo min mogelijk beperkingen moeten worden opgelegd, eigenlijk alleen als de rechten van anderen beschermd moeten worden." Bron: ANP

Bron 22

Dutch approach

Als de Veiligheidsraad akkoord gaat met uitvoering van een resolutie, wordt een internationale VN-vredesmissie opgericht. Hierin zijn soldaten uit verschillende landen vertegenwoordigd. In diverse landen, zoals in Afghanistan en op Cyprus zijn VN-militairen ingezet om de vrede te bewaren. **Harco** is als Nederlandse VN-soldaat in Bosnië, Irak en Afghanistan geweest. "Wij gaan niet naar het buitenland om te vechten, maar om de mensen te helpen. Meestal is het doel om de gewone bevolking te beschermen tegen geweld als er hevige politieke conflicten zijn in een land. Wij worden goed opgeleid in de cultuur en het geloof van de mensen in het gebied waar we naartoe gaan. Dan weet je hoe die mensen leven en kun je duidelijk maken dat je ze komt helpen. Dat wordt vaak de 'Dutch approach' genoemd. Je merkt dat je zo veel meer respect krijgt en dat het geweld afneemt. Ik ben militair geworden om de mensen en de wereld te helpen. Als je weer naar huis gaat, weet je: ik ben hier niet voor niets geweest."

Bron 23

• Nederland of de Verenigde Staten van Europa?

"Eens zullen alle naties van dit continent, zonder hun kenmerkende eigenschappen of hun roemrijke eigenheid te verliezen, versmelten tot een hogere eenheid en zo de Europese broederschap vormen. Eens zullen uitwisselingen van ideeën de enige veldslagen zijn. Eens zullen kogels en bommen plaatsmaken voor stembiljetten."

De Franse schrijver Victor Hugo sprak deze profetische woorden in 1849, maar het duurde meer dan honderd jaar voordat zijn voorspelling werkelijkheid werd.

Over de Europese Unie is niet iedereen enthousiast. Wat vind jij: moet Nederland soeverein blijven en zelf alles bepalen of moeten we streven naar de Verenigde Staten van Europa?

Soeverein of deel van Europa?

De afgelopen zestig jaar heeft de Europese samenwerking zich flink ontwikkeld. Ruim de helft van de Europese landen is inmiddels EU-lid of wil het worden. Het beleidsterrein van de EU is aanzienlijk uitgebreid en tijdens de economische crisis van 2011 bleek dat alleen gezamenlijk optreden tot een oplossing kon leiden.

De groeiende samenwerking in Europa is geen geïsoleerd verschijnsel. Behalve met de Verenigde Staten van Amerika heeft Europa steeds meer te maken met andere grote, sterk groeiende economieën als China, India en Brazilië. Daarnaast wordt de wereld mede door de informatietechnologie meer en meer één grote arbeidsmarkt. Als je deze lijn doortrekt, dan is het niet vreemd dat sommigen verwachten dat Nederland in de toekomst een deelstaat zal zijn van de federale Verenigde Staten van Europa. Niet iedereen is blij met deze gedachte.

Wat heb jij aan Europa?

Dankzij Europese wetgeving:
- betaal je minder voor internationaal bellen;
- heeft iedere werknemer recht op minimaal vier weken doorbetaalde vakantie per jaar;
- kun je in elk ander EU-land studeren, stage lopen, wonen en werken;
- kun je in veel landen met de euro betalen;
- krijgen mannen en vrouwen evenveel betaald bij gelijk werk;
- kun je goedkoper en veiliger vliegen binnen de EU;
- zijn dierproeven in de cosmeticasector verboden.

Maar ook:
- betaal je iedere dag 70 eurocent aan de EU;
- moet Nederland meebetalen aan eurolanden met schulden;
- komen er jaarlijks duizenden Polen, Roemenen en Bulgaren naar Nederland om te werken;
- kun je als de politie je in Nederland zoekt, in een ander EU-land worden gearresteerd;
- zijn door de euro veel producten en diensten duurder geworden;
- krijgt Nederland veel minder landbouwsubsidie dan andere EU-landen.

"IK BETAAL BELASTING VOOR DE PROBLEMEN VAN ANDERE LANDEN"

Tegenstanders zeggen dat Nederland in de EU langzamerhand haar onafhankelijkheid verliest. **Yosha (32):** "In Europa bepalen Duitsland en Frankrijk de koers, wij doen niet echt mee. Maar wij moeten als sterk land nu wel meebetalen aan de problemen van landen als Griekenland, Spanje en Italië. Dat zit scheef. Ik ben binnenhuisarchitect, maar betaal me blauw aan belasting. Ik vind echt dat we de Europese eenwording maar eens flink moeten terugschroeven. Of helemaal uit de EU stappen. Waarom niet? We redden het heus wel. Er zijn een hoop dingen waar Nederland goed in is: veeteelt, bloemen, hoogwaardige watertechnologie en scheepsbouw. Laten we gewoon duidelijk kiezen voor ons eigen belang."

"ZONDER EU KAN IK DE TENT WEL SLUITEN"

Voorstanders van een sterk Europa zijn voor nog meer samenwerking. **Kevin (35):** "Ik heb een bedrijf in drukwerkmachines. Voor mij is het zeker: alleen door méér EU kunnen we de economische concurrentie aan. Wij zijn hier in Nederland zo sterk afhankelijk van de export, dat Europese samenwerking gewoon broodnodig is: zonder EU kan ik de tent wel sluiten. Wel denk ik dat we naast een economische unie ook meer politiek moeten samenwerken. Dan kun je slagvaardiger handelen. Nu moeten ze bij belangrijke besluiten wachten op toestemming van alle nationale parlementen. Onhandig en werkt niet."

Stage in Sevilla

Casper over zijn zes maanden stage in Spanje voor zijn hbo-studie International Business & Languages: "Ik loop stage bij Atril Congresos, een bedrijf dat evenementen en conferenties over milieu en duurzaamheid organiseert. Ik maak een marketingplan voor het bedrijf, maar daarnaast doe ik van alles: vliegtickets bestellen, cateringbedrijven regelen en contact met klanten, zowel telefonisch als per e-mail. Alles gaat in het Spaans. In het begin was dat best lastig, maar het went snel.

Wat zijn de grootste cultuurverschillen?
"Het werkt hier echt anders. Ten eerste is het echt waar dat Spanjaarden altijd te laat komen. Je moet hier niet op tijd komen, want je staat gewoon voor een dichte deur. Verder is het normaal dat iedereen hier tegen elkaar schreeuwt, zonder vervelende bedoeling. Dit in tegenstelling tot in Nederland, waar als er geschreeuwd wordt, iedereen verschrikt opkijkt.

Ook is de lunchpauze hier in Spanje heilig. Die duurt twee uur en bij lekker weer zit iedereen aan het bier en de tapas, ook hele nette zakenmannen. Ik vind dit een gaaf onderdeel van de cultuur, maar ik kan me voorstellen dat er mensen zijn die er heel anders over denken."

Bron: SUM

• Begrippenlijst

In dit thema zijn de volgende belangrijke begrippen aan de orde gekomen:

1 Wat is politiek?
- politiek
- democratie
- directe democratie
- indirecte democratie
- parlementaire democratie
- dictatuur
- autocratie
- communisme
- fascisme
- religieuze dictatuur
- militaire dictatuur
- censuur

2 Politieke stromingen
- ideologie
- politieke stroming
- progressief
- conservatief
- reactionair
- politiek rechts
- politiek links
- politieke midden
- liberalisme
- socialisme
- confessionalisme
- rentmeesterschap

3 Politieke partijen
- politieke partij
- actiegroep
- belangenorganisatie
- one-issuepartij
- protestpartij
- populistische partij
- niet-democratische partij
- integratiefunctie
- informatiefunctie
- participatiefunctie
- selectiefunctie

4 Verkiezingen
- actief kiesrecht
- passief kiesrecht
- lijsttrekker
- evenredige vertegenwoordi- ging
- kiesdeler
- voorkeursstem
- spindoctor
- opiniepeiling
- zwevende kiezer
- tv- en internetdemocratie

5 De regering
- regering
- kabinet
- kabinetsformatie
- informateur
- coalitie
- regeerakkoord
- minderheidskabinet
- gedoogsteun
- formateur
- constitutionele monarchie
- onschendbaarheid
- ministeriële verantwoorde- lijkheid
- minister
- portefeuille
- staatssecretaris
- premier
- kabinetscrisis
- demissionair kabinet

6 Het parlement
- politieke cultuur
- poldermodel
- Eerste Kamer
- Tweede Kamer
- Staten-Generaal

- Senaat
- fractie
- regeringsfractie
- oppositiepartij
- stemrecht bij wetsontwerp
- budgetrecht
- recht van initiatief
- recht van amendement
- schriftelijke vragen stellen
- recht van interpellatie
- parlementaire enquête
- motie

7 Gemeente en provincie
- gedecentraliseerde een- heidsstaat
- Provinciale Staten
- Gedeputeerde Staten
- Commissaris van de Koning(in)
- gemeenteraad
- College van Burgemeester en Wethouders
- burgemeester

8 Politiek in de praktijk
- systeemtheorie
- politieke agenda
- beleidsvoorbereiding
- politieke actoren
- burgerlijke ongehoorzaam- heid
- pressiegroepen
- lobbyen
- beleidsvoorbereiding
- beleidsuitvoering
- Vierde Macht
- informatieve functie
- agendafunctie
- commentaarfunctie

- spreekbuisfunctie
- controlerende functie
- persvrijheid
- meningsvorming
- pluriformiteit

9 Internationale politiek

- internationaal samenwer-
  kingsverband
- soevereiniteit
- Europese Unie (EU)
- Europese Commissie
- Raad van Ministers
- Raad van de Europese
  Unie
- Europees Parlement
- Europese Hof van Justitie
- Europese Rekenkamer
- Verenigde Naties (VN)
- onafhankelijke staat
- secretaris-generaal
- Algemene Vergadering
- resolutie
- verklaring
- Veiligheidsraad
- vetorecht

Pluriforme samenleving

In Nederland wonen bijna zeventien miljoen mensen. Het zijn (bijna) allemaal Nederlanders, maar toch zijn ze soms heel verschillend. Kun je met al die verschillen nog wel spreken van een Nederlandse samenleving?

In de eerste hoofdstukken bekijken we wat cultuur betekent, hoe cultuur ontstaat en welke cultuurverschillen er in Nederland bestaan. Soms maken deze verschillen het samenleven leuker en soms ontstaan er botsingen. In latere hoofdstukken zien we op welke manier de samenstelling van de Nederlandse bevolking is veranderd in de afgelopen vijftig jaar. Ook vragen we ons af wat er moet gebeuren als mensen te ver van elkaar af komen te staan. Kernvraag in dit thema is: **Hoe vind jij dat mensen met verschillende leefwijzen het beste met elkaar kunnen omgaan?**

Pluriformiteit in Nederland

1

PIZZA TIJDENS DE LES - Feline (16) deed mee aan een uitwisselingsproject en woonde twee maanden in Amerika: "Ze leven daar heel anders dan hier. Niemand fietst bijvoorbeeld. Alles gaat met de auto, ook al is het maar vijf minuten. Ik kon zelf nergens naartoe, even naar de stad of bij een vriendin langs. Op school staat een magnetron in elke klas, wanneer je trek hebt mag je tijdens de les een pizza opwarmen en opeten. Je mag ook zonder te vragen de les uit lopen, bijvoorbeeld als je mobieltje afgaat. Dat zou ik hier niet moeten proberen!"

Zoals je in de intro leest, heeft elk land zijn eigen gewoontes, regels en afspraken. Dat zijn deels de rechtsnormen die in het thema Rechtsstaat zijn behandeld. Maar er zijn ook veel ongeschreven regels en normen die ons gedrag bepalen en beïnvloeden.

Dit hoofdstuk behandelt de vraag: *Hoe gaan mensen met verschillende leefwijzen met elkaar om in onze pluriforme samenleving?*

Wat is cultuur?

Wanneer mensen veel en langdurig met elkaar te maken hebben, ontwikkelen ze een eigen cultuur. Daarmee bedoelen we niet alleen beschaving of kunst. Ook de kleding die we dragen en de manier waarop we elkaar begroeten zijn uitingen van onze cultuur. Onder **cultuur** verstaan we *alle waarden, normen en andere aangeleerde kenmerken die de leden van een groep of samenleving met elkaar gemeen hebben en dus als vanzelfsprekend beschouwen.*

Cultuur en opvoeding

Elk mens is uniek en heeft kenmerken of eigenschappen die niemand anders heeft. Zelfs eeneiige tweelingen verschillen van elkaar. Maar hoe word je tot wie je bent? Wordt je gedrag meer bepaald door aangeboren of door aangeleerde eigenschappen? Deze laatste vraag staat centraal in het '**nature-nurturedebat**'.

Nature-aanhangers vinden dat ons gedrag het meest wordt bepaald door aangeboren eigen-

schappen zoals lichaamsbouw, ritmegevoel, seksuele voorkeur en agressiviteit. Nurture-aanhangers zeggen dat gedrag vooral aangeleerd is. De omgeving en cultuur waarin iemand opgroeit, speelt volgens hen een belangrijke rol. Waarschijnlijk hebben beide groepen gelijk. Zo is het vermogen om klanken met je stem voort te brengen aangeboren. Maar welke taal je spreekt, is aangeleerd. Veel persoonlijke eigenschappen zijn een kwestie van karakter, maar ze zijn verder gevormd door je ervaringen in het leven.

Cultuurkenmerken

Normen en waarden zijn belangrijke **cultuurkenmerken**. Zo is de vrijheid van meningsuiting een belangrijke waarde in de meeste westerse landen. Net als de norm om mensen gelijk te behandelen. Andere cultuurkenmerken zijn kennis, gewoonten, kunst, sport, symbolen en feestdagen. Het rood-wit-blauw (en oranje) is een symbool van de Nederlandse cultuur. Hetzelfde geldt voor de gewoonte beschuit met muisjes te eten bij de geboorte van een kind of het vakmanschap om sterke dijken te bouwen tegen het gevaar van overstromingen. Op dezelfde wijze horen bijvoorbeeld wijn drinken en lekker eten bij de Franse cultuur.

De pluriforme Nederlandse samenleving

In Nederland leven veel cultuurgroepen naast en met elkaar, zoals arbeiders, emo's, mensen van adel, Feyenoordsupporters, Jehova's getuigen, boeddhisten, milieuactivisten, skaters, homo's, miljonairs, mensen die getrouwd zijn en mensen met een latrelatie. Een **cultuurgroep** wordt gevormd door *mensen met een gemeenschappelijke cultuur.*

Ook mensen uit andere landen die in Nederland wonen hebben een eigen cultuur, evenals mensen uit verschillende streken: Amerikanen, Turken, Limburgers, Duitsers, Marokkanen, Friezen, Surinamers, enzovoort. Vanwege die vele verschillen in afkomst noemen we Nederland ook wel **multicultureel**. Multi betekent namelijk veel.

Bij het woord multicultureel denk je al snel aan allochtonen en autochtonen. Een **allochtoon** is

iemand die zelf óf van wie ten minste één van de ouders in het buitenland geboren is. **Autochtonen** zijn *mensen die wonen in een land waar zij net als hun ouders zijn geboren en opgegroeid.*

Omdat we het in dit thema hebben over *alle* verschillende cultuurgroepen samen, spreken we liever over een **pluriforme samenleving**. Een ander woord voor pluriform is veelvormig.

In de Nederlandse pluriforme samenleving:
- bestaat een grote **culturele diversiteit**, dat wil zeggen dat er *veel verschillende cultuurgroepen bestaan;*
- leven de verschillende cultuurgroepen deels naast en deels met elkaar;
- vormen gemeenschappelijke cultuurkenmerken samen de dominante Nederlandse cultuur.

De basis voor de pluriformiteit ligt verankerd in de **grondwet**. Zo heeft ieder het recht om zijn godsdienst of levensovertuiging te belijden (artikel 6), mag iedereen gedachten of gevoelens openbaar maken (artikel 7) en is het mogelijk

Feministes in de jaren zeventig

en andere cultuurkenmerken afwijken van de dominante cultuur. Alle groepen die we eerder in dit hoofdstuk noemden, zijn subculturen met eigen gewoonten en regels. Vaak kun je dat al aan het uiterlijk zien, bijvoorbeeld bij mensen met piercings of bewoners van Staphorst die in klederdracht lopen.

Tegencultuur
Een subcultuur hoeft niet strijdig te zijn met de dominante cultuur. Dat is wel het geval bij een **tegencultuur**. Hiermee worden groepen aangeduid *die zich duidelijk verzetten tegen (delen van) de dominante cultuur of daar zelfs een bedreiging voor vormen*. De basis van elke tegencultuur is een conflictsituatie. Een goed voorbeeld hiervan zijn de feministes in de jaren zeventig van de vorige eeuw. Om iets aan hun achterstandsituatie te doen, eisten zij meer rechten voor vrouwen, zoals gelijke beloning voor gelijk werk. Ook wilden zij meer participatie van vrouwen in de politiek. Veel van deze eisen maken nu deel uit van de dominante cultuur. Daarmee verloor het **feminisme** haar karakter als tegencultuur.

In de jaren zeventig en tachtig gingen hippies, krakers en punkers de strijd aan met gevestigde normen en waarden die typisch hoorden bij de samenleving van hun ouders. Zo waren ze tegen het gewone gezinsleven en leefden ze in alternatieve woongroepen, vaak in kraakpanden.
In onze tijd vormen de **antiglobalisten** een tegencultuur. Zij verzetten zich tegen de overheersende rol van het westerse kapitalisme in de wereld en willen dat de welvaart eerlijker verdeeld wordt over de wereldbevolking. In plaats van 'antiglobalisten' noemen zij zichzelf dan ook liever 'anders-globalisten'.

Cultuur in beweging
Sommige kenmerken van onze cultuur veranderen niet. Het verbod op moord, doodslag en diefstal vinden we zo belangrijk dat we het niet willen veranderen. Toch zijn culturen voortdurend in ontwikkeling, dus ook de dominante cultuur van Nederland. Dat komt onder meer doordat mensen met een andere culturele achtergrond in ons land komen wonen. Of door emancipatiebewegingen, zoals het feminisme.

om eigen scholen op te richten (artikel 23). Daarnaast verbiedt artikel 1 discriminatie wegens godsdienst, levensovertuiging, politieke gezindheid, ras, geslacht of op welke grond dan ook.

Dominante cultuur en subcultuur
De belangrijkste cultuur in een land of samenleving is de **dominante cultuur**: *alle kenmerken die geaccepteerd worden door de meeste mensen binnen een samenleving*. Het spreken van de Nederlandse taal, de gelijkwaardigheid van mannen en vrouwen en het vieren van Koninginnedag zijn typische kenmerken van de dominante cultuur in Nederland.
Nederlanders staan ook bekend vanwege hun grote mate van **tolerantie**: ze accepteren makkelijk andersdenkenden. Deze houding komt onder andere voort uit de handelsmentaliteit in de zeventiende eeuw. Vanwege de handel ontwikkelden de Nederlanders een open houding ten aanzien van religie en afkomst.
Deze tolerantie is voor een groot deel gebleven. Denk maar aan het gedogen van softdrugs, religieuze vrijheid en de open houding tegenover (homo)seksualiteit.

Naast de dominante cultuur komen in een samenleving talloze andere culturen voor: de **subculturen**. We spreken van een subcultuur *wanneer binnen een groep bepaalde waarden, normen*

En dus eten we niet meer elke dag aardappelen, is het voor vrouwen makkelijker een eigen bedrijf te beginnen en kunnen homo's met elkaar trouwen. Ook opvattingen over bijvoorbeeld kleding, omgangsvormen en vrijetijdsbesteding veranderen. Anders gezegd: cultuur is **dynamisch**. De spijkerbroek bijvoorbeeld was in de jaren zestig een cultuurkenmerk van alternatieve jongeren, nu is het onderdeel van de dominante cultuur. Bijna iedereen draagt hem, op het werk of in de vrije tijd.

Culturen verschillen niet alleen in de loop van de **tijd**, maar ook per **plaats** en per **groep**. Dat wat normaal en abnormaal is, kan per generatie en per land verschillen. In Nederland wordt bijvoorbeeld het roken van wiet toegestaan, terwijl dit in andere landen bestraft wordt.

"Soms wil je eens iets anders horen"

De broers **Lucas** en **Arthur Jussen** begonnen hun pianocarrière toen ze nog heel jong waren. Toen ze tien en dertien jaar waren, traden ze al op in grote concertzalen. Als jongste artiesten ooit tekenden ze een platencontract bij een van de grootste platenlabels ter wereld. Lucas: "Toen ik vijf was, hoorde ik tijdens het WK voetbal het Wilhelmus op tv omdat Nederland meedeed. Dat vond ik wel een leuk liedje en dat wilde ik leren spelen. Zo is het begonnen." Ze wonnen allerlei klassieke muziekprijzen en traden op voor de koningin. Ze krijgen les van beroemde pianisten en zitten minstens drie uur per dag achter de piano, maar doen ook nog andere dingen zoals voetbal en tennis.
Arthur: "Je kunt niet 24 uur per dag met die piano bezig zijn. Af en toe moet je wat anders doen, anders heb je geen leven." Lucas: "Op mijn iPod staat vooral popmuziek, want je wilt ook wel eens even iets anders horen."
Bron: HP/De Tijd, Jeugdjournaal

Bron 1

Cultuur en identiteit

2

OPGESLOTEN IN EEN KIPPENHOK - Jarenlang gedroeg
Sujit Kumar (Fiji) zich als een kip. Hij fladderde met zijn
armen en pikte naar zijn voedsel. Sujit leert nu pas te leven
als een mens. Eén van zijn verzorgers is Elizabeth Clayton.
Zij ontdekte dat zijn ouders waren overleden toen hij nog heel
klein was. Zijn opa sloot hem vijf jaar lang op in het kippenhok, daarna
leefde hij twintig jaar afgezonderd in een bejaardenhuis. Totdat Elizabeth
hem daar vond. Nu woont Sujit in een speciaal huis voor jongeren met
gedragsproblemen waar hij dingen leert zoals praten en van een bord eten.

De belangrijkste kenmerken van een cultuur
worden telkens overgedragen aan nieuwe leden
zoals kinderen, immigranten, brugklassers of
nieuwe werknemers van een bedrijf.

In dit hoofdstuk bekijken we de vraag: *Hoe verloopt de overdracht van cultuurkenmerken en wat
is het gevolg daarvan voor onze identiteit?*

Cultuuroverdracht

Socialisatie is *het proces waarbij iemand de
waarden, normen en andere cultuurkenmerken
van zijn samenleving of groep aanleert.* Het doel
van socialisatie is aanpassing van het individu
aan zijn omgeving, maar de overdracht van cultuurkenmerken zorgt er ook voor dat de cultuur
kan blijven bestaan.

Iedereen heeft er vanaf zijn geboorte mee te maken. Zo leer je als kind eerst lopen en praten,
daarna eten met mes en vork, fietsen en beleefdheidsvormen. Andere gewoonten leer je juist af,
zoals boeren en in bed plassen.

Door socialisatie is iemand die in Nederland is
opgevoed een heel ander mens dan iemand die
opgroeit in China of in een buitenwijk van Rio
de Janeiro. Zonder socialisatie, dus zonder mensen om zich heen, kan vrijwel niemand overleven. Denk bijvoorbeeld aan het verhaal van Sujit
hierboven. Hij heeft niet leren praten en heeft

geen omgangsvormen aangeleerd. Daardoor moet hij opnieuw met mensen leren omgaan. Maar zonder socialisatie kan ook een cultuur niet overleven en dreigt een samenleving uit elkaar te vallen.

Waar vindt socialisatie plaats?

Socialisatie gebeurt binnen de verschillende **socialiserende instituties.** Dit zijn *instellingen, organisaties en collectieve gedragspatronen waarmee de cultuuroverdracht in een samenleving plaatsvindt.* Onder collectieve gedragspatronen verstaan we gemeenschappelijke gebeurtenissen als carnaval, Prinsjesdag, Kerstmis, ramadan, het vrije weekend, verkiezingen en dodenherdenking. Ook hiermee worden normen en waarden overgebracht.

De belangrijkste socialiserende instituties zijn: je gezin, je school, je werk, geloofsrichtingen, sportclubs en andere verenigingen of groepen, de overheid, je vriendenkring en de media.

Hoe vindt socialisatie plaats?

De manieren waarop cultuurkenmerken worden overgedragen zijn vooral gebaseerd op imitatie, informatie en sociale controle.

Imitatie zien we vooral bij kleine kinderen: peuters die leren netjes naar de wc te gaan, jongetjes die een voetballer nadoen en meisjes die er net zo uitzien als hun popidool. Naarmate kinderen ouder worden, neemt het imitatiegedrag af en krijgt informatie een grotere rol in het socialisatieproces.

Door **informatie** leer je rekenen en weet je hoe je een bankrekening kunt openen. Of je krijgt informatie via vrienden, internet of tv. Zo leer je soms via tv-programma's omgaan met problemen als een eetverslaving of eenzaamheid. En ook door de regels van je geloof kun je gewenst gedrag aanleren.

Niet alle socialisatie gaat vanzelf, soms is dwang van buitenaf nodig. We spreken dan van **sociale controle**.

Sociale controle

Sociale controle bestaat uit *de manieren waarop mensen andere mensen stimuleren of dwingen zich aan de geldende normen te houden.* Het is de

Verslaafd door online vrienden

COLUMBIA – Tieners met een Facebookprofiel raken sneller verslaafd aan alcohol, sigaretten en drugs. Voor een groot deel is dit te wijten aan groepsdruk, zo meldt de Daily Mail. Bijna de helft van alle tieners ziet wel eens vrienden dronken of rokend op foto's online. "Het verband tussen deze foto's en drugsgebruik onder tieners laat zien dat één beeld meer zegt dan duizend woorden", aldus een van de onderzoekers. "Het wordt tijd dat de sociale-mediasites hun verantwoordelijkheid nemen zodat dit soort foto's niet meer te zien zijn."
Bron: NU.nl

Bron 2

motor achter het socialisatieproces en zorgt ervoor dat mensen zich niet onmaatschappelijk gedragen. We moeten er bijvoorbeeld op kunnen vertrouwen dat iedereen rechts rijdt in het verkeer en niet aan de linkerkant, zoals de Engelsen doen.

Socialisatie en sociale controle zorgen dus voor orde en een mate van zekerheid en rust in een samenleving.

We noemen sociale controle **formeel** wanneer deze is gebaseerd op geschreven regels. Dat kunnen wetten zijn, maar ook bijvoorbeeld een wedstrijdreglement of een arbeidscontract. Bij beleefdheidsvormen en andere ongeschreven regels spreken we van **informele** sociale controle. Sociale controle vindt vaak plaats in de vorm van **sancties**, waarmee mensen ervoor

zorgen dat anderen zich gedragen naar de geldende formele en informele normen. Deze kunnen een positief en een negatief karakter hebben, namelijk beloningen en straffen.

Zo komen we op vier vormen van sancties:
- formele positieve sancties, zoals een diploma of een promotie;
- formele negatieve sancties, zoals strafwerk of een boete;
- informele positieve sancties, zoals een compliment, een fooi of een applaus;
- informele negatieve sancties, zoals een kind dat naar zijn kamer wordt gestuurd of het uitfluiten van een popgroep na een slecht concert.

Internalisatie

Het doel van socialisatie is bereikt wanneer er **internalisatie** van de cultuur plaatsvindt: mensen maken zich bepaalde aspecten van hun cultuurgroep zo eigen, *dat zij zich automatisch gaan gedragen zoals de groep dat van hen verwacht.* Een goed voorbeeld is de regulering van ontlasting. Zo leren kleine kinderen van hun ouders om het niet in hun broek te doen, maar netjes naar de wc te gaan. In het begin is dit moeilijk, maar na een tijd gaat dit vanzelf: de zindelijkheid is geïnternaliseerd.
In ons dagelijks gedrag zijn talloze elementen van internalisatie te vinden, zoals het dragen van bepaalde kleding, autorijden, telefoneren, de manier waarop we elkaar begroeten, enzovoort.

Identiteit

Door socialisatie en internalisatie voelen de meeste mensen zich verbonden met de dominante cultuur van het land waar ze wonen, maar ook met de cultuur van kleinere groepen waar ze bij horen. Door deze groepsidentificatie kan er een sterk wij-gevoel ontstaan. Er is dan niet alleen onderlinge saamhorigheid, maar de groep kan zich ook gaan afzetten tegen andere groepen: "Wij werken bij een bank en zijn beter dan bouwvakkers" of "Wij als christenen zijn toleranter dan aanhangers van andere godsdiensten." Bij identificatie met een groep spreken we van een **sociale identiteit**.

Daarnaast ontwikkelt ieder mens een **persoonlijke identiteit**. Je persoonlijkheid bestaat uit aangeboren eigenschappen, zoals drift of verlegenheid, en alle aangeleerde cultuurkenmerken zoals de muziek waar je van houdt, de kleding die je draagt, enzovoort.
De mate waarin iemand de vrijheid krijgt om een persoonlijke identiteit te ontwikkelen, is niet in iedere cultuur hetzelfde. In Nederland wordt veel nadruk gelegd op individuele ontplooiing en persoonlijke ontwikkeling. De Nederlandse dominante cultuur noemen we daarom **individualistisch**.
In andere culturen staat het collectief vaak boven het individu. Zo is het in Arabische en Afrikaanse landen erg belangrijk dat je gastvrij bent voor anderen en dat je goed zorgt voor je

Ophef om opgepakte leraar

DEN HAAG – Op een school in Nieuwegein zette de adjunct-directeur een dertienjarige leerling na herhaalde waarschuwingen uit de klas 'door hem stevig bij de kraag te pakken'. De vader van de jongen deed aangifte van mishandeling, waarop de politie de docent oppakte en in de cel zette. Het incident zorgde voor veel ophef. De minister van Onderwijs vindt dat ouders te vaak in verzet gaan als een kind op school straf heeft gekregen: "In de klas is de leraar de baas. Vroeger kreeg je in zo'n situatie thuis ook nog eens op je kop."
Bron: NOS

Bron 3

HOE VERLOOPT SOCIALISATIE?

VIA SOCIALISERENDE INSTITUTIES

normen
en
waarden

sociale
controle

sancties

cultuur

inter-
nalisatie

Bron 4

"Dé Argentijn bestaat ook niet"

ouders en schoonouders. Deze culturen noemen we **collectivistisch**.

Loyaliteit

In onze samenleving met talloze subculturen en grote aandacht voor individualiteit is het de vraag of er nog wel een Nederlandse identiteit bestaat. Máxima concludeerde zelfs dat 'dé Nederlander' niet bestaat. De een voelt zich christelijk én skater, de ander Surinamer én feminist, weer een ander voetbalsupporter, viskoopman én Rotterdammer, enzovoort. In hoeverre zijn we nog verbonden als 'Nederlanders'?

Het antwoord hierop heeft deels te maken met het begrip **loyaliteit**, *de mate waarin je trouw bent aan je groep.* Je kunt loyaal zijn aan de beginselen van je geloof; aan je voetbalclub, zelfs al staat die op verlies; aan je bedrijf, ook als je overuren moet maken; aan het land waar je vandaan komt en waar je familie nog woont, enzovoort. Maar er wordt van ons ook verwacht dat we loyaal zijn aan de basisafspraken van onze Nederlandse samenleving, vastgelegd in de wet. Daarom accepteren we dat we naar school moeten gaan, belasting moeten betalen en een boete krijgen voor verkeerd parkeren.
Deze regels en verplichtingen die de samenleving aan ons stelt, vormen dus de minimale binding die we met elkaar delen als 'Nederlanders', naast alle verschillen.

"Zeven jaar geleden begon mijn zoektocht naar de Nederlandse identiteit. Nederland is: grote ramen zonder gordijnen, zodat iedereen goed naar binnen kan kijken. Nederland is: één koekje bij de koffie. Maar dé Nederlandse identiteit, die vond ik niet. Als troost kan ik u zeggen dat dé Argentijn ook niet bestaat", zei **prinses Máxima** tijdens een toespraak. Er ontstond veel commotie. Veel mensen voelden zich beledigd door het ontkennen van de Nederlandse identiteit. In een later interview zei Máxima dat het juist haar intentie was om Nederland een compliment te maken door de diversiteit in de Nederlandse cultuur te benadrukken. De prinses vindt dat autochtonen en nieuwkomers nog te veel in scheidslijnen denken. "Soort bij soort. Maar Nederland is geen Artis. Juist verscheidenheid en vermenging geven ons kracht." Máxima noemt als positief voorbeeld rechtenstudente Semra, die bij het slagen voor haar eindexamen haar schooltas ophing aan een mast met twee vlaggen: een Turkse en een Nederlandse. "Een mooi beeld. Een bungelende schooltas. Twee feestelijk wapperende vlaggen. Eén mast."
Bron: De Pers

Bron 5

Cultuurverschillen

3 IK KOM UIT EEN GROOT GEZIN - Josje (22) is de oudste uit een gezin van dertien kinderen. Ze heeft drie broertjes en negen zusjes en woont op een grote boerderij. "Ik heb tot ik naar de middelbare school ging samen met mijn zusje op een kamer gelegen. Met zijn tweetjes in een twijfelaar. Het laatste jaar maakten we over alles ruzie. Gelukkig heb ik nu mijn eigen kamer. We hebben een grote bus waar we allemaal in kunnen als we op vakantie gaan. Voor onze spullen gaan twee andere auto's mee en die van mijn opa en oma."

We hebben gezien dat er grote culturele verschillen bestaan tussen groepen mensen in ons land; er is een sterke **culturele diversiteit**. Allerlei subculturen benadrukken hun eigen identiteit en het recht om anders te zijn dan anderen.
In dit hoofdstuk kijken we hoe mensen van elkaar kunnen verschillen per:

• regio
• generatie
• beroep
• sekse
• herkomst
• godsdienst

De kernvraag in dit hoofdstuk is: *Hoe ziet de culturele diversiteit van Nederland eruit?*
In een later hoofdstuk gaan we dieper in op de migratie van mensen naar Nederland en de gevolgen hiervan voor de samenleving.

Regio: stad en platteland
In een grote stad als Amsterdam of Den Haag kun je uren rondlopen zonder dat je een beken-

de tegenkomt. Er is een grote **individuele vrijheid**. Denk aan iemand die homoseksueel is en naar de grote stad verhuist omdat hij in zijn dorp nauwelijks geaccepteerd wordt.
Maar het leven in een stad kan ook tot vereenzaming en onverschilligheid leiden. Dan lees je bijvoorbeeld in de krant dat iemand drie maanden dood in huis lag zonder dat de buurtbewoners het hadden gemerkt.

In een **plattelandscultuur** is er een grotere betrokkenheid. Mensen die elkaar elke dag groeten, winkeliers die hun klanten bij naam kennen, enzovoort. Aan de andere kant voelen mensen zich in een plattelandscultuur soms beklemd: ze zijn bang dat anderen ze 'gek' of 'anders' vinden als ze afwijken van het gangbare gedragspatroon. Dan dreigt de betrokkenheid om te slaan in bemoeizucht.

Naast de verschillen tussen stad en platteland bestaan er ook sterke culturele verschillen tussen de verschillende regio's, zoals tussen Groningers

(nuchterheid) en Brabanders (genieten van het leven). Denk ook aan de verschillen in dialect, waardoor een Limburger en een Twent elkaar nauwelijks kunnen verstaan.

Generatie: jong en oud

Tussen jou en je ouders of mensen van hun leeftijd bestaan waarschijnlijk verschillen. Jij draagt andere kleren, je luistert naar andere muziek en je doet andere dingen in je vrije tijd dan zij. Dat is ook logisch, want zij zijn opgegroeid in een samenleving die heel anders was dan nu. Er bestonden bijvoorbeeld nog geen mobieltjes en geen internet. Bovendien zitten ze in een andere fase van hun leven. Soms leiden generatieverschillen tot een **generatieconflict**, waarin ouders en kinderen tegenover elkaar staan en elkaars visie en leefstijl niet begrijpen.

Ook tussen jongeren onderling zijn er culturele verschillen als je kijkt naar kleding, uiterlijk en vrijetijdsbesteding. De een zit bijvoorbeeld op voetbal, doet het in het weekend rustig aan en kijkt af en toe een filmpje, een ander speelt viool of piano, maar gaat wel elk weekend naar het café. Sommige jongeren kiezen ervoor om bij een echte **jongerencultuur** te horen zoals kakkers, gothics, gamers en hiphoppers. Maar vaak is het een mix: de muziek van de een, de haardracht van de ander, normen van een derde cultuur, enzovoort. In het volgende hoofdstuk zullen we zien hoe jongerenculturen zijn ontstaan.

Beroep: bankdirecteur en timmerman

Bedrijven ontwikkelen een eigen **bedrijfscultuur** die bestaat uit *alle waarden, normen en gewoonten die er in een bedrijf gelden.* Ze bepalen hoe vriendschappelijk of formeel je met je chef omgaat, hoe milieuvriendelijk het bedrijf zich presenteert of hoe de uitstraling van het bedrijf is. Ook bedrijfsculturen veranderen. Zo vinden bedrijven het steeds belangrijker om maatschappelijk verantwoord en duurzaam te ondernemen.

Als je werkt, moet je je aanpassen aan de bedrijfscultuur. Vaak zijn er **kledingvoorschriften** met een functionele achtergrond zoals veiligheid (bouw), hygiëne (horeca) of de noodzaak van herkenning (politie).
Sterk persoonlijke kleding, zoals uiterlijke kenmerken die met je geloof te maken hebben, kunnen op je werk voor discussie zorgen. Zeker als het gaat om contacten met klanten. Een bankmedewerker met tatoeages op zijn armen kan gevraagd worden om zijn armen te bedekken. Omdat politieagenten neutraal moeten overkomen, wordt ze geadviseerd in diensttijd niet zichtbaar een kruisje of hoofddoekje te dragen.

Sekse: mannen en vrouwen

Over de verschillen tussen mannen en vrouwen bestaan allerlei opvattingen. Nog steeds vinden sommigen dat een echte man niet huilt maar dat vrouwen wel hun emoties mogen tonen. En dat vrouwen meer geschikt zijn voor verzorgende beroepen en beter voor de kinderen kunnen zorgen dan mannen. We noemen dit **rolpatronen**, *verwachtingen hoe iemand zich moet gedragen.* Deze verschillen zijn voor een deel terug te voeren op biologische factoren, zoals het feit dat mannen fysiek sterker zijn en dat vrouwen kinderen baren. Maar de verschillen zijn grotendeels **cultureel bepaald** en dus aan verandering onderhevig. In de laatste decennia zijn vrouwen veel zelfstandiger geworden en vinden we het normaal dat ook mannen huishoudelijke taken hebben.

Herkomst: allochtoon en autochtoon

Surinamers zijn anders dan Turken en de ene Marokkaan is de andere niet. Toch zijn er overeenkomsten: de sterke band met het land van herkomst, de vaak moeizame aanpassing aan de nieuwe cultuur en het collectivistische karakter van de eigen subcultuur (zie vorige hoofdstuk).

Het land van herkomst is voor veel allochtonen een cultureel kompas. Ze houden vast aan veel gewoontes uit de eigen cultuur. Dat geldt vooral voor **eerstegeneratieallochtonen**, die de culturele tradities meenamen naar Nederland. De **tweede generatie,** die hier is geboren, leeft meer tussen twee culturen: thuis de allochtone, op school en werk de autochtone cultuur.

Godsdienst: christenen, joden en moslims

Bij elke godsdienst of kerk horen bepaalde gebruiken en opvattingen die van elkaar kunnen verschillen. Voor veel christenen is de zondag de rustdag. Joden vieren sabbat op zaterdag en voor moslims heeft de vrijdag die speciale betekenis. Christenen, joden en moslims geloven in één God, maar hindoes geloven juist dat er een heleboel goden bestaan. En boeddhisten geloven helemaal niet in een god, maar zien geestelijke ver-

lichting als het hoogste doel. Bij alle geloven zie je mensen die elke week naar de kerk, moskee, synagoge of tempel gaan en dagelijks bidden, en mensen die daar op een andere manier mee omgaan.

Binnen het **christendom** zijn de katholieke en de protestantse kerk de twee belangrijkste stromingen. Katholieken hebben priesters die een rol als tussenpersoon innemen tussen God en de gelovigen. Het hoogste gezag wordt uitgeoefend door de paus in Rome. Katholieken vereren naast Jezus ook Maria, van wie beeltenissen in de kerk te zien zijn.

De protestantse kerk, die veel richtingen heeft, kent geen hoogste leider. Dominees staan aan het hoofd van protestantse gemeentes en leiden de diensten. Protestanten stellen het lezen en begrijpen van de Bijbel centraal. Zij staan geen beeltenissen van personen toe en gebruiken alleen het symbool van het kruis.

Ook binnen de **islam** bestaan meerdere stromingen. De grootste zijn het soennisme en het sjiisme, waarvan de leer op een paar punten verschilt. Zo zijn voor de soennieten afbeeldingen, bijvoorbeeld van de profeet, taboe. De sjiieten staan wel afbeeldingen toe. En moderne moslims, zoals de Turkse alevieten, staan nog soepeler tegenover het geloof. Ze vinden dat iedereen vrij is het geloof op zijn eigen manier vorm te geven. Veel alevieten drinken alcohol en vasten niet tijdens de ramadan.

"Weet je wat we moeten hebben? Blackberry's!"

Op een vacature bij een installatiebedrijf kwamen zes sollicitaties binnen. Vier waren ongeschikt, nummer vijf was een man van tegen de zestig en nummer zes, **Leo**, was nog maar een jongen, net van school. Vers bloed, dacht de eigenaar, en hij nam Leo in dienst. Lekker liep het niet. De oude rotten hadden kritiek op zijn vakmanschap en inzet, maar de baas wilde zijn jonge werknemer niet kwijt. Op een dag spraken ze elkaar in de kantine. "Weet je wat we moeten hebben?" zei Leo. "Blackberry's! Dan kunnen we ter plekke bij de klant onze administratie doen. Scheelt zeeën van tijd."
De baas zag er weinig in, maar wilde dit initiatief ook niet meteen afwijzen. Leo zocht alles tot in de puntjes uit, regelde de aanschaf en legde zijn oudere collega's precies uit hoe het werkte. Bij vragen mochten ze hem bellen, ook 's avonds en in het weekend. Twee maanden later waren de collega's 'om' en was hun jonge collega behoorlijk in hun achting gestegen. Leo werd de ICT-expert van het bedrijf en binnen een jaar kwamen er drie twintigers bij.
Bron: Puberbrein Binnenstebuiten

Bron 7

• Wat geloof jij?

Bijgeloof of niet?

Naast religie is er een terrein waar een toenemende belangstelling voor bestaat: paracultuur. Het is de wereld van genezende energieën, magische krachten en verborgen bronnen van kennis: zen, reiki, gebedsgenezing, telepathie, transcendente meditatie, astrologie, New Age, enzovoort.

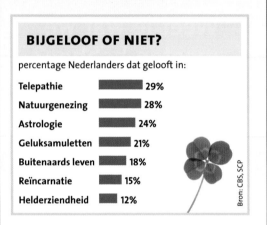

BIJGELOOF OF NIET?

percentage Nederlanders dat gelooft in:

Telepathie	29%
Natuurgenezing	28%
Astrologie	24%
Geluksamuletten	21%
Buitenaards leven	18%
Reïncarnatie	15%
Helderziendheid	12%

Bron: CBS, SCP

"IK BEN TE NUCHTER VOOR HET GELOOF"

Bart (26): "Ik ben totaal niet gelovig of spiritueel. Ik draag wel het kruisje van mijn overleden opa, maar dat is alleen uit respect voor hem. Ik geloof in niks, daar ben ik veel te nuchter voor. Waarom geloven in iets wat je niet ziet en waar je niks van merkt? Als er een god is die voor de wereld zorgt, waarom is de aardbol dan zo'n puinzooi? Waarom is er zoveel armoede en wordt er zo veel gemoord? Als ik doodga word ik begraven, en daarna niks meer. De wereld is met een big bang ontstaan en zo gaan we er ook weer vanaf. Ik geloof niet in leven na de dood, hemel, hel of reïncarnatie. Mensen die dat wel geloven, doen dat zodat ze er niet bang voor hoeven te zijn. Gelovigen bidden vaak God om vergeving als ze iets stoms hebben gedaan of vragen hem om hulp. Ik heb dat niet nodig, ik geloof alleen in mezelf."

"WE WORDEN VAAK HEKSEN GENOEMD"

"Ik heet **Meriam** (17) en sommige mensen vinden het eng als ik vertel dat ik geloof in wicca. Ik ben wiccan geworden toen ik een boek van Susan Smit had gelezen, Nederlands bekendste heks. Wicca heeft nauwe banden met de natuur en gaat uit van het goddelijke in alles. We worden vaak ook heksen genoemd omdat magie belangrijk voor ons is. Ik draag altijd een zilveren pentagram met vijf punten, en sieraden met stenen die gezondheid geven. Ik doe aan tarot, meditatie en probeer slechte energie om te zetten in goede energie. Het mooiste vind ik de schoonheid, rust en vrede die wicca mij brengt. In deze tijd waar alles steeds sneller moet, is het heerlijk om je terug te kunnen trekken."

"IK VOEL ME GOED DOOR VEEL TE MEDITEREN"

"Ik heet **Bjarne** (20) en ik ben Tibetaans boeddhist geworden. Ik ga regelmatig naar een boeddhistisch centrum om te mediteren. Je wordt dan heel rustig en leeg van binnen. Het geeft me een richting, maar het begrenst me nergens in. Ik bid wel eens, maar niet zozeer naar God. In het boeddhisme is er geen god waar je in moet geloven. Je gelooft alleen in de mogelijkheid van innerlijke verlichting, zoals Boeddha is overkomen na veertig dagen mediteren onder een boom. Ik voel me er goed door om veel te mediteren. Ik denk dat je je eigen leven voor het grootste gedeelte in je eigen handen hebt. Je bepaalt zelf of je er wat van maakt."

"IK WEET ZEKER DAT ER 'IETS' IS"

Jaqueline (19): "In een God geloof ik niet. Maar ik weet wel zeker dat er 'iets' meer is dan het gewone en dat heb ik ook ervaren. Ik kreeg een keer midden in de nacht een soort verschijning. Ik werd wakker en er  stond een oude man in de kamer. Ik was vreemd genoeg helemaal niet bang. Hij waarschuwde me onder andere dat ik de volgende dag andere schoenen moest aandoen. Dat vergat ik te doen, maar ik kreeg die dag wel vier blaren! Een andere keer kreeg ik een heel sterke drang om een trein later te nemen. Dat heb ik toen maar gedaan. Die eerste trein is toen ontspoord en op een stilstaande trein gebotst."

"MIJN GELOOF GEEFT ME RUST"

Levi (20): "Ik ben joods. Ik geloof in God, ik draag vaak een keppel en ga vaak naar de synagoge. Hoe ik mij gedraag en hoe ik omga met anderen wordt door mijn geloof bepaald.  Mijn geloof is dus een heel belangrijk onderdeel van mij. De Thora zie ik als een richtlijn voor mijn leven, wat ik beter wel of beter niet kan doen. Ik denk dat ik een stuk minder aardig zou zijn als ik dat niet zou geloven. In de synagoge leer ik over het jodendom, bijvoorbeeld over de geschiedenis. Ik bid drie keer per dag, 's ochtends, 's middags en 's avonds. Dat is geen verplichting. Ik vind het zelf belangrijk om God te bedanken voor alles. Dat ik op deze wereld ben, bijvoorbeeld. Dat ik geloof geeft mij veel innerlijke rust. Het helpt om met moeilijke dingen om te gaan, zoals ruzies en wereldleed."

"IK VIND HET MOOI ALS HET KOOR ZINGT"

"Mijn naam is Michael (17) en ik ben katholiek. Ik ga niet iedere zondag naar de kerk, maar wel altijd met Kerstmis en Pasen. Mijn moeder gaat iedere zondag. Wij mogen zelf kiezen of we mee willen. Meestal kijken we liever televisie. Ik vind het wel heel mooi in de kerk. Zeker als het koor zingt. Alleen snap ik er niets van als ze in het Latijn zingen. Bidden doe ik heel soms, bijvoorbeeld toen mijn opa heel erg ziek werd."

"ALS IK BID WEET IK DAT IK IETS GOEDS DOE"

Zoubida (18): "Ik ben moslim. Het geloof is bij ons thuis heel vanzelfsprekend. Ik vind het fijn, want het is wereldwijd. Het geeft me zelfvertrouwen. Als ik bid weet ik dat ik iets goeds doe en dat Allah het ziet. Dan weet je waar alles om draait en waarom je hier bent. In mijn familie vieren we samen het Offerfeest, het Suikerfeest, enzovoort. Met de ramadan zitten we gezellig met de familie bij elkaar: samen bidden, beetje eten, beetje niksen."

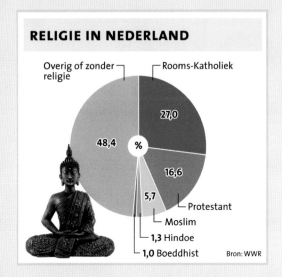

RELIGIE IN NEDERLAND

Overig of zonder religie — 48,4 %

Rooms-Katholiek — 27,0

Protestant — 16,6

Moslim — 5,7

Hindoe — 1,3

Boeddhist — 1,0

Bron: WWR

Nederland is veranderd

4

TAI CHI OP LOWLANDS - Jesse (16): "Ik koop mijn kaartje voor Lowlands altijd zonder dat ik precies weet welke bands er komen. Het gaat vooral om de sfeer, die is altijd goed. Er zijn geen idioten die je uitschelden als je per ongeluk tegen ze aanstoot of ze verkeerd aankijkt, zoals in een kroeg. Naast muziekbands kijken zijn er ook veel andere dingen die je kunt doen. Vorig jaar heb ik met honderden mensen tai chi gedaan. Dat was echt magisch, iedereen was doodstil. Na afloop voelde ik me superrelaxed."

In het vorige hoofdstuk zagen we hoe de culturele diversiteit van ons land eruitziet. Vanaf rond 1960 zien we deze verschillen toenemen. In dit hoofdstuk luidt de hoofdvraag: *Hoe was Nederland voor de Tweede Wereldoorlog en wat is er daarna veranderd?*

Nederland voor de Tweede Wereldoorlog

Voor de Tweede Wereldoorlog zag de Nederlandse samenleving er totaal anders uit dan nu.

- Er waren sterke **gezagsverhoudingen**. Werknemers hadden ontzag voor hun baas en kinderen waren zeer gehoorzaam aan het gezag van hun ouders en onderwijzers.

- Er was een groot verschil tussen de **sociaaleconomische klassen**. Het was moeilijk om te klimmen op de maatschappelijke ladder. De baan die je had, had je voor je leven: 'Wie voor een dubbeltje geboren is, wordt nooit een kwartje.'

- Er was een sterke **verzuiling**. Dit betekent *dat mensen zich organiseerden rondom hun geloof of overtuiging.* Katholieken waren lid van een katholieke vakbond, stuurden hun kinderen naar een katholieke school, lazen een katholieke krant, enzovoort. Voor protestanten en socialisten gold hetzelfde: ze hadden hun eigen scholen, verenigingen en omroepen.

- Het **gezin** stond centraal als samenlevingsvorm. De man werd gezien als hoofd van het gezin en verdiende het geld. De vrouw zorgde voor de kinderen en het huishouden. Nog tot 1956 waren gehuwde vrouwen bovendien **handelingsonbekwaam**: ze konden niet zelfstandig een overeenkomst sluiten zoals het kopen van een wasmachine, maar moesten daarvoor toestemming hebben van hun man.
- De meeste jongeren kregen **weinig kansen** om verder te leren. Vooral in de lagere sociale klassen gingen kinderen zo snel mogelijk werken en droegen hun loon vaak af aan hun ouders in de strijd tegen de armoede die er in de jaren dertig heerste.

Groeiende welvaart

In de jaren na de oorlog werd er hard gewerkt aan het herstellen van alles wat tijdens de oorlog verwoest was. Je noemt die periode de **wederopbouw**. Met financiële steun van de Verenigde Staten kwam de economie langzaam weer op gang. De overheid, de werkgevers en de vakbonden spraken samen af de lonen laag te houden om de wederopbouw zo snel en soepel mogelijk te laten verlopen.

Vanaf eind jaren vijftig nam de **welvaart** voor veel Nederlanders toe. De woningnood nam af, de lonen stegen en de mensen hadden geld voor hun eerste tv, koelkast of zelfs een auto. Nederland werd een **consumptiemaatschappij**. Door de invoering van (betaalde) vakantiedagen groeide de vrijetijdsindustrie: er ontstonden pretparken en 'op vakantie gaan' werd een normaal verschijnsel.

Tegelijk met de welvaart en de economische groei veranderde Nederland in cultureel opzicht. We beschrijven hierna vijf belangrijke ontwikkelingen.

Nieuwe verhoudingen

De groeiende welvaart zorgde allereerst voor nieuwe maatschappelijke verhoudingen in de Nederlandse samenleving.
Door de economische groei en uitbreiding van de leerplicht werd het makkelijker om te klimmen op de maatschappelijke ladder. Met andere woorden: de **sociale mobiliteit** nam toe.

De welvaart en het hogere opleidingsniveau van mensen leidde ook tot een **grotere mondigheid**. Politieke partijen zoals D66 eisten meer democratie, maar ook werknemers en jongeren wilden meer te zeggen hebben. Het gezag van de baas, de agent en je ouders was niet meer zo vanzelfsprekend als daarvoor. Daarmee kwam tevens meer aandacht voor het individu. Het gezin vormde niet meer voor iedereen de 'hoek-

Dertig kilo kleding per jaar

Laura de Jong (27) wilde iets doen tegen consumentisme: "Veel mensen zien kleding als een wegwerpproduct. De meeste vrouwen kopen zo'n 30 kilo kleding per jaar, dat is vier keer zo veel als twintig jaar geleden. Uit onderzoek blijkt dat we maar 20 procent regelmatig dragen." Tijdens haar studie aan het Amsterdam Fashion Institute bedacht ze de 'Free Fashion Challenge': een jaar lang geen kleding kopen. Laura vertelt dat haar grootouders heel trots waren op het project van hun kleindochter. Zij begrepen nooit veel van het doorgeslagen consumentisme. Zelf waren ze gewend om eerst goed na te denken voor ze iets kochten.
Bron: freefashionchallenge.com

Bron 8

steen van de samenleving' en jongeren bleven niet altijd meer tot hun huwelijk thuis wonen. Deze tendens, die we **individualisering** noemen, maakte de weg vrij voor veel nieuwe samenlevingsvormen. Naast het traditionele kerngezin zien we tegenwoordig eenoudergezinnen, woongroepen, alleenstaanden, latrelaties, homoparen en bewust kinderloze echtparen.

Ontstaan jongerenculturen
Door de welvaartsgroei hoefden veel werkende jongeren niet langer hun loon af te staan aan hun ouders. Hierdoor kregen jongeren meer **geld**. Geld voor een brommer of voor de bioscoop, waar ze Bill Haley zagen rock-'n-rollen. Zo ontstond eind jaren vijftig de eerste **jongerencultuur** in Nederland, die bestond uit zogenaamde nozems. Later kwamen de hippies, de provo's en de punkers, die zich vaak openlijk verzetten tegen de gevestigde orde van de ouderen. Nu zijn er weer andere jongerenculturen, vaak gegroepeerd rondom kleding- en muziekstijlen, zoals emo's, skaters en kakkers.

Van schoolgaande jongeren werd steeds minder vaak verwacht dat ze hielpen in het huishouden of in het familiebedrijf. Zij kregen meer **vrije tijd** en konden makkelijker een eigen leefstijl ontwikkelen: zelf beslissen waar en wanneer je uitgaat, met wie je omgaat en welke muziek je wilt horen. De band met het gezin werd losser en jongeren gingen op zoek naar andere plekken waar ze zich thuisvoelden. De behoefte aan **geborgenheid** kreeg daarmee de vorm van jongerenculturen: jongerengroepen van leeftijdgenoten met dezelfde belangstelling, ideeën en smaak op het terrein van muziek en kleding.

Invloed van de kerk
Vanaf 1960 nam het aantal katholieken sterk af. Zij konden zich niet langer vinden in de strenge regels uit Rome, zoals het kerkelijk verbod op de anticonceptiepil en het condoomgebruik. Bij de hervormden en de strengere gereformeerden verliep dit proces geleidelijker, maar ook hier was sprake van **ontkerkelijking**.

Met de ontkerkelijking kwam er ook een einde aan de verzuiling. Bij de **ontzuiling** speelde een nieuw massamedium, de televisie, een belangrij-

ke rol. In die tijd was er maar één televisiezender waar verzuilde omroepen, zoals de KRO en de NCRV, hun programma's uitzonden. Van de mensen werd verwacht dat ze alleen naar hun 'eigen' programma's keken, maar dat deden ze niet. Zo zagen zij dat mensen van de andere zuilen helemaal niet zo 'anders' of 'slecht' waren als ze altijd hadden gedacht. De mensen groeiden naar elkaar toe, de scheidslijnen tussen de zuilen verdwenen en veel kranten en sportverenigingen maakten zich los van de kerk. We noemen dit proces **secularisatie**.

Hoewel de invloed van de kerk afnam, bleef de interesse voor religie wel bestaan. EO-jongerendagen bijvoorbeeld werden populair en **niet-christelijke religies** zoals de islam en het hindoeïsme deden hun intrede. Bovendien was er een groeiende belangstelling voor andere vormen van **spiritualiteit** zoals meditatie, zenboeddhisme, yoga, reiki, chakra's, aura's, helderziendheid, enzovoort.

Vrouwenemancipatie
De handelingsonbekwaamheid van vrouwen verdween in 1956 uit het wetboek en binnen het

huwelijk was de man niet langer het hoofd van het gezin. In de jaren zestig breidde de emancipatiebeweging zich uit: meer meisjes deden een vervolgopleiding of gingen studeren. Daardoor werden ze **economisch onafhankelijk**. Mannen gingen, soms schoorvoetend, soms uit vrije wil, meer tijd besteden aan huishoudelijke taken en de zorg voor hun kinderen.

Hiermee werd een begin gemaakt met een meer gelijkwaardige verdeling van werkzaamheden tussen mannen en vrouwen, hoewel vrouwen in vergelijkbare functies nog steeds minder verdienen dan mannen en vaker in deeltijd werken. Door de acties van feministen kreeg Nederland verder een soepeler abortuswetgeving en werd de anticonceptiepil door de ziektekostenverzekeraar vergoed.

Behalve vrouwen eisten ook homoseksuelen en andere minderheidsgroepen gelijke rechten, en met succes. In 2001 werd het homohuwelijk bij wet geregeld, waardoor ook personen van hetzelfde geslacht met elkaar kunnen trouwen.

Invloed van de media

Tot de jaren zestig regelde de overheid de zendtijd op radio en televisie en kende Nederland maar één tv-zender en drie radiostations. Uit protest hiertegen begon Radio Veronica een piratenzender, die popmuziek uitzond. Pas in 1989 kwam er met de komst van commerciële tv een einde aan het oude omroepstelsel. Tegenwoordig kijk je via je mobiel of de pc naar het programma van je eigen keuze op het moment dat jij kiest. Ook het aantal tijdschriften en het aanbod van websites op internet is spectaculair gegroeid. We spreken daarom van een **diversificatie van het media-aanbod**.

Een groot en divers media-aanbod vergroot de individuele mogelijkheden, maar brengt tegelijkertijd ook mensen bij elkaar. Denk maar aan sociale media en chatsites, waardoor je makkelijker in contact komt met andere mensen. Ook bij de identificatie met een jongerencultuur spelen computers en sociale media tegenwoordig een grote rol. Denk maar aan 'vrienden' of 'volgers' op internet.

Waar zijn de jongeren-culturen gebleven?

Nozems, skaters, punkers, kakkers, gothics, emo's: sinds de jaren vijftig zien we steeds meer jongerenculturen. Opvallend is dat jongeren meestal niet van zichzelf zeggen dat ze tot een subcultuur behoren: slechts 20 procent zegt van wel. Onderzoekers noemen dit de 'ontzuiling' van de jongerencultuur. Vroeger kwamen vrienden vaak uit dezelfde subcultuur, nu is dat niet meer zo. Sociale netwerken op internet nemen steeds meer de plaats in van jongerenculturen. Met sommige online vrienden deel je een passie voor hiphop, met andere kraak je online gamecodes. Volgens de jeugdcultuurfotografen **Ari Versluis** en **Ellie Uyttenbroek** was het voorheen een stuk overzichtelijker. "Subculturen zijn minder extreem dan vroeger. Er zijn minder duidelijke scheidslijnen. Jongeren 'lenen' gemakkelijk van andere jeugdculturen."

Mitchell (17): "Mijn vrienden uit de buurt zijn heel anders dan die op internet. Deze jongens zijn allemaal bouwvakker of schilder. Van de zomer zijn we met z'n allen naar Spanje geweest: tien dagen zuipen en uitgaan. Mijn online vrienden zijn een stuk serieuzer. Met hen praat ik over het nieuws of over de politiek."

Bron: YoungWorks

Bron 9

• Leven en dood

Door de enorme groei van de medische wetenschap zijn er ook nieuwe medisch-ethische vragen ontstaan. Zeker waar het gaat om keuzes tussen leven en dood. Waar ligt de grens bij een abortus? En wie bepaalt wat ondraaglijk lijden is als iemand ernstig ziek is? Het dilemma is of je mensen geheel vrij laat om hun eigen keuzes te maken of dat de politiek met wetten de mogelijkheden moet begrenzen.

Abortus

Sinds 1984 is abortus in Nederland wettelijk geregeld in de **Wet afbreking zwangerschap**. Er moet sprake zijn van een noodsituatie en de zwangerschap mag niet verder gevorderd zijn dan 24 weken. De vrouw beslist zelf over de vraag of zij in een noodsituatie verkeert en hoeft daar geen uitleg over te geven. Wel moet de vrouw tussen de aanvraag voor een abortus en de behandeling vijf dagen bedenktijd in acht nemen.

Voorstanders van abortus vinden dat vrouwen zelf moeten kunnen beschikken over hun lichaam. De rechten van de vrouw wegen voor hen zwaarder dan bijvoorbeeld de rechten van het ongeboren kind. Daarnaast, zeggen zij, als je het verbiedt zal abortus toch wel gebeuren, maar dan illegaal en onder slechte medische omstandigheden.
Een derde argument is dat een ongewenste zwangerschap die uitgedragen móet worden veel problemen kan veroorzaken voor zowel de moeder als het kind.

Tegenstanders zeggen dat het ongeboren kind ook rechten heeft, omdat het al leeft. Voor de meeste tegenstanders speelt religie een belangrijke rol. In veel geloven wordt abortus afgekeurd, tenzij de gezondheid van de moeder op het spel staat.
Ook wijzen tegenstanders op ethische vragen, nu het mogelijk is door medisch onderzoek ernstige handicaps vroegtijdig vast te stellen. Daarmee kan een vrouw besluiten haar zwangerschap af te breken als het kind een zware handicap heeft. Maar wat is zwaar gehandicapt? En hoe kun je de kwaliteit van leven van een gehandicapte beoordelen?

Ten slotte zijn er mensen die vinden dat de vader van het ongeboren kind gediscrimineerd wordt, omdat de beslissingsbevoegdheid wettelijk alleen bij de vrouw ligt.

"NOOIT EEN ABORTUS"

IJmert Muilwijk, ChristenUnie: "De reden voor de meeste abortussen is dat het krijgen van een kind de ouders 'niet uitkomt'. Ze zitten nog op school of willen carrière maken. Daar heb ik veel moeite mee. Ik vind het leven zo uniek dat geen mens daarover mag beslissen. Ik vind dat aan God. Je kunt zeggen dat ik zo'n meisje niet bepaalde vrijheden geef, maar bij een abortus heeft het kind ook geen vrijheid. Natuurlijk, als een jong meisje verkracht wordt en zwanger raakt, begin ik ook te twijfelen. Ik ben niet van steen. Maar het probleem is dat je in de politiek grenzen moet trekken en dan trek ik de grens toch bij: nooit een abortus."
Bron: Ublad

Euthanasie

Euthanasie betekent letterlijk 'goede dood'. Het geeft mensen die ongeneeslijk ziek zijn de mogelijkheid het leven te (laten) beëindigen. In Nederland is euthanasie wettelijk geregeld in de wet **Toetsing levensbeëindiging op verzoek en hulp bij zelfdoding**. Deze wet bepaalt dat een arts niet strafbaar is bij euthanasie als hij voldoet aan de volgende eisen:

- Er is sprake van een vrijwillig en weloverwogen verzoek van de patiënt.
- Er is sprake van uitzichtloos en ondraaglijk lijden van de patiënt.
- De arts is met de patiënt tot de overtuiging gekomen dat er geen redelijke andere oplossing is.
- Er is ten minste één andere, onafhankelijke arts geraadpleegd.
- De levensbeëindiging of hulp bij zelfdoding wordt op medisch zorgvuldige wijze uitgevoerd.

Voorstanders van euthanasie vinden dat mensen hun leven op een waardige manier moeten kunnen beëindigen. Ze moeten niet gedwongen worden door te leven in een mensonterende situatie.
Sommigen gaan nog verder en vinden dat ook minder ernstig zieke patiënten in aanmerking moeten komen voor euthanasie. Bijvoorbeeld een ouder iemand die vind dat zijn of haar leven 'voltooid' is. Weer een stap verder is de mening dat ieder mens moet kunnen beschikken over een zelfdodingspil, de 'pil van Drion'.

Tegenstanders vinden dat we ons met het toestaan van euthanasie op een hellend vlak begeven. Wie bepaalt of het lijden uitzichtloos en ondraaglijk is? En hoe moet je omgaan met euthanasie als iemand niet meer in staat is om te zeggen dat zijn of haar leven beëindigd mag worden? Gaan dan anderen bepalen dat het leven van de betrokkene niet meer de moeite waard is?

U GAAT GOED VOORUIT "

"INVESTEER IN PRETTIG LEVEN IN PLAATS VAN AANGENAAM STERVEN"

Filosoof **Paul van Tongeren**: "De vraag is: hoe weten we wat iemands doodswens precies betekent? Ik sprak deze week een directeur van een verzorgingshuis. Hij was niet tégen hulp bij euthanasie of zelfdoding maar, zo zei hij, sinds wij het leven in dit verzorgingshuis aangenamer hebben gemaakt, komen er geen euthanasieverzoeken meer voor. Moet je dus niet investeren in aangenamer leven, in plaats van in een aangenamere dood?"
Bron: Trouw

Immigratie naar Nederland

5

NOG NOOIT EEN DONKERE JONGEN GEZIEN - Tv-presentator John Williams emigreerde op zijn vijfde vanuit Suriname naar Nederland. Hij ging in het Zeeuwse Sint Philipsland wonen, waar hij de eerste donkere persoon was. "Ik herinner me mijn eerste dag op de kleuterschool. De juf deed de deur open en de kinderen keken me met grote ogen en open mond aan. Toen begon de klas keihard te lachen. Ik dacht: shit, er is iets geks met me. Maar ze schrokken gewoon. Ze hadden nog nooit een donkere jongen gezien." Bron: Linda

We noemen Nederland een multi-etnische samenleving omdat er mensen wonen die uit verschillende landen afkomstig zijn. Het woord etnisch komt oorspronkelijk van het Griekse woord 'etnos', dat 'volk' betekent.
In dit hoofdstuk gaan we in op de vraag: *Hoe is Nederland een multi-etnische samenleving geworden?*

Waarom migreren mensen?

Als je naar een ander land verhuist, noemen we dat migreren. Mensen doen dat om verschillende redenen:
• **Politieke** motieven: bijvoorbeeld mensen die vluchten voor oorlog of die bedreigd worden vanwege hun overtuiging. Zij zijn politieke vluchtelingen.

HISTORISCH OVERZICHT NIEUWKOMERS

1560-1600
Ongeveer 100.000 **ZUIDELIJKE NEDERLANDERS** vluchtten naar de 'vrije' Noordelijke Nederlanden.

1600-1800
Duizenden rijke Portugese joden, arme Oost-Europese **JODEN** en 50.000 Franse **PROTESTANTEN** vluchtten naar het 'tolerante' Nederland.

1600-1900
Jaarlijks kwamen duizenden **TREKARBEIDERS** onder andere uit Duitsland en België naar het 'rijke' Nederland.

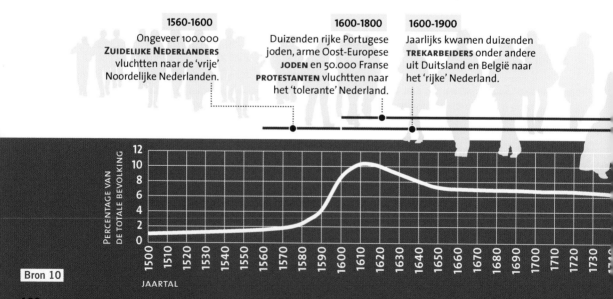

PERCENTAGE VAN DE TOTALE BEVOLKING

JAARTAL

Bron 10

130

- **Economische** motieven: mensen werken voor een internationaal bedrijf of proberen vanwege armoede in hun land elders een beter bestaan op te bouwen. In het laatste geval spreken we van economische vluchtelingen.
- **Sociale** motieven: mensen gaan bij hun familie wonen of trouwen met een Nederlander en stichten hier een gezin.

Migratie door de eeuwen heen
Net als de meeste andere landen is Nederland al eeuwenlang een multi-etnische samenleving.

Religieuze vluchtelingen
In landen als Frankrijk, Engeland, Spanje en het Duitse Rijk werden mensen destijds vervolgd vanwege hun geloof. Vanwege de godsdienstvrijheid in Nederland kwamen in de zestiende eeuw duizenden vervolgde joden uit Spanje en Portugal hierheen. Later vluchtten Zuid-Nederlandse en Franse protestanten en katholieke Engelsen naar ons land. We zouden hen nu **politieke vluchtelingen** noemen. Rond 1650 bestond Amsterdam zelfs voor bijna 50 procent uit allochtonen.

Economische redenen
Door de eeuwen heen kwamen er ook buitenlanders op zoek naar werk. In de Gouden Eeuw vestigden buitenlandse handelaren en ambachtslieden zich in steden als Amsterdam en Leiden.

In de negentiende eeuw kwamen Duitse landarbeiders werken bij de ontginning van de Friese en Drentse veengebieden. Nog later werden buitenlanders ingeschakeld bij de aanleg van het Noordzeekanaal, als mijnwerker in de Limburgse mijnen en als arbeider in de textielindustrie. Zo kwamen de Duitse broers Clemens en August Brenninkmeijer en de familie Dreesmann naar Nederland en richtten later C&A en V&D op.

Na de Tweede Wereldoorlog
De nieuwkomers na de Tweede Wereldoorlog kunnen we verdelen in:
- mensen uit de vroegere koloniën;
- arbeidsmigranten;
- vluchtelingen;
- gezinsherenigers en gezinsvormers.

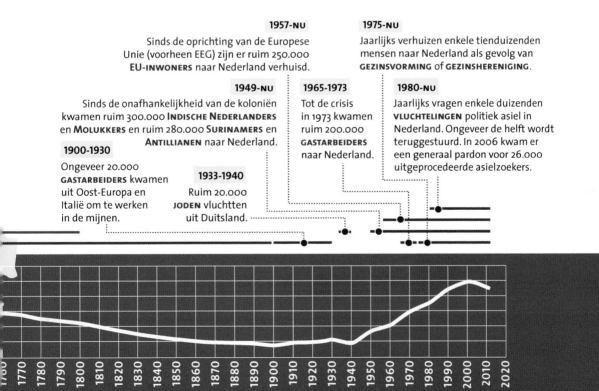

1957-NU
Sinds de oprichting van de Europese Unie (voorheen EEG) zijn er ruim 250.000 **EU-INWONERS** naar Nederland verhuisd.

1975-NU
Jaarlijks verhuizen enkele tienduizenden mensen naar Nederland als gevolg van **GEZINSVORMING** of **GEZINSHERENIGING**.

1949-NU
Sinds de onafhankelijkheid van de koloniën kwamen ruim 300.000 **INDISCHE NEDERLANDERS** en **MOLUKKERS** en ruim 280.000 **SURINAMERS** en **ANTILLIANEN** naar Nederland.

1965-1973
Tot de crisis in 1973 kwamen ruim 200.000 **GASTARBEIDERS** naar Nederland.

1980-NU
Jaarlijks vragen enkele duizenden **VLUCHTELINGEN** politiek asiel in Nederland. Ongeveer de helft wordt teruggestuurd. In 2006 kwam er een generaal pardon voor 26.000 uitgeprocedeerde asielzoekers.

1900-1930
Ongeveer 20.000 **GASTARBEIDERS** kwamen uit Oost-Europa en Italië om te werken in de mijnen.

1933-1940
Ruim 20.000 **JODEN** vluchtten uit Duitsland.

1770 1780 1790 1800 1810 1820 1830 1840 1850 1860 1870 1880 1890 1900 1910 1920 1930 1940 1950 1960 1970 1980 1990 2000 2010 2020

Mensen uit de vroegere koloniën

Na de Tweede Wereldoorlog werd eerst Indonesië in 1949 en later Suriname in 1975 zelfstandig. Veel **Nederlandse Indiërs** emigreerden na de onafhankelijkheid naar Nederland in de hoop op een betere toekomst. Ook veel **Molukkers**, die in de koloniale tijd aan de kant van Nederland vochten, kwamen hierheen. Zij hoopten lange tijd ooit terug te kunnen naar een vrije, eigen Molukse staat.

Surinamers kwamen al naar Nederland toen hun land nog een Nederlandse kolonie was. Zij kwamen er studeren of waren getrouwd met iemand uit Nederland. Na de onafhankelijkheid van Suriname in 1975 groeide het aantal Surinaamse immigranten sterk: er wonen nu net zoveel Surinamers in Nederland als in Suriname.

De Antillen zijn nog steeds onderdeel van het Koninkrijk der Nederlanden. Veel **Antillianen** die naar Nederland komen, doen dat vanwege studie of betere werkmogelijkheden.

Arbeidsmigranten

Vijftig jaar geleden kwamen de eerste **gastarbeiders** uit Italië en Spanje, later vooral uit Turkije en Marokko. In hun eigen land was te weinig werk en in Nederland waren juist mensen nodig, vooral in de fabrieken. De verwachting was dat deze arbeidsmigranten na enkele jaren zouden terugkeren om met het gespaarde geld in eigen land een nieuwe toekomst op te bouwen. Door de economische crisis in de jaren zeventig raakten veel gastarbeiders werkloos waarna ze besloten in Nederland te blijven. Ze wilden niet zonder geld teruggaan en hun kinderen waren inmiddels in Nederland opgegroeid.

Sinds eind jaren zeventig worden arbeidsmigranten hier alleen toegelaten als zij een beroep hebben waar behoefte aan is, zoals specialistische informatici, of als zij werken bij multinationals als Shell, Samsung, KPN of Philips. Deze groep hoogopgeleide **kennismigranten** (jaarlijks ongeveer 60.000) komen uit landen als de Verenigde Staten en Japan, maar ook uit China, Zuid-Korea en India.

Werknemers uit EU-landen worden altijd toegelaten. Zo komen veel mensen uit de Oost-Europese EU-landen naar Nederland op zoek naar werk.

Jaarlijks proberen honderdduizenden arme mensen uit niet-Europese landen een van de EU-landen binnen te komen. Dat doen ze met wankele bootjes, zwemmend of verborgen in vrachtauto's en vliegtuigen. Eenmaal in Europa verdwijnen ze in de illegaliteit, waar ze zich in leven houden met zwartwerk. Een **illegaal** is *iemand die zonder geldige vergunningen in ons land verblijft.*

Vluchtelingen

Asielzoekers hebben politieke motieven. Ze worden in hun eigen land vervolgd vanwege hun politieke overtuiging of ze zijn hun leven niet zeker vanwege oorlog. Afhankelijk van de wereldsituatie wisselt het aantal jaarlijkse asielverzoeken. De laatste jaren ligt dat rond de 15.000, voornamelijk uit Iran, Irak en Somalië.

Bij een **asielprocedure** moet de overheid heel zorgvuldig zijn. Om een te grote toeloop te voorkomen, moet ze goed controleren of het verhaal van de asielzoeker klopt. Tegelijkertijd willen we geen vluchtelingen wegsturen die vervolgens in hun eigen land gemarteld of gedood kunnen worden.

Gastarbeiders in een Nederlandse motorenfabriek

De regels voor de asielzoekers staan in de **Vreemdelingenwet 2000**. Een vluchteling kan alleen een verblijfsvergunning krijgen, als hij:

- geldige identiteitspapieren heeft;
- aannemelijk kan maken dat bij uitzetting zijn leven gevaar loopt;
- kan aantonen dat hij om humanitaire redenen niet kan worden teruggestuurd, bijvoorbeeld omdat zijn geloof of zijn homoseksualiteit er niet wordt geaccepteerd.

Tijdens de procedure verblijven de vluchtelingen in een **asielzoekerscentrum**. Als zij voldoen aan de eisen, worden zij erkend als politiek vluchteling en krijgen een verblijfsvergunning. Bij afwijzing worden zij opgevangen in een uitzetcentrum en vervolgens uitgezet.

Gezinsherenigers en gezinsvormers

Iedereen die zich legaal in Nederland bevindt, mag zijn gezinsleden naar Nederland laten komen. Er is dan sprake van **gezinshereniging**. Zo lieten in de jaren zeventig en tachtig Griekse, Turkse, Portugese en Marokkaanse mannen die hier als gastarbeider kwamen, hun vrouw en kinderen overkomen. **Gezinsvorming** betekent dat *een inwoner van Nederland trouwt met een buitenlander en hier een gezin sticht.*

Door gezinsvorming en -hereniging komen jaarlijks enkele tienduizenden buitenlanders naar Nederland. Om er zeker van te zijn dat iemand ook in het levensonderhoud van de ander kan voorzien, moet de partner in Nederland ten minste het minimumloon verdienen.

HERKOMST ALLOCHTONEN

In Nederland zijn allochtonen afkomstig uit:

Indonesië	12,7%
Duitsland	12,4%
Turkije	11,5%
Suriname	10,5%
Marokko	10,1%
Ned. Antillen	4,2%
België	3,6%
Ver. Koninkrijk	2,4%
Overige landen	32,6%

Bron: CBS

TOTAAL AANTAL ALLOCHTONEN: 3.122.717

Bron 11

Drang naar vrijheid

Op zijn 19e vluchtte **Anh Guang Tran** om politieke redenen uit Vietnam. Het communistische regime zorgde voor onderdrukking en uitbuiting van de bevolking. Met zestig andere wanhopige Vietnamezen stapte hij in een vissersbootje: "Onze drang naar vrijheid was sterker dan het gevaar van de zee." De bootvluchtelingen overleefden een zware storm, werden opgepikt door een Nederlands vrachtschip en kwamen via Singapore in Nederland terecht.

Guang Tran leerde Nederlands en studeerde daarna economie. Hij kreeg een baan bij de bank MeesPierson en is nu eigen baas als financieel adviseur. Hij is getrouwd en heeft een kind. Inmiddels weet Anh zeker dat hij niet meer terug wil. "Ik ben te Nederlands geworden. Hier mag je zeggen wat je wilt, daar niet. Professioneel heb ik me ontwikkeld binnen het Nederlandse systeem." Hij is van Nederland gaan houden. "Sociale status en materiële status zijn hier minder belangrijk. Ik word gelijk behandeld, ook al zou ik op blote voeten lopen. Nederlanders hebben veel geduld en een groot hart."

Bron: vluchtelingenwerk.nl

Bron 12

Botsende culturen en grondrechten

6 DE MOND GESNOERD - Toen in 1979 in Iran sjiitische ayatollahs aan de macht kwamen, kregen veel andersdenkenden het moeilijk. De scheiding tussen geloof en politiek verdween en iedereen moest leven volgens de richtlijnen van de ayatollahs, de religieuze leiders van het land. Daarmee werd voor joden, christenen en soennitische moslims het belijden van het geloof onmogelijk en communisten, liberalen en journalisten werd de mond gesnoerd. De Irakese Babaak (36) vluchtte naar Nederland: "In Iran bestaat alleen de islam. Je mag niet anders denken of anders zijn. Ik ben christen en de straf die daarop staat, is de doodstraf."

De vraag in dit hoofdstuk luidt: *Hoe gaan cultuurgroepen in een samenleving met elkaar om en welke soorten botsingen kunnen er ontstaan?*

Voor de manier waarop verschillende (etnische) cultuurgroepen met elkaar omgaan, bestaan ruwweg drie mogelijkheden:
• segregatie
• assimilatie
• integratie

Segregatie
Als cultuurgroepen volkomen langs elkaar heen leven, spreken we van **segregatie**, het *opdelen van een samenleving in gescheiden delen*. Dat gebeurt meestal onder overheidsdwang en gaat dan vaak gepaard met onderdrukking en discriminatie van minderheden. Een extreem voorbeeld was het apartheidsregime in Zuid-Afrika, waar de sociale en culturele **ongelijkheid** wettelijk was vastgelegd en zelfs geweld werd gebruikt tegen de zwarte bevolking.

In Nederland heeft zich een zekere mate van segregatie ontwikkeld in de vorm van 'zwarte' en 'witte' scholen en wijken. Sommige politieke partijen vinden dat geen probleem, andere willen deze ontwikkeling terugdringen door een grotere spreiding van bevolkingsgroepen te stimuleren.

Segregatie kan ook uit vrije wil plaatsvinden. Zo zijn er in veel grote wereldsteden wijken waar veel Chinezen bij elkaar wonen, met eigen winkels en tempels. In dit soort wijken zijn bijvoorbeeld de straatnaambordjes ook in het Chinees, zoals aan de Geldersekade en de Zeedijk in het Amsterdamse Chinatown.
Een ander bekend voorbeeld zijn de Amish in de Verenigde Staten. De leden van deze protestantse sekte wonen bij elkaar in aparte geloofsgemeenschappen en willen zo eenvoudig mogelijk leven. Ze gebruiken geen radio, tv en internet, ze lezen geen kranten en gebruiken alleen paard en wagen als vervoermiddel.

Assimilatie

Het tegenovergestelde van segregatie is **assimilatie**. Dit betekent dat *een bevolkingsgroep zich zo volledig aanpast aan een andere groep dat de eigen culturele identiteit vrijwel verdwijnt.*

Assimilatie is nooit uitgangspunt geweest voor de Nederlandse regering. Wel is bijvoorbeeld het Algemeen Beschaafd Nederlands (ABN) in de negentiende eeuw ingevoerd om meer eenheid te creëren. Dialecten zoals het Brabants of het Tukkers mochten nog wel worden gesproken, maar kranten en scholen moesten zich voortaan houden aan het ABN.

Assimilatie kan ook voortkomen uit eigen beweging als nieuwkomers helemaal 'Nederlands' willen worden. Bijvoorbeeld als een moslim besluit niet meer naar de moskee te gaan, niet actief mee te doen aan de ramadan en net als zijn collega's op feestjes alcohol drinkt.

Iran is een voorbeeld van een land waar assimilatie onder **dwang** plaatsvindt. De overheid

Chinatown in Amsterdam

De apartheid in Zuid-Afrika

In 1948 werd in Zuid-Afrika de 'apartheid' ingevoerd. In theorie had elke bevolkingsgroep recht op zelfontwikkeling, maar in de praktijk werd de zwarte bevolking achtergesteld en gediscrimineerd. Elke vorm van verzet werd keihard aangepakt. In 1960 opende de politie in de stad Sharpeville het vuur op zwarte demonstranten en schoot 69 mensen dood.

Nelson Mandela leidde de oudste en bekendste verzetsbeweging (ANC) maar werd hierom in 1964 veroordeeld. Hij zat 27 jaar gevangen. Zijn vrijlating in 1990 zorgde wereldwijd voor een golf van blijdschap en in 1994 werd hij de eerste zwarte president van een nieuw Zuid-Afrika, waar de apartheid was opgeheven. Mandela: "Je moet een staat niet beoordelen naar de manier waarop de meest aanzienlijke burgers er worden behandeld, maar de minst aanzienlijke."

Bron 13

verbiedt dan culturele uitingen van minderheden, zoals taal of religie. En dus worden kerken, tempels en synagogen gesloten.

Integratie

De Nederlandse regering gaat uit van **integratie**, *een gedeeltelijke aanpassing aan de dominante cultuur van een land, met behoud van eigen cultuurkenmerken.* Iedereen moet zich aanpassen aan de kernwaarden van de Nederlandse cultuur, maar je mag voor een deel je eigen cultuur behouden. Om nieuwkomers kansen te bieden om deel te nemen aan de samenleving is wel een actief overheidsbeleid nodig, bijvoorbeeld door het aanbieden van taal- en inburgeringscursussen.

In de praktijk zie je vaak een **wederzijdse aanpassing**: nieuwkomers nemen delen van de Nederlandse dominante cultuur over en de oorspronkelijke Nederlandse bevolking doet dat ook met delen van de nieuwe culturen. In veel Nederlandse huishoudens wordt tegenwoordig 'buitenlands' gegeten zoals couscous, roti, nasi goreng en pizza.

Discriminatie

Bijna iedereen heeft wel vooroordelen en stereotypen over mensen die behoren tot een andere groep. Soms kan dat leiden tot **discriminatie**, waarbij je *mensen van een bepaalde groep anders behandelt op grond van kenmerken die in de gegeven situatie niet van belang zijn.* Het kan om van alles gaan: je hebt een heel sterke bril, je houdt van klassieke muziek, je bent klein of juist lang, je bent de enige (niet-)blanke leerling in een klas, enzovoort. Ook pesten is een vorm van discriminatie.

Veelvoorkomende kenmerken waarop mensen elkaar discrimineren, zijn:

- huidskleur of ras, ook wel racisme genoemd;
- leeftijd: je bent jong of juist oud;
- seksualiteit: je bent homo-, hetero- of biseksueel;
- sekse: je bent man of vrouw; deze vorm heet seksisme;
- geloof: je bent joods, christelijk of islamitisch;
- uiterlijk: je hebt rood haar of een handicap.

Door discriminatie kunnen de verhoudingen tussen bevolkingsgroepen soms flink verhit raken en tot spanningen leiden.

Culturele spanningen

Dat het samenleven van veel cultuurgroepen in ons land kan leiden tot spanningen laten we zien aan de hand van enkele voorbeelden over:

- religieuze vrijheid
- de positie van de vrouw
- huwelijk en seks
- vrijheid van meningsuiting

Religieuze vrijheid

Orthodoxe christenen en moslims geloven dat alle gebeurtenissen in het leven door God worden bepaald. Vanuit deze overtuiging weigeren streng gereformeerden uit de zogenaamde 'Bijbelgordel' om hun kinderen te laten inenten. In 1978 en 1992 brak er mede hierdoor een

polio-epidemie uit. Polio is zeer besmettelijk en kan leiden tot verlamming. Deze epidemieën leidden tot heftige discussies of ouders het recht hebben hun kinderen niet te laten vaccineren.
Een ander voorbeeld: voor Nederlanders afkomstig uit Sudan, Ethiopië en Somalië behoort vrouwenbesnijdenis tot een culturele en religieuze traditie. Vanwege de ernstige inbreuk op de lichamelijke integriteit (artikel 11 van de grondwet) stuit **vrouwenbesnijdenis** op veel verzet in ons land. Het is dan ook strafbaar.

Positie van de vrouw

Decennialang hebben **emancipatiebewegingen** gestreden voor de gelijkberechtiging van vrouwen en homo's (artikel 1 van de grondwet). Maar niet iedereen onderschrijft dit uitgangspunt. Zo vinden sommige christenen, moslims en ook ongelovigen dat de man boven de vrouw staat. De SGP wil bijvoorbeeld als **orthodox-christelijke partij** niet dat vrouwen politieke functies in de partij vervullen. Ook binnen de islam hebben vrouwen minder rechten dan mannen, zoals bij het erfrecht.

Dit soort cultuurverschillen kan tot spanningen leiden, bijvoorbeeld als islamitische jongens de autoriteit van een vrouwelijke docent of politie-agent weigeren te erkennen en haar niet willen gehoorzamen.

Huwelijk en seks

In islamitische en Hindoestaanse gezinnen wordt het huwelijk vaak gezien als een middel om bepaalde families met elkaar te verbinden. Vanwege de familie-eer is seks daarom voor het huwelijk, zeker voor meisjes, verboden. Vandaar dat ouders binnen deze culturen zich actief be-moeien met de partnerkeuze van hun kinderen en het liefst zelf de partner uitkiezen. In autoch-tone gezinnen wordt vaak veel vrijer over seks en huwelijk gedacht en gesproken.

Vrijheid van meningsuiting

Vaak zijn conflicten over verschillen in normen en waarden op te lossen met een beroep op de wet: de wet geeft aan wat wel en niet mag. Maar soms is niet duidelijk waar de **grenzen van per-soonlijke vrijheid** liggen.

Artikel 7 van de grondwet stelt duidelijk grenzen aan de **vrijheid van meningsuiting** door de toe-voeging '*behoudens een ieders verantwoordelijk-heid jegens de wet*'. Dit betekent dat je een eigen mening mag hebben, maar je moet je daarbij wel aan de wet houden. Je mag bijvoorbeeld geen haat zaaien of oproepen tot geweld. Ook smaad, het doelbewust verspreiden van leugens over iemand, is verboden.

Soms zoeken mensen de grenzen van de vrijheid van meningsuiting bewust op. Denk aan de vele chatsites, de internetsite Geenstijl en de uitlatin-gen van Wilders over een 'tsunami van moslims' en een 'kopvoddentaks' (belasting op hoofd-doekjes).

"We moeten trots zijn op onze cultuur"

Geert Wilders heeft uitgesproken standpunten over veiligheid, immigratie en de vrijheid van meningsuiting, maar staat bovenal bekend als cri-ticus van de islam. Hij wil dat Nederlanders weer trots worden op hun cultuur: "De Nederlandse cultuur moet dominant zijn. Andere culturen zijn welkom, maar ik wil niet in een land wonen waar een stad of een wijk in meerderheid islamitisch is. Ik heb een broertje dood aan cultuurrelativis-me. We moeten niet doen alsof de waarden van andere culturen net zo goed zijn als de onze." In de periode 2010-2011 liep er een langdurige rechtszaak tegen Wilders, waarin hij verdacht werd van haatzaaien en discriminatie. Onder andere vanwege uitspraken zoals "De Koran is geen boek dat we hier moeten hebben. Misschien als je al die foute verzen eruit haalt, maar dan blijft er weinig over. Dan is de Koran net zo dik als de Donald Duck." Uiteindelijk werd Wilders vrijgesproken van alle ten laste gelegde feiten. Het vonnis luidde: "U hebt zich in het publieke debat als een fanatiek bestrijder van de in uw ogen kwalijke islam laten zien. U hebt zich hierbij op kwetsende en ook choquerende wijze uitgelaten en daarbij hebt u ook in de film Fitna beelden en teksten gebruikt die op zichzelf al schokkend en aanstootgevend zijn. De rechtbank vindt dat u die boodschap moet kunnen uitdragen."

Bron 14

Sociale cohesie

7

TWEE MINUTEN STIL - Elk jaar herdenken we op 4 mei onze oorlogsslachtoffers. Ook al zijn er steeds minder mensen die de Tweede Wereldoorlog hebben meegemaakt, toch doen er steeds meer mensen mee met de herdenkingen: jong én oud, allochtonen én autochtonen. Onderzoek wijst uit dat meer dan 80 procent van de jongeren belang hecht aan herdenken. Jeremy (17): "Als ik aan het gamen ben, stop ik altijd even. Dan denk je aan wat de soldaten hebben meegemaakt en in wat voor moeilijke omstandigheden zij ons land hebben gered."

Door immigratie en individualisering zijn de culturele verschillen in ons land toegenomen. Daar is niet iedereen blij mee. Volgens sommigen is er tegenwoordig nog maar weinig dat Nederlanders bindt. Anderen zijn het daar niet mee eens en wijzen op de vele gemeenschappelijke normen en waarden.

In dit hoofdstuk kijken we naar de vraag: *Op welke manieren zijn mensen in de samenleving met elkaar verbonden?*

Wat is sociale cohesie?

We spreken van **sociale cohesie** *als* e*r een onderlinge verbondenheid bestaat tussen (groepen) mensen.* Je ziet dit wij-gevoel soms in een klas of bij het personeel van een bedrijf. Ook voor Nederland als geheel is een wij-gevoel belangrijk, anders gaat iedereen zijn eigen weg en trekken we ons niets meer van anderen aan.

Voor het voortbestaan van een samenleving is het belangrijk dat iedereen, tevreden of ontevreden, vindt dat hij of zij erbij hoort. Zonder sociale cohesie dreigt een samenleving uiteen te vallen door onderlinge belangentegenstellingen en conflicten.

De mate van sociale cohesie wordt bepaald door de **bindingen** die we met elkaar hebben. Zijn er veel bindingen, dan is er veel cohesie; hebben we weinig met elkaar te maken, dan is er ook weinig saamhorigheid.

Sociale cohesie kan worden uitgelegd aan de hand van vier soorten bindingen:
- affectieve bindingen
- economische bindingen
- cognitieve bindingen
- politieke bindingen

Affectieve bindingen

Mensen hebben elkaar nodig voor vriendschap, steun en liefde. Zoals in gezinnen, families, vriendengroepen en vaste relaties. Ook het gevoel ergens bij te horen, bijvoorbeeld bij een sportclub of als inwoner van een dorp of stad, is een affectieve behoefte. Zo'n groepsgevoel kan ervoor zorgen dat mensen voor elkaar opkomen en samen trots zijn op hun buurt of het bedrijf waar ze werken.

Ook religie en spiritualiteit hebben een sterk bindende functie. Mensen die hetzelfde geloven, voelen onderlinge saamhorigheid omdat ze bepaalde waarden delen.

Economische bindingen

Voor onze behoefte aan voedsel, onderdak en kleding zijn we afhankelijk van anderen. Deze economische bindingen hebben vaak de vorm van een lange (productie)keten. Voordat je bijvoorbeeld een broodje koopt, zijn veel mensen voor je bezig geweest, namelijk boeren, meel- en gistfabrikanten, bakkers en vervoerders.

De onderlinge economische afhankelijkheid is door de **globalisering** of mondialisering verder toegenomen. Onder globalisering verstaan we dat *mensen wereldwijd door betere vervoers- en communicatiemogelijkheden steeds nauwer met elkaar in verband staan.* Neem bijvoorbeeld een spijkerbroek. De katoen die nodig is voor de broek wordt bijvoorbeeld in de Verenigde Staten geplukt, maar in Brazilië gesponnen en geweven. Vervolgens worden de lappen stof in Azië in elkaar genaaid, volgens een patroon dat in Parijs of Barcelona door modeontwerpers is bedacht. Na een bootreis van enkele weken liggen de broeken in onze winkels.

Cognitieve bindingen

Voor het verwerven van kennis ben je afhankelijk van anderen en met die mensen heb je dus een **cognitieve binding**. Veel informatie krijg je via je ouders, op je opleiding en via de media. Toch is de **toegang tot kennis** niet voor iedereen even gemakkelijk. Sommige Nederlanders kunnen niet goed leren. Daardoor dreigt er een tweedeling te ontstaan tussen mensen met een goede, hogere opleiding die taalvaardig zijn en mensen met een lagere opleiding die minder taalvaardig zijn.

De overheid heeft omschreven welke basiskennis iedereen op school moet leren. Een commissie kwam zelfs met een lijst van vijftig onderwerpen die tezamen een overzicht vormen van wat iedereen ten minste zou moeten weten van de geschiedenis en cultuur van Nederland. Deze zogenaamde 'Canon van Nederland' loopt van hunebedden, via de Gouden Eeuw, Vincent van Gogh en Annie M.G. Schmidt tot de multiculturele samenleving.

De invoering van het verplichte inburgeringsexamen laat zien wat nieuwkomers moeten weten over Nederland om hier goed te kunnen functioneren.

Alleen leger en poltie mogen geweld gebruiken

Door deze vormen van **gemeenschappelijke kennis** over bijvoorbeeld ons verleden verplicht te stellen, probeert de overheid de sociale cohesie te vergroten.

Politieke bindingen

Ten slotte zijn mensen afhankelijk van elkaar omdat ze simpelweg niet alles zelf kunnen regelen. Neem bijvoorbeeld veiligheid. Als iedereen zichzelf moest beschermen tegen geweld dan liepen er waarschijnlijk veel mensen met wapens rond. Om de veiligheid in een land te vergroten is het handig dat mensen afspraken met elkaar maken. Bijvoorbeeld de afspraak dat politici wetten mogen maken. En dat alleen het leger en de politie geweld mogen gebruiken. Deze afspraken worden ook wel een **sociaal contract** genoemd, *een soort stilzwijgende afspraak van de bevolking om zich te houden aan de regels (rechten en plichten) die door politici worden vastgesteld*. Dit sociaal contract tussen burgers en overheid is de basis voor de rechtsstaat.

Invloed globalisering en europeanisering

De sociale cohesie in een land staat nooit op zichzelf, maar wordt sterk beïnvloed door globalisering en europeanisering. We noemen een aantal voorbeelden.

Nederlandse jongeren kunnen een paar jaar studeren of gaan werken in het buitenland, zoals buitenlandse studenten en werkzoekenden van

---

"Ik ben niet speciaal dol op kinderen"

Schrijfster **Annie M.G. Schmidt** (1911-1995) werd het meest bekend door haar verhalen over Jip en Janneke. Later schreef ze de klassiekers Abeltje, Minoes en Pluk van de Petteflet. Generaties Nederlanders zijn met haar verhalen en liedjes opgegroeid, waardoor ze een plaats heeft gekregen in de Canon van Nederland. In interviews praatte ze, ook toen ze al ouder was, vrijmoedig over haar leven. "Ik ben niet speciaal dol op kinderen, het is meer het kind in jezelf. Ik denk wel dat ik een hekel heb aan volwassenen." Op de vraag hoe je oud kunt worden zonder te verzuren, antwoordde ze: "Veel roken en vreemdgaan." Met tv-presentator Ivo Niehe sprak ze enige tijd voor haar dood over haar wens om zelf het moment van haar overlijden te bepalen. Daarmee was ze een van de eerste bekende Nederlanders die openlijk over euthanasie sprak.

Bron 15

EU-landen naar Nederland komen. Daarmee worden de **cognitieve bindingen** internationaler, maar dit soort migratiestromen zorgt er ook voor dat mensen zich minder verbonden voelen met hun eigen land. De affectieve bindingen met het geboorteland worden dus minder.

Ook de **economische bindingen** in Nederland zijn door de globalisering veranderd. We kopen niet langer voornamelijk 'eigen' producten zoals Philips-televisies en Hollandse sperziebonen, maar ook allerlei buitenlandse producten. Ook hebben veel grote Nederlandse bedrijven hun productie naar lagelonenlanden verplaatst.

Het effect van **europeanisering** is al in het thema Parlementaire democratie aan de orde gekomen. Als veel mensen politiek participeren, bijvoorbeeld door te stemmen, is dat goed voor de politieke bindingen en de sociale cohesie in het land.
Aan het lage opkomstpercentage bij Europese verkiezingen kun je echter zien dat de meeste Nederlanders zich niet sterk verbonden voelen met Europa. Omdat er een tendens is om meer politieke macht van Den Haag naar Brussel te verschuiven, komen de binnenlandse politieke bindingen onder druk te staan.

Tot slot
In werkelijkheid lopen de vier bindingen door elkaar heen. Als je bijvoorbeeld elke dag in dezelfde winkel je boodschappen doet, is er sprake van een economische binding maar misschien ook van een affectieve binding, als je er vaak even een praatje maakt.

Zolang de vier soorten bindingen bij de meeste mensen aanwezig zijn, houdt de samenleving stabiliteit. Tegelijkertijd is de samenleving voortdurend in beweging. Zij ziet er nu heel anders uit dan twintig jaar geleden en we weten niet hoe het er over nog eens twintig jaar uit zal zien.
Over de toekomst van de pluriforme samenleving en de dilemma's die daarbij een rol spelen gaat het laatste hoofdstuk.

"Kleeft er bloed aan mijn mobieltje?"

Journaliste **Seada Nourhussen** (Trouw) beschrijft in het boek Bloedmobieltjes hoe het geweld in Oost-Congo wordt gefinancierd met de illegale opbrengst van grondstoffen voor mobiele telefoons, laptops, mp3-spelers en digitale camera's. "Er is een jarenlange strijd gaande tussen wisselende groepen rebellen en het regeringsleger. De inzet van de strijd is de controle over grondstoffen zoals coltan, een erts dat veel gebruikt wordt in mobieltjes en laptops. De strijdende groepen kopen wapens van het geld dat ze ermee verdienen en onderdrukken zo de bevolking. Het is schrijnend: door de bodemrijkdom in Congo ervaren wij technologische vooruitgang, maar daar ervaren ze compleet het tegenovergestelde. Er is veel slavenarbeid in de mijnbouw en vooral kinderen en vrouwen zijn de dupe. Het is belangrijk dat de consument weet wat er speelt. Er bestaat een verband tussen consumentisme hier en de conflicten daar. In feite hebben we allemaal een bloedmobieltje."
Bron: viceversaonline.nl

Bron 16

De toekomst van de pluriforme samenleving

8

DE WERELD IS ONZE WOONPLAATS - "Nederland moet zich soepeler opstellen en meer asielzoekers en kennis-migranten toelaten: haal alles uit ze wat ze in zich hebben, en dat is veel. In plaats van 'nee, tenzij', moet het roer om naar 'ja, mits'. Bovendien zijn buitenlandse arbeidskrachten nodig in de strijd tegen de vergrijzing. We moeten onszelf gaan zien als transnationale burgers: we gaan daar naartoe waar we ons het beste kunnen ontplooien: de wereld is onze woonplaats."

Ruud Lubbers, oud-premier en oud-Hoge Commissaris voor de Vluchtelingen van de VN

De toegenomen culturele diversiteit zorgt in ons land voor veel discussies en onrust. Over de ontwikkelingen en de toekomst van de pluriforme samenleving gaat het laatste hoofdstuk. De hoofdvraag luidt: *Hoe moet de toekomstige pluriforme samenleving er volgens jou uitzien?*

Een goed beeld schetsen van een toekomstige samenleving is niet eenvoudig. Daarom maken we gebruik van twee deelvragen:

1. *Moet Nederland zijn grenzen openstellen of juist afsluiten? En wie mag er dan wel Nederland binnen en wie niet?*

2. *Moet de culturele diversiteit in Nederland worden afgeremd of moeten wij de culturele verschillen juist toejuichen?*

De eerste vraag behandelen we aan de hand van het huidige immigratiebeleid. Bij de tweede vraag kijken we naar de visies van politieke partijen op de pluriforme samenleving.

Het immigratiebeleid

Al eeuwenlang vluchten mensen uit arme landen naar het rijke Westen en dus ook naar Nederland. Ging het goed met de economie, dan

waren de nieuwkomers van harte welkom. Ging het met de economie slechter, dan mochten veel minder buitenlanders ons land in.

Voor mensen uit EU-landen is er geen speciaal toelatingsbeleid nodig. Zij kunnen in Nederland werken of studeren. En Nederlanders kunnen een internetbedrijfje beginnen in Frankrijk of een bar in Spanje.

Voor mensen uit landen van buiten de Europese Unie zijn de regels veel strenger geworden. Voor hen geldt een **restrictief toelatingsbeleid**. Restrictief betekent beperkend. Met andere woorden: de Europese Unie is heel voorzichtig bij het toelaten van buitenlanders.

Wetten en verdragen

Nederland kan niet zelfstandig bepalen wie wel en wie niet wordt toegelaten. Bij toelating moeten we ons namelijk houden aan de internationale wetten en verdragen, die Nederland samen met de andere EU-landen heeft ondertekend:

- Volgens de **Universele Verklaring van de Rechten van de Mens** (UVRN, 1948) mag Nederland niet discrimineren en moeten de rechten en vrijheden van mensen – dus ook van nieuwkomers – worden nagekomen. Deze universele mensenrechten zijn in Nederland terug te vinden in de grondwet.
- In het **EU-Verdrag**, ook wel bekend als het **Verdrag van Maastricht** (1992), spraken de landen van de Europese Unie af hun binnengrenzen te openen voor goederen en personen. Op grond hiervan komen jaarlijks tienduizenden EU-inwoners in Nederland wonen, studeren en werken.
- Nederland moet volgens het **Europees Verdrag voor de Rechten van de Mens en de Fundamentele vrijheden** (EVRN,1950) inwoners de gelegenheid geven tot gezinshereniging en gezinsvorming. Hierbij geldt wel de eis dat beide partners ten minste 21 jaar zijn en dat de partner die in Nederland woont minstens het minimumloon verdient.
- Het uitgangspunt voor ons asielrecht is het **VN-Vluchtelingenverdrag van Genève** (1951). Daarin wordt een vluchteling gedefinieerd als '*Iemand die gegronde redenen heeft te vrezen voor vervolging wegens godsdienstige of politieke*

overtuiging of nationaliteit, dan wel wegens het behoren tot een bepaald ras of tot een bepaalde sociale groep.'

Op basis van dit verdrag is Nederland verplicht alle asielaanvragen in behandeling te nemen en volgens vastgestelde regels te beoordelen of een asielzoeker in aanmerking komt voor de status van erkende vluchteling. Bij een positieve beslissing krijgt hij een vluchtelingenstatus, waardoor hij niet teruggestuurd kan worden zolang het niet veilig is in het land van herkomst.

Binnen de Europese Unie is afgesproken dat een asielzoeker in het eerste land waar hij aankomt asiel moet aanvragen. Dat land is dan ook verplicht om de asielaanvraag in behandeling te nemen. Zo vallen de bootvluchtelingen die op de Canarische Eilanden aankomen onder Spanje en die van het eiland Lampedusa onder verantwoordelijkheid van Italië.

Conclusie: grenzen open of dicht?

Door de internationale wetten en verdragen heeft Nederland niet veel mogelijkheden om de immigratie verder te beperken. Van de jaarlijks ongeveer 150.000 immigranten heeft ruim 80 procent **recht op toelating** in Nederland.

Om de grenzen helemaal te sluiten, zou Nederland zich moeten terugtrekken uit de Europese Unie en de Verenigde Naties. Los van

de juridische complexiteit hiervan, kun je je afvragen of deze stap verstandig is.

Voorstanders van een ruimhartiger toelatingsbeleid wijzen op het feit dat Nederland door vergrijzing en een laag geboortecijfer in de toekomst juist meer mensen nodig heeft. Bovendien zullen in een allochtoonvijandig klimaat vooral de hoger opgeleide immigranten wegtrekken en zich vestigen in andere EU-landen of de Verenigde Staten.

Culturele diversiteit en de politiek

In grote lijnen zijn de politieke partijen het eens over het strengere toelatingsbeleid. Over de culturele diversiteit verschillen de partijen meer van mening. Voor de beantwoording van deelvraag 2 kijken we naar de standpunten van de politieke partijen over de multiculturaliteit van onze pluriforme samenleving.

Christendemocratie

Christendemocraten, het CDA voorop, hechten grote waarde aan de vrijheid van godsdienst. De partij heeft dus geen principieel bezwaar tegen tempels, moskeeën en joodse of islamitische scholen. Het CDA wijst echter ook op het gevaar dat nieuwkomers en allochtonen zich uitsluitend richten op de eigen groep. Dit beperkt de integratie en is slecht voor de sociale cohesie.

Het CDA stelt daarom een **ritsmodel** voor: de Nederlandse dominante cultuur bevindt zich op de hoofdweg, de verschillende cultuurgroepen moeten invoegen en de samenleving moet daarvoor ruimte geven. Alle cultuurgroepen zullen de belangrijkste normen en waarden moeten overnemen, maar mogen voor de rest hun eigen cultuur behouden.

Weigerambtenaar kiest voor ontslag

HILVERSUM – Bijna alle weigerambtenaren (97 procent) kiezen voor ontslag als ze moeten kiezen tussen ontslagen worden of homoparen trouwen. Dat blijkt uit een enquête van de EO. De Tweede Kamer wil dat ambtenaren die geen homo's willen trouwen wettelijk worden aangepakt. Het kabinet wacht nog op een advies van de Raad van State. In Nederland zijn er volgens het COC ongeveer 100 weigerambtenaren. De doorsnee-weigerambtenaar is een man van boven de 50 jaar uit een gemeente met minder dan 30.000 inwoners, blijkt uit de EO-enquête.
Bron: nu.nl

Bron 17

De ChristenUnie en de SGP zijn minder tolerant. Zij benadrukken het christelijke karakter van Nederland en vinden dat dit gemeenschappelijke erfgoed (christelijke feestdagen, zondagsrust) door iedereen gerespecteerd moet worden.

Liberalisme

De VVD en de sociaalliberalen van D66 benadrukken de **eigen verantwoordelijkheid** en zelfredzaamheid van alle burgers. Nieuwkomers zijn zelf verantwoordelijk voor het aanleren van de taal en moeten zelf een plek verwerven in de Nederlandse samenleving.

Om te zorgen dat je in vrijheid kunt geloven, samenleven of zeggen wat je wilt, is het belangrijk dat iedereen de klassieke mensenrechten uit de grondwet respecteert.

Rechts-populisme

De PVV ziet multiculturaliteit als een bedreiging voor het voortbestaan van Nederland als herkenbare natie. Zij ziet met name een gevaar in de invloed van de islam op onze samenleving. Daarom ook zouden allochtonen een wettelijk bindende **integratieplicht** moeten krijgen. Pas als zij aan alle eisen voldoen, kunnen zij Nederlander worden. Tot die tijd kunnen zij geen beroep doen op uitkeringen, hebben zij geen stemrecht en kunnen bij een wetsovertreding het land worden uitgezet.

Sociaaldemocratie

Sociaaldemocraten staan voor een samenleving zonder discriminatie, armoede en achterstand. Daarom willen zij dat de overheid zorgt voor **gelijke kansen** voor alle minderheden in Nederland.

Op het gebied van culturele integratie zijn er echter verschillen tussen de sociaaldemocratische partijen. GroenLinks voert bijna een liberale koers en benadrukt de eigen verantwoordelijkheid van allochtonen en nieuwkomers. De PvdA en de SP vinden dat de overheid actief moet helpen bij de integratie, maar ook hard mag optreden als mensen zich niet willen aanpassen aan de Nederlandse samenleving.

Suikerfeest een nationale feestdag?

Twintig procent van de Nederlandse bevolking vindt dat het suikerfeest een nationale feestdag mag worden, blijkt uit onderzoek. Het suikerfeest is een islamitische feestdag die het einde symboliseert van de ramadan, een periode waarin van zonsopgang tot zonsondergang gevast wordt.

Irem: "Waarom niet? Het zou een goed gebaar zijn naar de moslimgemeenschap in Nederland. Ze vormen een deel van onze samenleving, dan hoort zo'n feestdag er gewoon bij."

Aart: "Misschien kun je mensen één extra vrije dag per jaar laten kiezen. Kan de één voor het suikerfeest gaan, de ander voor Sinterklaas en de volgende voor de jaarlijkse kermis."

"Zo'n voorstel om van het islamitische suikerfeest een officiële vrije dag te maken is volslagen van de pot gerukt", reageerde schrijver **Hafid Bouazza** in de Volkskrant. "Het aantal moslims mag dan wel rond een miljoen liggen, maar dat is nog altijd maar 6 procent van de bevolking. Moet die andere 94 procent verplicht vrij hebben op een dag waar ze niks mee heeft? En dan: waar houdt het op? Als de islam haar nationale feestdag heeft, waarom dan geen dag voor hindoes, joden of Chinezen?"

Bron 18

• Begrippenlijst

In dit thema zijn de volgende belangrijke begrippen aan de orde gekomen:

1 Pluriformiteit in Nederland
- cultuur
- nature-nurturedebat
- cultuurkenmerk
- cultuurgroep
- multicultureel
- allochtoon
- autochtoon
- pluriforme samenleving
- culturele diversiteit
- grondwet
- dominante cultuur
- tolerantie
- subcultuur
- tegencultuur
- feminisme
- antiglobalist

2 Cultuur en identiteit
- socialisatie
- socialiserende institutie
- sociale controle
- sancties
- internalisatie
- sociale identiteit
- individualistisch
- collectivistisch
- loyaliteit

3 Cultuurverschillen
- culturele diversiteit
- plattelandscultuur
- generatieconflict
- bedrijfscultuur
- rolpatroon

4 Nederland is veranderd
- gezagsverhouding
- verzuiling
- handelingsbekwaamheid
- wederopbouw
- consumptiemaatschappij

- sociale mobiliteit
- individualisering
- jongerencultuur
- ontkerkelijking
- ontzuiling
- secularisatie
- vrouwenemancipatie
- diversificatie van het media-aanbod

5 Immigratie naar Nederland
- religieuze vluchteling
- politieke vluchteling
- arbeidsmigrant
- gastarbeider
- kennismigrant
- illegaal
- asielzoeker
- vreemdelingenwet
- asielzoekerscentrum
- gezinshereniging
- gezinsvorming

6 Botsende culturen en grondrechten
- segregatie
- assimilatie
- integratie
- wederzijdse aanpassing
- discriminatie
- emancipatiebewegingen
- vrijheid van meningsuiting

7 Sociale cohesie
- sociale cohesie
- affectieve binding
- economische binding
- globalisering
- cognitieve binding
- politieke binding
- sociaal contract
- europeanisering

8 De toekomst van de pluriforme samenleving
- restrictief toelatingsbeleid
- Universele Verklaring van de Rechten van de Mens
- Verdrag van Maastricht
- Europees Verdrag voor de Rechten van de Mens en de Fundamentele Vrijheden
- VN-Vluchtelingenverdrag van Genève
- integratieplicht

Verzorgingsstaat

Als je ziek of werkloos bent, heb je recht op een uitkering. Als je 65 jaar wordt, krijg je AOW. Om alle uitkeringen mogelijk te maken, betalen we premies en belastingen. Het grootste deel hiervan komt van mensen die werken.

In dit thema ontdekken we hoe de verzorgingsstaat in de loop van de tijd is ontstaan en hoe deze er nu uitziet. Ook vragen we ons af of we in de toekomst het huidige niveau van de verzorgingsstaat wel kunnen vasthouden.

De kernvraag bij dit thema is: **Wanneer moeten mensen hun problemen zelf oplossen en wanneer moet de overheid helpen?**

Wat is een verzorgingsstaat?

1

MIJN VADER IS WERKLOOS - Lieke (17): "Mijn vader is twintig maanden geleden bij een reorganisatie zijn baan kwijtgeraakt. Dat was een behoorlijke schok. Zijn werk was een soort tweede thuis en met veel collega's ging hij ook privé om. Mijn moeder moet nu extra veel verdienen en is daar nogal gestrest door. Mijn vader voelt zich erg schuldig. Over een maand heeft hij geen recht meer op een WW-uitkering. Volgens mijn moeder kunnen we het nog even uitzingen met spaargeld, maar ik maak me zorgen. Kan ik straks nog wel op kamers als ik ga studeren?"

Tot welk punt is de overheid verantwoordelijk als je geen baan kunt vinden? Of ben je daar zelf helemaal verantwoordelijk voor? In dit hoofdstuk beantwoorden we allereerst de vraag: *Wat is een verzorgingsstaat en welke rol speelt de overheid daarin?*

Welvaart, welzijn en solidariteit

Nederland is een **verzorgingsstaat**, dat wil zeggen dat *de overheid zich actief bemoeit met de welvaart en het welzijn van haar inwoners.* Met welvaart bedoelen we dat we over voldoende inkomen beschikken om onze behoeften te vervullen. Welzijn betekent hoe we ons geestelijk en lichamelijk voelen.

De kern van onze verzorgingsstaat is de solidariteitsgedachte. We spreken van **solidariteit** *als er bereidheid is in een groep of samenleving om risico's met elkaar te delen.* Een voorbeeld: jij hebt een baan maar je beste vriend raakt werkloos. Hij krijgt dan een uitkering waar jij en alle andere werkende mensen samen voor betalen. Omdat jou hetzelfde kan overkomen, is er sprake van een collectief belang.

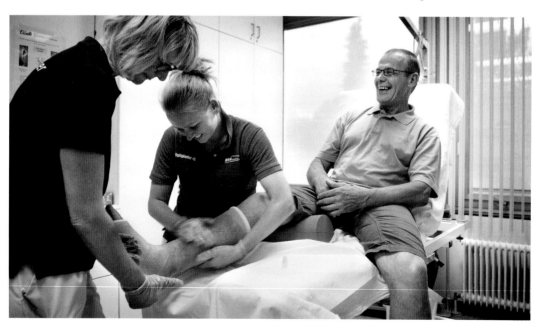

De drie pijlers

De verzorgingsstaat steunt op drie belangrijke pijlers:

- **Goed onderwijs**. Een goede opleiding geeft je de kans om je talenten te ontplooien. Bovendien vergroot het je kansen op de arbeidsmarkt. Goed onderwijs is ook belangrijk voor onze samenleving als geheel. Om te concurreren met de economieën van de Verenigde Staten en Azië moeten er steeds meer mensen hoger worden opgeleid. Omdat hoogopgeleiden meer belasting en premies kunnen betalen, is goed onderwijs tot slot ook gunstig voor de verzorgingsstaat.
- **Goede gezondheidszorg**. Word je ziek of heb je een handicap, dan kun je een beroep doen op een van de vele regelingen. Zo betaalt je zorgverzekeraar de huisarts of een operatie in het ziekenhuis en hebben zwangere vrouwen recht op verlof. En voor oudere mensen die niet meer zelfstandig kunnen wonen, bestaan er verzorgings- en verpleeghuizen.
- **Sociale zekerheid**. Als je werkt, betaal je sociale premies voor het geval je ziek, werkloos of arbeidsongeschikt raakt. Daarnaast betalen alle Nederlanders belasting. Van dit belastinggeld worden voorzieningen zoals de AOW (Algemene Ouderdomswet) en Kinderbijslag betaald. Al deze regelingen samen noemen we het **socialezekerheidsstelsel,** dat *mensen verzekert van een inkomen bij werkloosheid, ziekte, ouderdom of arbeidsongeschiktheid.*

Rechten en plichten

In het thema Rechtsstaat zagen we dat Nederland een **sociale rechtsstaat** is. Dit betekent dat burgers sociale grondrechten hebben. Deze rechten zijn niet afdwingbaar bij de rechter, maar de grondwet verplicht de overheid wel om er actief naar te streven.

De belangrijkste sociale grondrechten zijn:
- voldoende werkgelegenheid (art. 19);
- bestaanszekerheid en welvaart (art. 20);
- een goed leefmilieu (art. 21);
- volksgezondheid en voldoende woongelegenheid (art. 22);
- goed onderwijs (art. 23).

Bij de verzorgingsstaat horen niet alleen rechten maar ook plichten, zoals de sollicitatieplicht. In artikel 19 van de grondwet staat dat 'bevordering van werkgelegenheid een voorwerp van zorg van de overheid is.' De overheid moet zich dus inspannen om iedereen aan werk te helpen, maar in ruil daarvoor moet iedereen die kan werken, zijn best doen om een baan te vinden.

Is iemand niet actief op zoek naar werk, dan heeft hij geen recht op een uitkering.

Een andere plicht die bij de verzorgingsstaat hoort, is het betalen van **premies** voor verzekeringen als de AOW, de Werkloosheidswet (WW) en de zorgverzekering.

De hoofdrolspelers

In een verzorgingsstaat spelen drie partijen een grote rol, namelijk:
- burgers
- overheid
- werknemers- en werkgeversorganisaties

Burgers

In Nederland wordt van iedereen verwacht dat hij in eerste instantie voor zichzelf zorgt en eventueel voor een partner, kinderen of ouders. Je bent dus **zelf verantwoordelijk** voor het hebben van werk, een huis en een school voor je kinderen. Ook kinderopvang moet je zelf regelen. De overheid moet wel zorgen dat er voldoende scholen, banen, huizen en crèches zijn. Pas als het jou niet lukt om een baan te vinden, kun je bij de overheid aankloppen. Daar word je dan geholpen met solliciteren of krijg je een werk-leeraanbod (tot 27 jaar) of omscholing aangeboden.

Schoonmakers eisen respect

UTRECHT – Meer dan 2.500 schoonmakers vanuit heel Nederland hebben het werk neergelegd. Ze demonstreren voor betere arbeidsomstandigheden, meer salaris, maar ook: respect. De 54-jarige Dina maakt al 28 jaar schoon bij de Belastingdienst in Den Haag. "We moeten nu twee keer zoveel werk doen in dezelfde tijd als vroeger. En voor steeds minder geld. Bovendien hebben de mensen geen respect. Ze gooien hun troep gewoon voor mijn voeten neer. Ik mag het dan opruimen. 'Daar ben je toch voor?' zeggen ze dan. Dan denk ik: dat doe je thuis toch ook niet?"
Tweede Kamerlid Sadet Karabulut (SP) loopt mee met de stakers. "Hun eisen zijn doodnormaal", vertelt ze. "Ze eisen geen leaseauto, geen bonussen. Ze willen gewoon hun werk kunnen doen. Zonder schoonmakers zijn we nergens en het wordt tijd dat werkgevers dat beseffen." Bron: ANP

Bron 1

De rol van burgers is ook dat zij een deel van de kosten voor de verzorgingsstaat betalen in de vorm van belastingen en premies.

Overheid
In een verzorgingsstaat is de grootste rol weggelegd voor de overheid. Zij:
- is verantwoordelijk voor **collectieve voorzieningen** zoals onderwijs, gezondheidszorg en huisvesting;
- garandeert een **inkomen** aan mensen die daar zelf niet in kunnen voorzien, zoals zieken, werklozen, arbeidsongeschikten en ouderen;

- stimuleert werkgelegenheid, bijvoorbeeld voor bepaalde groepen zoals allochtonen, vrouwen en vijftigplussers;
- zet zich in voor goede **arbeidsomstandigheden**, bijvoorbeeld door de Arbowet;
- helpt om goede **arbeidsvoorwaarden** te scheppen, bijvoorbeeld door het halfjaarlijkse overleg met werkgeversorganisaties en vakbonden over de loonontwikkelingen;
- bevordert het **welzijn** van mensen, bijvoorbeeld door sportverenigingen en bibliotheken te subsidiëren, zodat de lidmaatschapskosten betaalbaar blijven.

Werknemers- en werkgeversorganisaties
Het grootste deel van de kosten van de verzorgingsstaat wordt betaald door de werknemers en de werkgevers. Om voor hun belangen op te komen hebben beide groepen zich georganiseerd.

Werknemers zijn verenigd in **vakbonden**, *organisaties die de collectieve en individuele belangen van werknemers behartigen*. Zo zijn er vakbonden van leraren, schoonmakers, enzovoort. Als vakbonden samenwerken, spreken we van een **vakcentrale**, zoals de Federatie Nederlandse Vakbeweging (FNV) en het Christelijk Nationaal Vakverbond (CNV).

Werkgevers hebben zich georganiseerd in **werkgeversorganisaties** zoals het VNO-NCW, een samengaan van het Verbond voor Nederlandse Ondernemingen en het Nederlands Christelijk Werkgeversverbond, en MKB-Nederland voor het midden- en kleinbedrijf.

Werkgeversorganisaties en vakcentrales noemen we samen de **sociale partners**. Zij maken afspraken die voor alle werknemers en werkgevers gelden, zoals een afspraak om de lonen het komende jaar met maximaal 2 procent te laten stijgen.

Op bedrijfstakniveau stellen vakbonden en werkgeversorganisaties samen een **collectieve arbeidsovereenkomst** (cao) op. In een cao worden de arbeidsvoorwaarden vastgesteld voor de werknemers in één hele bedrijfstak, bijvoorbeeld horeca of vervoer.

Het kan ook anders

Dat Nederland een verzorgingsstaat is, heeft te maken met keuzes uit het verleden. Het had ook anders gekund. We geven drie voorbeelden.

De Sovjet-Unie was lange tijd een communistische **planeconomie** waarin de productiemiddelen (grond, bedrijven, kapitaal) in handen waren van de overheid. De overheid gaf iedereen werk tegen ongeveer hetzelfde loon. De waarde gelijkheid is dus belangrijk voor communisten. Een van de nadelen was dat mensen vaak gedwongen werden om bepaald werk te doen en hun winst moesten afstaan. Wie zich verzette, werd soms zwaar gestraft. Ook was er veel corruptie.

Helemaal aan de andere kant staat het Amerikaanse model met het **vrijemarktmechanisme**. Hierin staat de waarde vrijheid centraal en de overheid bemoeit zich nauwelijks met de economie. De belastingen zijn er laag, maar daardoor moet iedereen zichzelf verzekeren tegen werkloosheid en ziekte. Ook voor goed onderwijs en gezondheidszorg moet je zelf flink betalen. Sommige Amerikanen, vooral veel Democraten, willen dat de overheid de zorg betaalbaarder en voor iedereen toegankelijk maakt. Maar anderen, meestal Republikeinen, zijn fel tegen veel 'staatsbemoeienis'.

De meeste Scandinavische landen ten slotte kennen hoge belastingen en uitgebreide voorzieningen. Je wordt er makkelijker ontslagen maar, mede door de goede begeleiding, heb je meestal snel een andere baan. Dit **sociaaldemocratische model** kent uitgebreide verlofregelingen voor ouders met kleine kinderen en hoge uitkeringen. Het is een duur systeem, waarin de overheid veel regelt op het gebied van kinderopvang en onderwijs. Een voordeel is dat het percentage werkende vrouwen het hoogste van Europa is.

Nederland koos voor een tussenweg: geen totale vrijheid zoals in de Verenigde Staten, geen totale gelijkheid zoals in de Sovjet-Unie, maar ook geen systeem dat zo duur en uitgebreid is als het Scandinavische. Hoe onze verzorgingsstaat tot stand is gekomen lees je in het volgende hoofdstuk.

"Ik lig op een brancard, maar er is niemand om me te duwen"

Jelle Brandt Corstius woonde vijf jaar in Rusland, waar hij werkte als correspondent en televisiemaker.

Hij ervaarde in de praktijk hoe de verzorgingsstaat in Rusland werkt. Tijdens een van zijn opnames gleed hij uit, viel vol op zijn rug en brak een ruggenwervel. Over zijn bezoek aan het ziekenhuis schreef hij: "Ik lig op een brancard en moet naar de röntgenafdeling, maar er is niemand die mij kan duwen. Wanneer ik, geduwd door mijn geluidsman, op de röntgenafdeling arriveer, is ook daar niemand aanwezig. Er hangt wel een briefje op de deur: 'Ik ben even reanimeren.' Uiteindelijk moet ik er een nacht blijven. Als de pijnstillers zijn uitgewerkt en ik op de alarmknop druk, blijkt die het niet te doen. Ik wacht en wacht tot er iemand langskomt, val uiteindelijk in slaap, en word de volgende ochtend wakker met een bord op mijn borst. Ik had geen idee wat het was, en ook niet hoe lang het er al stond. Dus ik steek mijn vinger erin. Was het een soort pap! En die leggen ze dus gewoon zo neer!"

Bron: vk.nl

Bron 2

153

• Internationale vergelijkingen

Noorwegen moeder-vriendelijkste land

Noorwegen is voor moeders het meest aangename land om te wonen. Dit blijkt uit onderzoek van de organisatie Save the Children onder 164 landen.
Afghanistan heeft de hoogste moedersterfte en de laagste levensverwachting in de wereld.
Grote verschillen in gezondheidszorg scheiden de toplanden van de minder ontwikkelde landen. Door goed geschoold personeel in Noorwegen sterven er veel minder moeders en baby's. In Afrika is slechts bij 14 procent van de geboortes medisch geschoold personeel aanwezig. De levensverwachting in Noorwegen ligt met 83 jaar een stuk hoger dan de 45 jaar in Afghanistan. In Afghanistan sterft 20 procent van de kinderen voor het vijfde levensjaar.
Bron: Novum

Verzorgingsstaat in Kameroen

Wat kan er allemaal misgaan als een vrouw moet bevallen op het verarmde platteland van Kameroen? Bij Prudence Lemokouno was de bevalling op gang gekomen, maar het kind wilde niet komen. Verloskundige hulp was niet aanwezig en na drie dagen werd Prudence achterop een motor naar een ziekenhuis gebracht. Daar gebeurde niets, want de familie van Prudence moest eerst 100 dollar voor een keizersnede betalen. Tegen de tijd dat de dokter wilde opereren, had Prudence zoveel bloed verloren dat een transfusie nodig was. Maar er was geen bloed. Gelukkig had de journalist die dit verhaal optekende, Nicholas Kristof van de New York Times, dezelfde bloedgroep en hij werd ter plekke donor.
Maar daarna begon het ziekenhuis nog meer geld te eisen, en toen na zes uur iedereen klaar was om te opereren, vertelde de verpleegster dat de dokter naar huis was en pas de volgende ochtend zou terugkomen. Diezelfde nacht overleed Prudence. Haar kind stierf met haar.
Bron: IS

Hoe hoog is de levensverwachting in de wereld?

Leeftijd in jaren

-50 50+ 60+ 70+ 75+ 80+

Bron: WHO

1 dag per maand vrij

Emelia Yanti (36) voert wereldwijd actie voor het lot van de arbeidsters in Indonesische textielfabrieken. "Voor achttienhonderd werkneemsters zijn er acht toiletten. Ze worden behandeld als gevangenen en het drinkwater is gekookt grondwater. Overuren worden niet betaald en er is intimidatie: vakbondsleden worden zomaar ontslagen."

"Op mijn vijftiende ging ik in een fabriek werken die kleding produceert voor Levi Strauss. Ik moest tien tot twaalf uur per dag staan. Zitten mocht niet en naar de wc gaan kostte geld. Omdat ik maar 60 dollar per maand verdiende, ging ik ook in de weekenden werken. Toen had ik nog maar eens per maand een dag vrij. Het enige dat me op de been hield, was mijn familie in leven te houden."

Bron: IS

Japan vergrijst snel

Japan heeft de snelst vergrijzende bevolking ter wereld. Tien procent van de 127 miljoen inwoners is ouder dan 75 en bijna 23 procent ouder dan 65. De sociale en economische gevolgen zijn groot. In de buitenwijk Tokiwadaira van Tokio, waar veel oudere plattelanders wonen, liggen mensen soms een paar maanden dood in bed voordat ze worden gevonden. "De samenleving moet opnieuw worden ingericht", zegt premier Hatoyama.

Terwijl het aantal hulpbehoevenden snel oploopt, zijn veel ziekenhuizen juist gesloten vanwege gebrek aan personeel. Sommigen willen daarom de grenzen openstellen voor arbeidsmigranten. Volgens **Kosuke Motani** van de Japanse ontwikkelingsbank is dat niet eenvoudig: "We zouden miljoenen migranten nodig hebben. Die kun je onmogelijk in één keer naar Japan halen. En de aanpassing hier is heel lastig; denk alleen al aan het Japanse schrift." Bron: Trouw

Zorg in de VS

Man berooft bank voor gratis zorg

NEW YORK - De Amerikaanse James Verone (59) had allerlei medische klachten zoals pijn op z'n borst en chronische rugpijn. Medische hulp kon hij echter niet betalen. Daarom liep hij onlangs een bank binnen, overhandigde de baliemedewerker een briefje met daarop 'This is a bank robbery, please give me one dollar' en liet zich rustig arresteren. Sindsdien zit James in de gevangenis en is hij behandeld door verschillende artsen. Verone tegen een journalist: "De gevangenis is de enige plek waar iedereen gratis medische hulp krijgt. Ik hoop op een straf van 3 jaar, want dan ben ik oud genoeg om bijstand te krijgen van de staat." Bron: NRC Next

"Verhoog alstublieft onze belastingen"

WASHINGTON - Een groep van 138 miljonairs uit de Verenigde Staten wil meer belasting betalen. In een brief vragen zij het Amerikaanse parlement om belastingverhogingen in te voeren voor rijke Amerikanen. Multimiljardair Warren Buffett: "Mijn superrijke vrienden en ik zijn lang genoeg in de watten gelegd. Ik betaal maar 17 procent belasting. Mijn medewerkers op kantoor betalen veel meer, zo'n 33 en 41 procent. Dat klopt niet." Bron: NOS

Google geeft homo's extra salaris

AMSTERDAM - Homo's en lesbiennes in dienst van Google in de Verenigde Staten gaan duizend dollar per jaar meer verdienen. In de VS gelden verschillende belastingregels voor hetero's en homo's. Zo betalen homokoppels meer belasting over hun ziektekosten dan heterostellen.

Google laat weten dat de beslissing een flink bedrag gaat kosten, maar "dat geld is het gelijkheidsbeginsel meer dan waard." Google staat bekend om zijn goede arbeidsvoorwaarden en geeft werknemers onder meer gratis lunches en gratis toegang tot wasserettes. Zwangere werknemers krijgen vijf maanden verlof met behoud van het volledige salaris. Bron: de Volkskrant

Ontstaan verzorgingsstaat

2

ALLE 65-PLUSSERS EEN UITKERING - Op 2 januari 1957 ontving de heer Bakker uit Amsterdam de eerste AOW-uitkering. In datzelfde jaar kwamen er nog 738.692 mensen bij. Minister-president Willem Drees was de motor achter deze Algemene Ouderdomswet. Al in 1947, vlak na de oorlog, zag hij hoeveel ouderen in armoede leefden en van liefdadigheid afhankelijk waren. Dat moest anders, vond hij: alle 65-plussers hadden recht op een uitkering van de overheid. Willem Drees werd er mateloos populair door en ontving cadeaus uit het hele land. Voor hemzelf pakte de regeling niet verkeerd uit: hij stierf in 1988 op 101-jarige leeftijd.

De overheid laat tegenwoordig niemand meer aan zijn lot over. Dat was vroeger wel anders. In dit hoofdstuk behandelen we eerst hoe de verzorgingsstaat stapsgewijs werd opgebouwd en kijken daarna naar de verschillende politieke visies op de verzorgingsstaat.

Onze hoofdvraag is: *Hoe is de verzorgingsstaat ontstaan en hoe denkt de politiek daarover?*

Nederland als nachtwakersstaat

In de negentiende eeuw was de Nederlandse economie volledig gebaseerd op het principe van de vrije markt: iedereen kon produceren wat hij wilde, er waren geen regels over minimumloon en je kon zomaar ontslagen worden. Omdat de overheid zich niet met de economie bemoeide, spreken we ook wel van staatsonthouding op economisch gebied. Zo'n land noemen we een **nachtwakersstaat**, *een staat waarin de overheid zich vooral beperkt tot het handhaven van de rechtsorde.* Zwakkeren zoals zieken en ouderen werden geholpen door rijke burgers, de kerk of andere liefdadigheidsinstellingen. Zorg was een gunst en geen recht.

Overgangsperiode

Langzamerhand werden de keerzijden van deze liberale vrijemarkteconomie zichtbaar. De lonen waren zo laag dat mensen werkdagen van zestien uur moesten maken om genoeg te verdienen.

GESCHIEDENIS SOCIALE WETGEVING

1901
DE ONGEVALLENWET was een verplichte verzekering voor arbeidsongeschiktheid door een bedrijfsongeval.
DE EERSTE WONINGWET stelde eisen aan de bouw van woningen zoals riolering.
DE LEERPLICHTWET verplichtte iedereen tot minimaal zes jaar school.

1919
DE VRIJWILLIGE OUDERDOMSWET regelde een niet-verplichte verzekering tegen inkomensverlies als ouderen stopten met werken.
DE ARBEIDSWET regelde de achturige werkdag.

1874
DE KINDERWET verbood kinderarbeid, al bleven veel kinderen nog werken.

1913
DE INVALIDITEITSWET verplichtte werkgevers een premie te betalen voor arme werknemers tegen inkomensverlies bij arbeidsongeschiktheid.

1917
HET WERKLOOSHEIDSBESLUIT regelde maximaal acht weken uitkering voor werklozen.

1930
DE ZIEKTEWET regelde (gedeeltelijke) doorbetaling bij ziekte.

1854
DE ARMENWET zorgde voor de eerste overheidssteun voor armen.

1895
DE VEILIGHEIDSWET beschermde arbeiders tegen gevaren in het bedrijf.

Bron 3

TOT 1850 NACHTWAKERSSTAAT | 1850 - 1950 OVERGANGSPERIODE

1850   1860   1870   1880   1890   1900   1910   1920   1930

Ook op zaterdag werd gewerkt en een minimumloon bestond niet. Kinderen werkten al heel jong mee om het gezinsinkomen aan te vullen. Had je geen werk, dan was je aangewezen op liefdadigheid, bedelarij of diefstal.

Vanuit verschillende overwegingen ontstond de opvatting dat de staat moest **ingrijpen in de vrije markt**:
- Christenen wilden de zwakkeren een betere bescherming bieden.
- Sociaaldemocraten streefden naar een sterkere rechtspositie van de arbeiders.
- De liberalen waren voorstander van een vermindering van de criminaliteit, die een onvermijdelijk gevolg was van de grote armoede.

De eerste sociale wetten
In de tweede helft van de negentiende eeuw besloot de overheid de vrijemarkteconomie te beperken door een aantal sociale wetten aan te nemen:
- In 1854 regelde de Armenwet de eerste beperkte financiële overheidssteun voor armen.
- In 1874 werd kinderarbeid verboden (het Kinderwetje van Van Houten).
- In 1895 beschermde de Veiligheidswet arbeiders tegen gevaren in het bedrijf.
- In 1901 verplichtte de Leerplicht iedereen tot minimaal zes jaar school.
- In 1919 beperkte de Arbeidswet de duur van de arbeidsdag tot acht uur.

Kinderarbeid is in Nederland verboden sinds 1874

- in 1939 werd de Kinderbijslagwet aangenomen.
Zie verder de tijdlijn onder aan deze pagina's.

In de eerste helft van de twintigste eeuw werden de taken van de overheid geleidelijk verder uitgebreid. Er ontstond behoefte aan **verzekeringen** om inkomensverlies bij invaliditeit, ziekte en werkloosheid te compenseren. De eerste verzekeringen waren vrijwillig: je kon je verzekeren, maar dat hoefde niet. Alleen de Ongevallenwet uit 1901 was hierop een uitzondering.

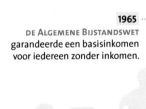

1965
DE ALGEMENE BIJSTANDSWET garandeerde een basisinkomen voor iedereen zonder inkomen.

1967
DE WET OP DE ARBEIDS-ONGESCHIKTHEIDSVERZEKERING garandeerde een inkomen bij langdurige of blijvende arbeidsongeschiktheid.

1980
DE ARBOWET verplichtte werkgevers tot goede en veilige arbeidsomstandigheden.

1939
DE KINDERBIJSLAG-WET regelde een financiële tegemoetkoming voor de opvoeding van kinderen.

1956
DE ALGEMENE OUDERDOMSWET regelde een uitkering voor iedereen van 65 jaar en ouder.

1983
Nederland werd een SOCIALE RECHTSSTAAT en arbeid werd een grondrecht.

2006
Invoering VERPLICHTE ZORGVERZEKERING.

1950 - NU VERZORGINGSSTAAT

1940   1950   1960   1970   1980   1990   2000   2010   2020

Liberale visie

Liberalen zijn sterk voor een vrijemarkteconomie. De overheid moet op economisch terrein een terughoudende rol spelen en alleen het hoogst noodzakelijke regelen: particulier initiatief en bedrijfsleven mogen niet gehinderd worden. Liberalen willen daarom de collectieve uitgaven voor de gezondheidszorg en het socialezekerheidsstelsel zo laag mogelijk houden zodat de **eigen verantwoordelijkheid** van burgers wordt gestimuleerd. Bijvoorbeeld door de vergoeding voor dieetadvies of stoppen met roken uit het basispakket van de zorgverzekering te halen en door de WW in te korten. Omdat onderwijs volgens liberalen een investering in de toekomst is, willen zij daar niet te veel op bezuinigen. Studenten moeten echter wel meer zelf betalen. Zo is de reiskostenvergoeding afgeschaft en krijg je een boete als je te lang over een studie doet.

De duur en de hoogte van de verzekering waren bovendien beperkt. Bij werkloosheid bijvoorbeeld kreeg iemand in 1920 maximaal acht weken een uitkering van ongeveer 50 procent van het loon.

Nederland wordt een verzorgingsstaat

Vlak na de Tweede Wereldoorlog vormden katholieken en sociaaldemocraten samen de regering. De socialistische PvdA wilde dat werknemers meer rechten en meer **inkomenszekerheid** kregen. De katholieke partij (KVP) wilde dat werkgevers en werknemers meer gingen samenwerken.

Allebei kregen ze hun zin. De positie van de werknemers werd beter door nieuwe sociale wetten zoals de AOW, de Bijstandswet en de Arbeidsomstandighedenwet.

De christendemocratische visie zien we vooral terug in de oprichting van overlegorganen zoals de Stichting van de Arbeid. Dit orgaan overlegt elk jaar met vakbonden en werkgevers over de arbeidsvoorwaarden.

In de ontstaansgeschiedenis van de verzorgingsstaat zien we de uitgangspunten terug van sommige politieke stromingen. Welke visies zijn er?

Je eigen bedrijf beginnen

Sociaaldemocratische visie

Sociaaldemocraten zijn voorstander van een sturende rol van de overheid. Zij zijn voor een gemengde economie waarin het bedrijfsleven en de overheid samen voor werkgelegenheid zorgen. De overheid kan hierdoor de nadelige gevolgen van de vrijemarkteconomie proberen te voorkomen, bijvoorbeeld door te investeren wanneer het economisch slechter gaat. Ook een goed stelsel van zorg en uitkeringen kan bijdragen om de **sociale ongelijkheid** te verminderen. Omdat ook scholing de kansen van zwakkeren vergroot, willen sociaaldemocraten dat de overheid flink blijft investeren in het onderwijs.

Christendemocratische visie

Volgens christendemocraten moet de overheid een aanvullende rol vervullen. Dat kan alleen als er een sterk **maatschappelijk middenveld** is dat wordt gevormd door organisaties en groeperingen die de overheid waar mogelijk taken uit handen nemen. Denk aan werkgevers- en werknemersorganisaties die afspraken maken over lonen en arbeidstijden.

Deze christendemocratische visie zie je ook terug op het gebied van gezondheidszorg. Als iemand hulpbehoevend wordt, moet er als het kan eerst **mantelzorg** worden verleend, dit is *hulp vanuit de directe omgeving door familie, buren en vrienden*. Pas als mensen niet voor zichzelf of elkaar kunnen zorgen, moet de overheid ingrijpen.

GA JIJ JE OUDERS VERZORGEN?

Ik ben bereid om EEN AANTAL MAANDEN voor mijn ouders te zorgen.

15 - 44 JAAR: **59**%   45 - 64 JAAR: **33**%

Ik ben bereid om GEDURENDE EEN LANGERE PERIODE voor mijn ouders te zorgen.

15 - 44 JAAR: **39**%   45 - 64 JAAR: **25**%

Bron: SCP

Bron 5

"Mijn moeder zit al tien jaar in een rolstoel"

Nederland telt 3,5 miljoen mantelzorgers, van wie 10 procent jongeren. Vaak groeien zij op in een gezin met een ouder, broer of zus die chronisch ziek of gehandicapt is. Gemiddeld besteden zij tien uur per week aan zorg. Dat varieert van helpen bij eten of een wandelingetje maken tot echt zware taken als lichamelijke verzorging en huishoudelijk werk.

Jonge mantelzorgers hebben het vaak zwaar, maar zijn meestal eerder zelfstandig dan hun leeftijdgenoten.

Mantelzorger word je niet, het overkomt je. **Sharon (15)** zorgt voor haar moeder, die vanwege een spierziekte al tien jaar in een rolstoel zit: "Ik ben opgegroeid met een chronisch zieke moeder. Ik mis soms iemand hier in huis die kookt en voor je zorgt. Ik kan nooit spontaan eens met mijn moeder winkelen. Aan de andere kant is onze band door alles heel sterk. Maar ik ben ook gewoon een puber. Ik val net als andere meiden soms gewoon tegen haar uit. Ziek of niet."

Bron: Mezzo en Netwerk

Bron 6

Verzorgingsstaat, de praktijk

3

NIEMAND BUITENSPEL - Als je ziek of werkloos bent, heb je recht op een uitkering. En als je 65 wordt krijg je AOW, zelfs als je miljonair bent of lid van het Koninklijk Huis. Om al die uitkeringen mogelijk te maken, betalen we premies en belasting. Dat kan voor mensen met hogere inkomens oplopen tot 50 procent van hun inkomen. Volgens sommigen is die belastingdruk veel te hoog en kunnen de uitkeringen best naar beneden. Anderen vinden de voorzieningen en uitkeringen juist belangrijk om ervoor te zorgen dat niemand in Nederland buitenspel komt te staan. Wat vind jij?

De overheid geeft ongeveer 180 miljard euro uit aan onderwijs, gezondheidszorg en sociale zekerheid. Dat is ruim 70 procent van al haar uitgaven. We kijken in dit hoofdstuk wat uitgebreider naar de drie pijlers van de verzorgingsstaat en stellen de vraag: *Hoe ziet de verzorgingsstaat er in de praktijk uit?*

Onderwijs

Twee belangrijke doelen van de overheid op het gebied van onderwijs zijn:

1. Iedereen de kans geven zijn of haar **talenten** te ontwikkelen. Onderwijs vergroot de kansen om later een goede maatschappelijke positie te bereiken. Zo is de positie van vrouwen op de arbeidsmarkt aanzienlijk verbeterd, net als die van allochtonen: met een diploma is de kans groter dat zij hun achterstandspositie kwijtraken.

2. Zorgen voor voldoende **hoogopgeleid personeel** zodat de Nederlandse economie goed kan concurreren met het buitenland en bedrijven niet aangewezen zijn op buitenlandse specialisten.

Om deze twee doelen te bereiken is er een makkelijke doorstroming in het onderwijssysteem geregeld, bijvoorbeeld van het vmbo via de havo naar het hbo. In vergelijking met veertig jaar

Op weg naar school

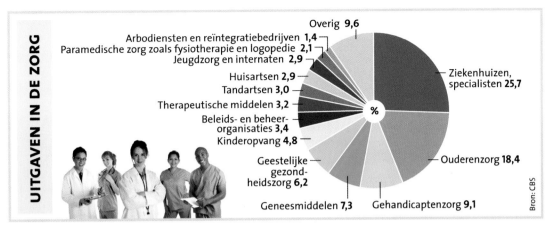

Overig **9,6**
Arbodiensten en reïntegratiebedrijven **1,4**
Paramedische zorg zoals fysiotherapie en logopedie **2,1**
Jeugdzorg en internaten **2,9**
Huisartsen **2,9**
Tandartsen **3,0**
Therapeutische middelen **3,2**
Beleids- en beheer-organisaties **3,4**
Kinderopvang **4,8**
Geestelijke gezond-heidszorg **6,2**
Geneesmiddelen **7,3**
Gehandicaptenzorg **9,1**
Ziekenhuizen, specialisten **25,7**
Ouderenzorg **18,4**
%

Bron: CBS

Bron 7

geleden zijn er nu bijna twee keer zoveel leerlingen in havo en vwo. Ook studeren meer jongeren aan een hogeschool of universiteit.

Leerplicht en controle

Om het belang van goed onderwijs te benadrukken, zorgt de overheid ervoor dat de leerplicht goed wordt nageleefd en dat de kwaliteit van scholen wordt gecontroleerd. In Nederland geldt volledige **leerplicht** voor iedereen tussen de vijf en zestien jaar. Hierna zijn jongeren tot hun achttiende gedeeltelijk leerplichtig als ze nog geen startkwalificatie (minimaal mbo-niveau 2) hebben behaald.

Als leerlingen veel spijbelen, krijgen zij en hun ouders te maken met de **leerplichtambtenaar**. Spijbelen is officieel strafbaar en er kunnen daarom sancties opgelegd worden zoals het intrekken van de kinderbijslag.

Alle onderwijsinstellingen worden gecontroleerd door de **Onderwijsinspectie**. Deze houdt onder meer op internet een lijst bij met zwakke opleidingen en kan in het uiterste geval scholen of opleidingen sluiten.

Gezondheidszorg

Een belangrijke taak van de overheid is zorgen voor goede gezondheidszorg. Iedere persoon die om fysieke of psychische redenen zorg nodig heeft, moet die kunnen krijgen.

Zorgverzekering

Sinds 2006 is iedereen boven de achttien jaar verplicht een zorgverzekering af te sluiten tegen ziektekosten. Jongeren onder de achttien jaar zijn gratis meeverzekerd met hun ouders en mensen met een lager inkomen kunnen een tegemoetkoming krijgen in de vorm van een zorgtoeslag.

In het basispakket zijn de meest voorkomende zaken verzekerd, zoals ziekenhuisopnames, medicijnen, een ambulancerit of een bezoekje aan de huisarts. Voor de fysiotherapeut en de tandarts moet je een aanvullende verzekering afsluiten. Jaarlijks geeft de overheid ongeveer 87 miljard euro uit aan geestelijke en lichamelijke gezondheidszorg. In bron 7 kun je zien waar dit geld aan wordt besteed.

Je betaalt de zorgverzekering door een **inkomensafhankelijke bijdrage** via je loon en **zorgpremies**. Voor de basisverzekering is die premie ongeveer 100 euro per maand.

De vrijwillige aanvullende verzekeringen kosten enkele tientjes per maand. Daarnaast geldt voor iedereen een eigen risico, wat betekent dat je de eerste paar honderd euro aan ziektekosten zelf moet betalen.

Marktwerking

De overheid heeft haar verantwoordelijkheid voor de gezondheidszorg deels losgelaten door een systeem van marktwerking in te voeren. Dit betekent dat zorgverzekeringen tegenwoordig zelf voor hun verzekerden 'zorg inkopen'. Ze maken dus zelfstandig prijsafspraken met aanbieders zoals huisartsen, fysiotherapeuten, tandartsen en ziekenhuizen. Critici vragen zich af of de vrije prijzen niet ten koste gaan van de **kwaliteit van de zorg**. Voorstanders wijzen erop dat ziekenhuizen beter zijn gaan functioneren en dat de lange wachtlijsten zijn verdwenen.

Socialezekerheidsstelsel

In de jaren zestig van de vorige eeuw werd de verzorgingsstaat in feite voltooid en was er een uitgebreid stelsel van sociale zekerheid opgebouwd. Dit socialezekerheidsstelsel bestaat uit twee delen:
- sociale verzekeringen
- sociale voorzieningen

Sociale verzekeringen

Sociale verzekeringen zijn verzekeringen in de letterlijke zin van het woord: mensen betalen premie om zich te verzekeren tegen een bepaald risico. Bijvoorbeeld het risico op verlies van inkomen bij ziekte. In tegenstelling tot andere verzekeringen zoals een brandverzekering zijn de sociale verzekeringen verplicht.

De sociale verzekeringen zijn onder te verdelen in werknemersverzekeringen en volksverzekeringen.

Werknemersverzekeringen

Werknemersverzekeringen zijn bestemd voor werknemers. De premie wordt door de sociale partners gezamenlijk betaald. De uitvoering van de verzekeringen gebeurt meestal door het Uitvoeringsinstituut Werknemersverzekeringen (UWV), dat door werkgevers en werknemers zelf is opgericht. De hoogte van de uitkering is gekoppeld aan het laatstverdiende loon. We noemen de drie belangrijkste werknemersverzekeringen.

Privékliniek opereert eerder dan ziekenhuis

ROTTERDAM – Chirurgen in privéklinieken besluiten veel sneller om te opereren dan hun collega's in ziekenhuizen. Vaak is dit niet nodig en het kan zelfs meer kwaad dan goed doen, maar de klinieken verdienen er meer aan. Dat blijkt uit onderzoek van NRC Handelsblad. Vooral bij herniapatiënten opereren klinieken veel vaker, ondanks het feit dat een hernia meestal vanzelf overgaat en een operatie, hoe klein ook, de rug beschadigt. Hoogleraar neurochirurgie Wilco Peul: "Zet ergens een herniakliniek neer en het aantal patiënten dat zich laat opereren neemt vanzelf toe. Het is net de warme bakker om de hoek." Bron: NRC Handelsblad

Bron 8

- De **Werkloosheidswet** (WW) voorziet in een inkomen als een werknemer onvrijwillig werkloos wordt. De duur van de WW-uitkering is afhankelijk van het aantal gewerkte jaren.
- De **Wet uitbreiding loondoorbetalingsplicht bij ziekte** (WULBZ) verplicht werkgevers om werknemers bij ziekte gedurende maximaal twee jaar een uitkering van 70 procent van het laatstverdiende loon te verstrekken. In veel cao's is afgesproken dit bedrag te verhogen tot 100 procent. Voor mensen die niet in loondienst zijn, zoals uitzendkrachten, bestaan aparte regels.
- De **Wet werk en inkomen naar arbeidsvermogen** (WIA) voorziet in een inkomen voor werknemers die als gevolg van langdurige ziekte of een ongeval niet in staat zijn om te werken. De hoogte van de uitkering hangt af van het laatstverdiende loon én van de mate waarin iemand arbeidsongeschikt is.

Volksverzekeringen

Voor de volksverzekeringen betaalt iedereen die in Nederland een inkomen heeft (loon, uitkering of winstdeling) een premie. We noemen enkele volksverzekeringen.
- De **Algemene Ouderdomswet** (AOW). Iedere burger heeft vanaf zijn 65e jaar recht op een

AOW-uitkering. De AOW is inkomensonafhankelijk, dus iedereen krijgt hetzelfde bedrag.

- De **Algemene Nabestaandenwet** (ANW). De ANW voorziet in een inkomen voor weduwnaars, weduwen en minderjarige wezen. De hoogte van de uitkering is afhankelijk van het inkomen van de achtergebleven partner.
- De **Algemene Kinderbijslagwet** (AKW). Aan alle ouders met kinderen onder de achttien jaar wordt een tegemoetkoming verstrekt in de kosten van levensonderhoud van de kinderen.

Sociale voorzieningen

Sociale voorzieningen zijn bestemd voor mensen die geen aanspraak kunnen maken op een sociale verzekering, bijvoorbeeld omdat ze nog nooit gewerkt hebben. Voor de sociale voorzieningen betalen de burgers geen premie. Het benodigde geld wordt betaald van de belastingopbrengsten.

Bijstand

Van iedereen ouder dan 21 jaar wordt verwacht dat hij zelfstandig in zijn eigen bestaan voorziet. Dit uitgangspunt staat centraal in de Wet werk en bijstand (WWB). Wie dat niet kan, krijgt ondersteuning bij het vinden van werk of een werk-leertraject en zolang dat nodig is, een bijstandsuitkering. De bijstand wordt daarom het **vangnet** onder het stelsel van sociale zekerheid genoemd.

De bijstand voorziet in een minimumbedrag dat je maandelijks nodig hebt voor noodzakelijke kosten zoals huur, voeding, kleding en de zorgverzekeringspremie. Dit heet **algemene bijstand**. Voor ongewone, extra kosten die je moet maken, bestaat **bijzondere bijstand**. Bijvoorbeeld als je wasmachine kapot gaat. In dat geval bepaalt de Sociale Dienst of en hoeveel geld je ontvangt.

Nu we een globaal beeld hebben van het ontstaan en de praktijk van de verzorgingsstaat, staan we in de volgende twee hoofdstukken stil bij een belangrijk onderdeel ervan, namelijk werk.

"Zelfs een werkloze krijgt vakantiegeld!"

Toen de Amerikaanse journalist **Russell Shorto** zich met zijn vrouw en twee dochters in Nederland vestigde, ontdekte hij woedend dat hij 52 procent van zijn salaris aan belasting betaalde. Maar die boosheid veranderde na een tijd. Voor de New York Times schreef hij een artikel over onze verzorgingsstaat.

Shorto: "Ik merkte dat de Sociale Verzekeringsbank (SVB) ieder kwartaal zomaar ongevraagd 511 euro op mijn rekening stortte met de mededeling: 'kinderbijslag'. Voor mij iets wonderbaarlijks. Op de SVB-website stond de reden: 'Baby's zijn duur: luiers, kleren, kinderwagen, al dat soort dingen kost geld.' Als Amerikaan een verbijsterend idee. In het begin was ik geïrriteerd over de 52 procent loonbelasting, maar nu snap ik het. Zelfs een werkloze krijgt vakantiegeld!"

"Zorgverzekeringen in de VS zijn een fiasco. Peperdure polissen die tandartskosten niet dekken en vol uitzonderingsgevallen. Hier betaal ik 300 euro per maand voor het hele gezin. Toen mijn dochters beugel werd vergoed, stond ik versteld."

Shorto constateert: "Nederlandse kinderen zijn gelukkiger dan Amerikaanse kinderen. Dat komt omdat de meeste ouders zich geen grote zorgen hoeven te maken over ontslag of ziektekosten. En dat zorgt ervoor dat Nederlanders relaxte mensen zijn." Bron: NRC Next

Bron 9

VAN WIEG TOT GRAF

Nederland is een verzorgingsstaat. Dat betekent dat de overheid helpt als dat nodig is. In de levenslijn op deze bladzijden staan voorbeelden van de manieren waarop de overheid mensen helpt.

PETER (32) WORDT VADER:
Als ouder heb je het recht om een jaar lang één of twee dagen vrij te nemen om voor je kind te zorgen. Soms word je tijdens je ouderschapsverlof (gedeeltelijk) doorbetaald. Of je krijgt geld via de belasting terug.

THIJS (12) VOETBALT BIJ RKVCS:
Aan sport wordt in Nederland jaarlijks 9,4 miljard euro uitgegeven. Zo'n 68 procent hiervan betalen de sporters zelf (lidmaatschapsgeld), 8 procent is sponsorgeld (in ruil voor reclame) en 24 procent betaalt de overheid (zoals subsidie voor het zwembad).

KIM (0) IS GEBOREN:
Voor de verzorging van kinderen geeft de overheid jaarlijks 3,3 miljard euro kinderbijslag aan ouders.

MEHMET (26) EN GULDANE (25) KOPEN EEN HUIS:
Hypotheekrenteaftrek is een belastingmaatregel voor mensen die een huis kopen. Gevolg: 12 miljard euro minder belastinggeld voor de overheid. Van de drie miljoen huurders ontvangt eenderde huurtoeslag. Jaarlijks kost dit de overheid 2,7 miljard euro.

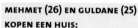

SOFYAN (5) GAAT NAAR SCHOOL:
De plek van Sofyan kost de overheid jaarlijks 5.900 euro; een middelbare scholier kost 7.400 euro. Voor de 2,5 miljoen leerplichtigen betaalt de overheid dus 16,5 miljard euro per jaar.

DELANO (19) STUDEERT IN UTRECHT:
Studiefinanciering werkt volgens de prestatiebeurs: als je afstudeert, is je basisbeurs een gift; haal je je diploma niet, dan moet je alles terugbetalen. Kosten voor de overheid: 4 miljard euro per jaar.

RICHARD (3) GAAT NAAR DE CRÈCHE:
De kinderopvang wordt betaald door de overheid, ouders en werk-gevers. De ouderbijdrage is inkomensafhankelijk en kan oplopen tot enkele honderden euro's per maand. De overheid draagt 1,9 miljard euro per jaar bij.

TIRZA (17) IS BOOS:
"Toen we hoorden dat het poppodium geen geld meer kreeg, zijn we gelijk naar de gemeente gestapt." Gemeenten krijgen van het Rijk geld uit het Gemeentefonds. Door bezuinigingen hebben de meeste gemeenten minder geld voor kunst en cultuur.

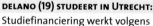

ERIC (49) ZORGT VOOR ZIJN DEMENTE MOEDER:
Bij ernstige ziekte van je partner, kind of ouder mag je 12 weken zorgverlof opnemen. Je werkt dan de helft van je normale uren óf je neemt 6 weken vrij. De zorgverlofuren krijg je echter niet doorbetaald.

MARIJKE (71) HEEFT HAAR HEUP GEBROKEN EN KRIJGT THUISZORG:
Jaarlijks helpen ruim 180.000 thuiszorgers ongeveer twee miljoen mensen. Bijvoorbeeld vrouwen na een bevalling of oudere mensen die niet zelf kunnen douchen. Thuiszorg kost jaarlijks ruim 4 miljard euro.

1 42 43 44 45 46 47 48 49 50 51 52 53 54 55 56 57 58 59 60 61 62 63 64 65 66 67 68 69 70 71 72 73 74 75 76 77 78 79 80 81 82 83 84

INEKE (46) IS ONTSLAGEN:
Als je werkloos wordt, heb je recht op een ww-uitkering. Afhankelijk van je arbeidsverleden duurt de uitkering 3 tot 30 maanden. Jaarlijks kost dit de overheid 4,6 miljard euro.

CHRIS (65) STOPT MET WERKEN:
Bijna drie miljoen 65-plussers ontvangen een AOW-uitkering, bij elkaar een bedrag van 32,7 miljard euro. Door de vergrijzing lopen deze kosten op. Daarom liggen er plannen om de AOW-leeftijd te verhogen.

JACOB (84) STERFT NA EEN MOOI EN GELUKKIG LEVEN:
In Nederland kiezen mensen vaker voor een crematie dan voor een begrafenis. De kosten betalen de nabestaanden. Als er geen enkele nabestaande is, betaalt de gemeente de begrafenisondernemer, een kist en een boeket bloemen.

Werk in de verzorgingsstaat

4

STOELENDANS - Stel dat we de (bijna) zeventien miljoen Nederlanders verdelen over zeventien stoelen. Twee stoelen bestemmen we voor kinderen tot twaalf jaar, twee voor scholieren en studenten, drie stoelen voor de ouderen en één voor arbeidsongeschikten, huisvrouwen en huismannen. De overige negen stoelen zijn voor mensen die kunnen werken. Op één ervan zitten de werklozen, mensen met prepensioen en bijstandsgerechtigden. Blijft over: acht stoelen voor de acht miljoen Nederlanders met betaald werk.

In dit hoofdstuk vragen we ons af: *Wat is de betekenis van werk in een verzorgingsstaat zoals Nederland?*

Waarom werken we?

Werken lijkt vanzelfsprekend: 90 procent van de Nederlandse mannelijke beroepsbevolking en 80 procent van de vrouwelijke beroepsbevolking heeft een betaalde baan. Het grote verschil tussen werk en een **hobby** is het economische nut van die activiteit. Je werkt omdat er in de samenleving een bepaalde behoefte aan bestaat. Soms kun je van je hobby je werk maken. Bijvoorbeeld als je zó goed kunt voetballen, schrijven of muziek maken, dat anderen willen betalen om je te zien, lezen of horen.

Sommige mensen zien werken als een **morele plicht**: werk je niet dan ben je lui. Anderen beschouwen het als een **maatschappelijke plicht**: alleen als je werkt ben je een volwaardig lid van de samenleving. Nog weer anderen zien werk als een vervulling waarin je iets van jezelf kwijt kunt.

De meeste mensen vinden het dus belangrijk om een betaalde baan te hebben. Van iemand die werkloos is verwachten we al snel dat hij zich laat omscholen, eenvoudig werk aanvaardt, des-

noods voor een lager loon dan hij eerder verdiende.

Al deze opvattingen over werk noemen we ons **arbeidsethos**, *de betekenis die arbeid voor ons heeft.*

Naast de plicht om te werken is arbeid als een sociaal **grondrecht** opgenomen in de grondwet. Dit heeft twee belangrijke redenen:
1. Werk is belangrijk bij het vervullen van de basisbehoeften van de mens.
2. Werk biedt de mogelijkheid om je maatschappelijke positie te verbeteren.

Werken als sociaal grondrecht heeft tot gevolg dat de overheid zich er actief mee bemoeit en dat mensen zonder werk recht op een uitkering hebben. Voor een goede en betaalbare verzorgingsstaat is het dus nodig dat zo veel mogelijk mensen werken.

Functies van werk

Bij het zoeken naar de motieven van mensen om te werken, kijken we eerst naar de **basisbehoeften van de mens**. De Amerikaanse psycholoog Maslow onderscheidt de volgende vijf basisbehoeften van de mens:
- De lichamelijke behoeften: eten, drinken, onderdak.
- De behoefte aan veiligheid en zekerheid.

"Ik wil niet weten wat ik verdien"

Armin van Buuren, dj: "Ik heb een strenge afspraak met mijn manager: ik wil van tevoren nooit weten wat ik verdien. Omdat ik bang ben dat ik dan voor het geld ga draaien en dat risico wil ik niet lopen. Elk mens heeft toch iets hebberigs in zich. Soms heb ik een briljante avond, 20.000 man op een strand, en dan hoor ik achteraf: die was gratis. Goh, denk je dan even. Maar meteen ook: het was een geweldige gig, dus wat maakt het uit? Ik draai niet om ervan te leven. Ik draai en ik kan ervan leven, dat is iets anders." Bron: VK Banen

Bron 10

Bron 11

- De sociale behoeften, zoals de behoefte om ergens bij te horen.
- De behoefte aan erkenning en waardering.
- De behoefte aan zelfrealisatie: de 'innerlijke drang' om iets zinvols te doen.

Volgens Maslow kunnen mensen zich pas richten op een hogere basisbehoefte als de basisbehoeften op de lagere niveaus al bevredigd zijn. Iemand zal dus pas erkenning zoeken als zijn directe levensonderhoud is geregeld. Werk is belangrijk bij het vervullen van **materiële** basisbehoeften zoals inkomen en zekerheid, maar ook van de **immateriële** basisbehoeften zoals sociale contacten, maatschappelijke status en het ontwikkelen van een identiteit.

Inkomen

Je loon zorgt er niet alleen maar voor dat je kunt eten en drinken en onderdak hebt. Het bepaalt ook je materiële levensstandaard en vormt de in **geld** uitgedrukte waardering voor je werk.

Zekerheid

Een vaste baan biedt vaak materiële zekerheid op lange termijn. Je doet sommige uitgaven omdat je weet dat je ook in de **toekomst** loon zult ontvangen. Denk maar aan een nieuwe auto op afbetaling of het afsluiten van een hypotheek voor de financiering van een huis.

Werk verschaft ook immateriële zekerheid. Het vormt een vast oriëntatiepunt in je leven en

TU-studenten werken aan waterstofauto

kennen aan iemands beroep. Op grond van deze status neem je een hogere of lagere maatschappelijke positie in.

Zelfrealisatie
Werk geeft het bestaan van de mens zin en een doel. Je kunt meehelpen te voorzien in de maatschappelijke behoeften aan goederen en diensten. Dit geeft je een gevoel van eigenwaarde: door je werk kun je je **ontplooien** en vakmanschap, creativiteit of verantwoordelijkheid tot ontwikkeling brengen.

Maatschappelijke positie
Nederland is een gelaagde samenleving, dat wil zeggen dat niet iedereen evenveel geld heeft: de een bezit meer huizen en gaat drie keer per jaar op vakantie, een ander heeft een minimuminkomen en kan nauwelijks een nieuwe koelkast betalen. We spreken ook wel van **sociale ongelijkheid**, wat betekent dat *welvaart niet gelijk is verdeeld over mensen*. Linkse partijen als de PvdA en de SP zijn geneigd deze ongelijkheid en de inkomensverschillen die eraan ten grondslag liggen, minder te accepteren dan een rechtse partij als de VVD.

Sociale ongelijkheid heeft veel te maken met je **maatschappelijke positie**, *de plaats die je inneemt op de maatschappelijke ladder.* We lazen al dat het werk dat je doet in grote mate bepaalt of je een hogere of lagere maatschappelijke positie inneemt. De factoren die daarbij een rol spelen zijn:
• de hoogte van je inkomen;
• de hoeveelheid macht en verantwoordelijkheid die je in je werk hebt;
• het benodigde kennisniveau;
• speciale aanleg en ervaring (denk aan een topvoetballer of een popster).

Je maatschappelijke positie heeft **gevolgen** voor je levenswijze. Zo is uit onderzoek gebleken dat mensen met een hoge maatschappelijke positie gemiddeld beter wonen, gezonder zijn, beter presteren op school, minder last hebben van psychische problemen en een hogere levensverwachting hebben.

biedt een bepaalde regelmaat. Het zorgt voor een verdeling tussen arbeidstijd en vrije tijd.

Sociale contacten
De meeste mensen werken samen met andere **collega's** en praten met hen over hun gezin, vakanties en het nieuws.

Erkenning en waardering
Werk is bij uitstek datgene waardoor je onderdeel bent van de samenleving en contact hebt met de samenleving. Het bepaalt daardoor het beeld dat je van jezelf hebt en draagt bij aan je identiteit. Veel mensen zeggen dan ook "Ik ben acteur" of "Ik ben accountmanager" en niet "Ik werk als acteur" of "Ik werk als accountmanager".

Dit beeld wordt ook van buitenaf bevestigd. Je beroep verschaft je een bepaalde **status**. Met status bedoelen we *de waardering die anderen toe-*

Klimmen op de ladder

In het thema Pluriforme samenleving zagen we dat de mogelijkheden tot **sociale mobiliteit** sinds de jaren zestig van de vorige eeuw flink gestegen zijn. Hierdoor zijn de verschillen tussen de sociale lagen in de samenleving minder scherp geworden.

De overheid helpt een handje

Zonder diploma's en werkervaring is het nog steeds moeilijk om op te klimmen. Ongeschoolden en uitkeringsgerechtigden raken daardoor steeds verder achterop.

Daarom voert de overheid een **emancipatiebeleid**. Gesubsidieerde banen en wettelijke regelingen stimuleren werkgevers om eerder sollicitanten uit bepaalde groepen in dienst te nemen, zoals gehandicapten, chronisch zieken en allochtonen. Maar ook vrouwen hebben door dit beleid hun maatschappelijke positie verbeterd. We spreken in dit geval ook wel van **positieve discriminatie**.

Burn-out door smartphone

AMSTERDAM – Vrijwel alle hoogopgeleide werknemers in Nederland die een smartphone van de zaak hebben, lezen ook 's avonds en in het weekend e-mailberichten voor hun werk. Maar liefst 85 procent voelt zich hier ook toe verplicht. Zelfs op vakantie gaat de smartphone gewoon mee. Dit blijkt uit onderzoek van tijdschrift Intermediair. Een smartphone van de zaak is zo dominant aanwezig dat werknemers minder makkelijk loskomen van het werk en zelfs meer kans hebben om een burn-out te krijgen.

Bron: NRC Next

> **Bron 12**

"Je gaat nog net niet over lijken"

Veel kinderen dromen ervan om astronaut te worden. Dat deed ook **André Kuipers** (54): "Ik verzamelde modelraketten en aan de muur hing een lichtgevende poster van het heelal." Toch besloot hij medicijnen te studeren. Maar toen kwam Wubbo Ockels als eerste Nederlandse astronaut in beeld. "Hé, dacht ik, dan maak ik ook een kans! Ik zocht uit wat je moet kunnen om astronaut te worden en haalde mijn duik- en vliegbrevet. Later ging ik naar de luchtmacht en onderzocht wat er met je gebeurt tijdens een verblijf in de ruimte."

In 2004 ging Kuipers voor het eerst de ruimte in. "Je hebt een droom, daar doe je het allemaal voor: het ver van je familie verwijderd zijn, de stress, de jetlags, de ruimteziekte. Je gaat nog net niet over lijken, maar zelfs je vrouw kan je niet tegenhouden. Je hebt hier álles voor over. Daarom was ik van tevoren een beetje bang dat het misschien niet zo bijzonder zou zijn als ik altijd had gehoopt. Maar ik vond het fantástisch."

In 2011 ging Kuipers voor de tweede keer de ruimte in, voor een tocht van zes maanden.

Bron: VK Banen

> **Bron 13**

De arbeidsmarkt

5 METEEN EROP AF - Marjolein (28): "Ik vond de baan via Twitter, 'formatontwikkelaar voor nieuwe tv-programma's' bij een tv-producent. Een vriend zei: 'Je moet er gewoon meteen zelf heen gaan, niet afwachten.' Dus ik door de regen op de fiets naar ze toe met mijn brief en cv. Ze gaven me een kop thee om op te warmen. Degene die erover ging, wilde wel even met me komen praten. Ik vroeg zelf ook van alles. Kort daarop had ik de baan. Er kwamen in totaal bijna honderd sollicitaties binnen, hoorde ik achteraf."

Ben je aan het solliciteren, dan kan het mee- én tegenzitten. In dit hoofdstuk vragen we ons af: *Hoe zit de arbeidsmarkt in elkaar en welke ontwikkelingen zijn er gaande?*

Wat is de arbeidsmarkt?

Wanneer je op zoek gaat naar werk, kom je terecht op de arbeidsmarkt, *de plaats waar de vraag naar arbeidskrachten en het aanbod van arbeidskrachten elkaar ontmoeten.* Het ruilartikel is de arbeid, waarvoor een bepaalde prijs wordt betaald, namelijk het loon.

Aanbod van arbeidskrachten

Het aanbod van arbeidskrachten wordt bepaald door de **beroepsbevolking**, dat wil zeggen *alle personen die geheel of gedeeltelijk beschikbaar zijn voor werk.* In totaal bestaat de Nederlandse beroepsbevolking uit ruim 8,5 miljoen mensen.

Vraag naar arbeidskrachten

De vraag naar arbeidskrachten noemen we de **werkgelegenheid**. Als de vraag naar arbeidskrachten gelijk is aan het aanbod is er volledige

werkgelegenheid. Als de vraag naar arbeids-krachten groter is dan het aanbod, dan hebben we mensen uit het buitenland nodig. Zoals in de jaren zestig en zeventig, toen Nederland gastarbeiders uit Turkije en Marokko haalde.
Bij een overschot aan arbeidskrachten spreken we van werkloosheid. Vooral in tijden van economische crisis raken veel mensen hun baan kwijt.

Werkloosheid

We noemen iemand een officieel geregistreerde **werkloze** als hij:
- tussen de 15 en 65 jaar oud is;
- niet werkt of minder dan twaalf uur per week werkt;
- actief op zoek is naar een baan van twaalf uur per week of meer;
- ingeschreven staat als werkzoekende bij het UWV WERKbedrijf.

Persoonlijk gezien is het heel vervelend als je geen werk hebt. Door inkomensachteruitgang kunnen werklozen soms hun hypotheek niet meer betalen. Ook het gevoel van eigenwaarde krijgt een klap als je zonder werk komt te zitten. Economisch gezien is werkloosheid een normaal verschijnsel.
We onderscheiden vier soorten werkloosheid:

- **Frictiewerkloosheid** ontstaat wanneer iemand door frictie of wrijving op de arbeidsmarkt tijdelijk zonder werk is. Iemand heeft bijvoorbeeld net een beroepsopleiding afgerond, maar moet een paar maanden zoeken naar een geschikte baan. Of iemand zit even zonder werk tussen twee banen in.
- **Seizoenswerkloosheid** wordt veroorzaakt doordat bepaalde beroepen seizoengebonden zijn. In de zomer zijn er veel aardbeienplukkers en medewerkers in pretparken en horeca nodig. In de winter zitten ze dikwijls zonder werk of doen dan ander werk.
- **Conjuncturele werkloosheid** ontstaat wanneer het economisch slechter gaat. De vraag naar goederen en diensten zakt in, waardoor er minder geproduceerd wordt. Er zijn dus minder arbeidskrachten nodig en er vallen

ontslagen. De term conjuncturele werkloosheid slaat op de golfbeweging in de economie, waarbij de economie het ene moment groeit en het andere moment krimpt.
Als de economie groeit, spreken we van **hoogconjunctuur**. Als de economie krimpt, ontstaat er een **laagconjunctuur** of recessie, die soms jaren kan duren.
- **Structurele werkloosheid** betekent dat er banen voorgoed verloren gaan. Bijvoorbeeld door automatisering of doordat bedrijven hun productie naar lagelonenlanden als Zuid-Korea en India verplaatsen.

Arbeidsmarkt in ontwikkeling

Op de arbeidsmarkt vinden voortdurend veranderingen plaats. De belangrijkste huidige ontwikkelingen zijn:
- Verdwijnen van bedrijfstakken en opkomst van nieuwe bedrijfstakken.
- Schaalvergroting bij bedrijven.

- Flexibilisering van de arbeid.
- Internationalisering van de arbeidsmarkt.

Oude en nieuwe bedrijfstakken

In Nederland is veel arbeidsintensief, laaggeschoold werk in de landbouw en industrie verdwenen. Deels vanwege de **automatisering**, deels omdat hele bedrijfstakken en fabrieken zijn verplaatst naar lagelonenlanden.

Terwijl het laaggeschoolde werk verdween, is de ontwikkeling van nieuwe industriële producten wel in Nederland gebleven. Ook is er in de landbouw sprake van technologische en duurzame innovatie. Daardoor is de vraag naar hooggeschoold werk juist toegenomen. Dat komt ook door de groei van de dienstensector, denk maar aan de vrijetijdssector en software-bedrijven. Vooral de ICT-bedrijfstak waar computers, games en mobiele telefoons (smartphones) ontwikkeld worden, is enorm gegroeid.

Schaalvergroting

Uit concurrentieoverwegingen zijn veel bedrijven gefuseerd tot grote **multinationals**. Denk maar aan Ahold en Unilever. Ook bij organisaties als scholen en ziekenhuizen zien we samenwerkingsverbanden en fusies. Zelfs de meeste kleine gemeenten in ons land zijn tegenwoordig gefuseerd. Door deze schaalvergroting is de afstand tussen de top en het personeel groter geworden. Aan de andere kant is er een tussenlaag ontstaan van managers die wel direct contact hebben met de mensen 'op de werkvloer'. Hierdoor zijn uiteindelijk in veel bedrijven de arbeidsverhoudingen informeler geworden.

Flexibilisering

Vroeger kozen mensen een baan voor het leven in vaste dienst. Tegenwoordig hebben werkgevers en werknemers meer behoefte aan **flexibele arbeidsrelaties**, dit zijn *alle werksituaties met een variabele inzetbaarheid*. Flexibel werken betekent meestal dat je thuis werkt, oproepbaar bent als je baas je nodig heeft of dat je een tijdelijk contract hebt. Vooral veel jongeren hebben een tijdelijk contract. In totaal zijn er in ons land anderhalf miljoen werknemers met een tijdelijk contract en rond één miljoen zelfstandigen zonder personeel (zzp'ers), zoals ontwerpers, metselaars en administratieve krachten. Zij hebben een eenmanszaak en laten zich inhuren door werkgevers voor een bepaalde klus of voor een bepaalde tijd. Werkgevers

Milieuvriendelijk produceren

hebben behoefte aan flexibel personeel op de piekuren of voor een korte periode. Supermarkten en callcenters werken bijvoorbeeld veel met oproepkrachten. Een voordeel voor werkgevers is dat ze tijdelijke arbeidskrachten niet hoeven te ontslaan. En voor zzp'ers hoeven de werkgevers geen premies af te dragen.

Internationalisering

Door de wereldwijde handel, de multinationals en de internationale kapitaalstromen raken economieën wereldwijd steeds meer met elkaar verbonden. We spreken in dit verband wel van internationalisering of **globalisering van de arbeidsmarkt**.

Zo verandert de EU geleidelijk in één gemeenschappelijke arbeidsmarkt. Er zijn Nederlandse supermarkten in Polen, Oost-Europeanen starten in Nederland een eigen bouwbedrijf en Nederlandse studenten lopen stage in een ander EU-land.

Deze ontwikkelingen hebben positieve en negatieve gevolgen. De komst van Europese arbeidsmigranten kan leiden tot **verdringing** van Nederlandse werknemers. Maar één gemeenschappelijke Europese arbeidsmarkt biedt ook mogelijkheden, bijvoorbeeld voor bedrijven die willen investeren of uitbreiden in andere gebieden.

Gevolgen voor de verzorgingsstaat

Veranderingen op de arbeidsmarkt kunnen de financiering van de verzorgingsstaat in gevaar brengen. Bijvoorbeeld als de werkgelegenheid terugloopt waardoor minder mensen sociale premies betalen. Om te zorgen dat voldoende mensen werk hebben, stimuleert de overheid zo veel mogelijk de arbeidsmarkt. Zo investeert het Ministerie van Economische Zaken miljoenen in enkele **topsectoren** van onze economie, zoals waterbeheer, chemische industrie, hightech en agrofood.

"Ga op zoek naar wat je échte passie is"

De Engelse **Anita Roddick** startte The Body Shop, een winkel waar alleen natuurlijke producten worden verkocht die niet getest zijn op dieren. Inmiddels zijn er ruim 2.500 winkels in 64 landen, die zich richten op duurzaamheid, milieu, mensenrechten en eerlijke handel.

Anita: "Toen ik met The Body Shop begon, werd ik niet geïnspireerd door managers of businessopleidingen, maar door dichters, filosofen en reizen. En ik had de tijdgeest mee. Europa vond milieu steeds belangrijker. We openden steeds meer winkels en zo werd mijn eerste winkeltje een multinational, zonder dat het ooit mijn bedoeling was. Daardoor kon ik The Body Shop gebruiken voor mijn andere levensdoel: mensenrechten en een schoon milieu.

Mijn advies aan jongeren is: 'don't get a business degree, get angry!' Ga op zoek naar wat je échte passie is. Waar ga je helemaal voor? Ga naar bedrijven die je bewondert, bel gewoon aan en zeg: 'Kan ik hier werken, desnoods voor weinig geld?' Zoek organisaties en bedrijven die je echt wat doen en zoek werk waar je plezier in hebt!"

Anita Roddick overleed in 2007 op 64-jarige leeftijd.

Bron: De Pers

Bron 15

Verzorgingsstaat onder druk

6

ZIEKE STRATENMAKER BEKLIMT ALPE D'HUEZ: GEFELICITEERD! - Omdat een stratenmaker uit Zutphen tijdens zijn periode van arbeids- ongeschiktheid veel meer kon ondernemen dan hij had gemeld, moet hij 75.000 euro letselschade terugbetalen aan zijn verzekeringsmaatschappij. De verzekeraar ontdekte dat de stratenmaker op Facebook werd gefelici- teerd door zijn dochter met het beklimmen van de Alpe d'Huez. Ook reed de man lange wielertochten. De verzekeraar: "Wij controleren heus niet iedereen, maar als er een verdenking van fraude is, gaan we wel even googelen. Grote betalingen vragen nu eenmaal om zorgvuldigheid."

We hebben gezien dat de verzorgingsstaat ons beschermt tegen allerlei risico's. Toch staan be- staande zekerheden zoals de AOW-leeftijd, de werkloosheidsverzekering, de ziektekostenverze- kering, de kinderbijslag en de studiefinanciering opnieuw ter discussie. Hoe komt dat?
In dit slothoofdstuk stellen we de vraag: *Welke problemen kent onze verzorgingsstaat en hoe ziet de toekomst van de verzorgingsstaat eruit?*

Na de voltooiing van de verzorgingsstaat ont- stond er **kritiek** op de omvang ervan, omdat:
- de verzorgingsstaat erg duur is;
- de vele voorzieningen en uitkeringen mensen passief kan maken;

- mensen misbruik maken van de verzorgings- staat.
We lichten deze problemen kort toe.

Hoge kosten
Maar liefst 70 procent van alle overheidsuitga- ven gaat tegenwoordig naar de verzorgingsstaat. Het aantal mensen dat gebruikmaakt van de voorzieningen is in feite veel groter dan aan het begin van de verzorgingsstaat werd verwacht. Een aantal cijfers:
- In 1970 deden ongeveer 170.000 mensen een beroep op de bijstand. Dat zijn nu ongeveer 310.000 bijstandsgerechtigden.
- Door verlenging van de leerplicht en het lan-

ger doorstuderen stegen de uitgaven voor **onderwijs** van (omgerekend) 1 miljard euro in 1960 naar 34 miljard euro in 2010.

- In 1960 kregen ongeveer 100.000 mensen een arbeidsongeschiktheidsuitkering. Dit aantal steeg tot bijna een miljoen in 2004. Na ingrijpen van de overheid zette daarna een daling in.
- Door de vergrijzing steeg het aantal **AOW-uitkeringen** van 800.000 in 1960 naar bijna drie miljoen nu.
- De kosten van de **gezondheidszorg** stegen van (omgerekend) 17 miljard euro in 1980 naar 87 miljard euro in 2010.

Risicovol sporten: wie betaalt de rekening als het misgaat?

Vangnet of hangmat?

Uitkeringen en voorzieningen kunnen mensen passief maken als die te weinig worden uitgedaagd om zelf naar oplossingen te zoeken.

Zo krijgen mensen met een (bijstands)uitkering naast hun uitkering vaak huurtoeslag, zorgtoeslag en kwijtschelding van gemeentebelastingen. In sommige gevallen gaat iemand er daardoor financieel nauwelijks op vooruit als hij een betaalde baan vindt met bijvoorbeeld minimumloon.

In zo'n situatie kan de **prikkel gaan ontbreken** om werk te zoeken en leidt de uitkering tot blijvende afhankelijkheid.

In de gezondheidszorg zien we hetzelfde patroon. Mensen die vet eten, veel roken en drinken en weinig bewegen, krijgen eerder last van ziektes en doen dus vaker een beroep op de gezondheidszorg. Omdat je voor het gebruik van de gezondheidszorg niet of nauwelijks hoeft te betalen, ontbreekt hier de prikkel om er zelf iets aan te doen en gezonder te gaan leven.

Misbruik

Soms wordt er misbruik gemaakt van uitkeringen en voorzieningen. Bijvoorbeeld als twee mensen met een uitkering elk een ander adres opgeven, terwijl ze in werkelijkheid samenwonen. Ze krijgen dan bij elkaar opgeteld een hogere uitkering. Ook iemand met een uitkering én een zwart bijbaantje maakt misbruik van de voorzieningen.

Wat doet de overheid eraan?

Door bezuinigingen en controle probeert de overheid de ergste problemen van de verzorgingsstaat op te lossen.

Meer werk

De overheid neemt maatregelen om werken te stimuleren. Want hoe meer mensen werken, hoe meer premies en belastingen er betaald worden en hoe minder mensen afhankelijk zijn van een uitkering.

De **loonbelasting** is bijvoorbeeld verlaagd, zodat werkgevers voor hetzelfde geld meer werknemers in dienst kunnen nemen. Daarnaast wil de overheid oudere werknemers stimuleren **langer door te werken** door de pensioenleeftijd te verhogen naar 66 of 67 jaar.

Eigen verantwoordelijkheid

De overheid geeft mensen en bedrijven meer eigen verantwoordelijkheid. Zo moeten werkgevers het loon van hun zieke werknemers zelf doorbetalen. Daardoor worden ze gestimuleerd om te zorgen voor gezonde arbeidsomstandigheden. Ook hebben werknemers tegenwoordig veel korter recht op een WW-uitkering.

Als je te lang over je studie doet, wordt je collegegeld verhoogd of kan er een boeteclausule in werking treden.

Ten slotte is het eigen risico binnen de zorg verhoogd in de hoop dat mensen gezonder gaan leven.

Controle

De overheid is veel nadrukkelijker gaan controleren op **misbruik**. Door het invoeren van het burgerservicenummer (bsn) kan de overheid digitaal checken of iemand recht heeft op een uitkering, studiefinanciering of zorgtoeslag. Inspectiediensten controleren de arbeidsomstandigheden bij bedrijven en kijken of er geen illegale arbeid en ontduiken van sociale premies plaatsvindt.

Het UWV WERKbedrijf controleert streng of er gefraudeerd wordt met uitkeringen. Als iemand of een bedrijf betrapt wordt volgen er vaak fikse boetes.

Nieuwe ontwikkelingen

De maatregelen die al zijn genomen, hebben de problemen gedeeltelijk opgelost. Maar het is waarschijnlijk niet genoeg. Mede door de verschillende perioden van economische neergang, is de verzorgingsstaat aan een nog grondiger herziening toe.

Daarbij zijn twee ontwikkelingen van belang:
- de verschuiving van oude naar nieuwe risico's;
- de veranderde verhoudingen tussen de generaties.

Nieuwe risico's, nieuwe behoeftes

De verzorgingsstaat biedt vooral bescherming tegen risico's die te maken hebben met werk: werkloosheid, ziekte en arbeidsongeschiktheid, armoede en bijstand.

De afgelopen periode zijn daar nieuwe risico's en nieuwe behoeftes bijgekomen.

Vergrijzing brengt welvaart

DEN HAAG – De samenleving kan meer profiteren van de welvaart van ouderen. Dat zegt Paul Schnabel van het Sociaal en Cultureel Planbureau: "Vergrijzing kost niet alleen geld, maar het levert ook geld op. Ouderen hebben vaak lang gespaard voor de oude dag en na pensionering blijven ze consumeren. Twee keer of nog vaker per jaar op vakantie, een tweede huisje, een boot, ze doen veel aan sport. Ze gaan voor de dure spullen. Voor bedrijven is die groep een prima bron van inkomsten."

Bron: Het Parool

Bron 17

Vrouwen zijn veel vaker gaan werken dan vroeger, maar ze hebben vaak tegelijk nog de zorg voor gezin en kinderen. Hierdoor is de **behoefte aan kinderopvang** sterk gestegen. Na een echtscheiding is deze behoefte nog sterker aanwezig. Wie zijn verantwoordelijk voor deze kinderopvang: werkgevers, de overheid of de mensen zelf?

Werknemers switchen veel vaker van baan en ook de vraag naar flexibel personeel is toegenomen. Dit brengt een nieuw **risico van plotseling ontslag** met zich mee. Goede scholing en bijscholing worden belangrijker.

VERGRIJZING IN NEDERLAND

	1956	2010	2020*
▪ Ouder dan 65 jaar in %	8 %	15 %	19 %
▪ Gemiddelde leeftijd intrede arbeidsmarkt	15 JAAR	21 JAAR	22 JAAR
▪ Gemiddelde leeftijd uittrede arbeidsmarkt	65 JAAR	63 JAAR	60-66 JAAR
▪ Gemiddelde levensverwachting mannen	69 JAAR	78 JAAR	81 JAAR
▪ Gemiddelde levensverwachting vrouwen	71 JAAR	82 JAAR	84 JAAR

*schatting

Bron: CBS

Bron 16

Wie zijn verantwoordelijk voor deze scholing: werkgevers, de overheid of de werknemers zelf? En wat zijn eigenlijk de rechten van zzp'ers en flexwerkers?

Verhouding tussen de generaties

Door betere voeding en betere gezondheidszorg worden mensen steeds ouder. Bovendien krijgen jonge gezinnen steeds minder kinderen. Er ontstaat dus een bevolkingsopbouw waarin steeds meer ouderen komen, die niet meer werken, en steeds minder jongeren, die wel werken. We spreken dus van een toenemende **vergrijzing én ontgroening**.

Daardoor moeten steeds minder mensen de AOW van steeds meer mensen gaan financieren. Nu nog staan tegenover elke gepensioneerde drie werknemers, maar in de toekomst zal deze verhouding naar één op twee veranderen.

Naast de stijgende kosten voor de AOW zullen in de toekomst ook de kosten voor de gezondheidszorg (verpleeg- en verzorgingstehuizen, ziekenhuizen, geneesmiddelen, enzovoort) flink toenemen.

De verzorgingsstaat loopt het gevaar vooral een staat te worden van en voor ouderen. Dit kan leiden tot spanningen tussen de generaties. In welke mate is de jonge generatie bereid te zorgen én te betalen voor het welzijn van de oudere generatie?

Solidariteit tussen de generaties is belangrijk voor de sociale cohesie. Om solidariteit te bevorderen is het belangrijk dat er voldoende voorzieningen **voor alle generaties** zijn. Dus goede scholen voor jongeren, goede kinderopvang voor gezinnen met kleine kinderen én goede zorg voor (hulpbehoevende) ouderen.

Daarbij staan we voor de keuze: willen we een sociaal ministelsel met alleen lage basisuitkeringen, waarbij iedereen zelf bij moet betalen voor goed onderwijs en goede gezondheidszorg? Of blijven we bereid om voor elkaar te betalen?

"Met 80 jaar achter de tap, dat vind ik geen gezicht"

Mevrouw Veerman van Wegen (80) werkt al zestig jaar in haar eigen Café Van Wegen in Utrecht: "Met een eigen zaak denk je niet aan pensioen. Ik niet, in ieder geval. Het is nooit in me opgekomen te stoppen. Sinds een halfjaar staat mijn zoon in het café. Ik doe de administratie, maak hapjes en doe de afwas.

Op mijn twintigste begon ik in de bediening, en ben voor altijd gebleven. Het café was van mijn vader, maar toen hij overleed werd het van mij. Als café-eigenaar en moeder van zeven kinderen had ik het jarenlang druk met wassen, koken en werken.

We hebben heel veel vaste klanten. Ze vertellen hun hele levensverhaal, de ups en de downs. Dat schept een band, zoiets laat je niet snel los. Als ik zaterdags door het volle café loop, voel ik me helemaal tevreden. Soms zou ik best nog even achter de tap willen staan. Maar ik heb die snelheid niet meer, dan ga je in de weg staan. Bovendien vind ik het geen gezicht, zo'n oud mens achter de bar. Dat kun je wel in een dorpscafeetje doen, maar hier niet."

Bron: Trouw

Bron 18

· Begrippenlijst

In dit thema zijn de volgende belangrijke begrippen aan de orde gekomen:

1 Wat is een verzorgingsstaat?
- verzorgingsstaat
- solidariteit
- onderwijs
- gezondheidszorg
- sociale zekerheid
- socialezekerheidsstelsel
- sociale rechtsstaat
- premie
- collectieve voorzieningen
- vakbond
- werkgeversorganisatie
- werknemersorganisatie
- sociale partner
- collectieve arbeidsovereen-komst (cao)
- planeconomie
- vrijemarktmechanisme
- sociaaldemocratisch model

2 Ontstaan verzorgingsstaat
- nachtwakersstaat
- ingrijpen in de vrije markt
- sociale wet
- verzekering
- inkomenszekerheid
- sociale ongelijkheid
- mantelzorg

3 Verzorgingsstaat, de praktijk
- leerplicht
- leerplichtambtenaar
- Onderwijsinspectie
- zorgverzekering
- basispakket
- aanvullende verzekering
- werknemersverzekering
- volksverzekering
- bijstand

4 Werk in de verzorgingsstaat
- arbeidsethos
- basisbehoeften van de mens
- inkomen
- sociale contacten
- status
- zelfrealisatie
- maatschappelijke positie
- emancipatiebeleid
- positieve discriminatie

5 De arbeidsmarkt
- aanbod van arbeids-krachten
- beroepsbevolking
- vraag naar arbeidskrachten
- werkgelegenheid
- frictiewerkloosheid
- seizoenswerkloosheid
- conjuncturele werkloosheid
- hoogconjunctuur
- laagconjunctuur
- structurele werkloosheid
- automatisering
- flexibele arbeidsrelatie
- globalisering van de arbeidsmarkt

6 Verzorgingsstaat onder druk
- financiële prikkel
- loonbelasting
- langer doorwerken
- eigen verantwoordelijkheid
- behoefte aan kinderopvang
- vergrijzing
- ontgroening

Index